［新版］
建築応用力学

小野 薫・加藤 渉 共著
福島 曉男 新版監修／建築応用力学研究会 新版編集

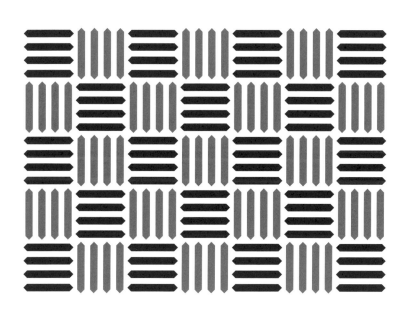

共立出版

初版・改訂版 著者

小野　薫　　工学博士

加藤　渉　　日本大学名誉教授・工学博士

新版監修

福島　曉男　　日本大学名誉教授・工学博士

新版編集

建築応用力学研究会 (五十音順)

浅里　和茂　　日本大学工学部教授・博士（工学）
　　　　　　　担当章：第1章・第2章・第11章

小松　博　　　日本大学生産工学部教授・博士（工学）
　　　　　　　担当章：第6章〜第8章

下村　修一　　日本大学生産工学部教授・博士（工学）
　　　　　　　担当章：第13章〜第17章・付録

野内　英治　　日本大学工学部准教授・博士（工学）
　　　　　　　担当章：第3章・第9章・第10章

藤本　利昭　　日本大学生産工学部教授・博士（工学）
　　　　　　　担当章：第4章・第5章・第12章

新版にあたって

　今回の新版にあたり，本書は執筆者らにとって大学時代に自らが学び，そして応用力学を教える立場となったときに選んだ教科書でもあります．本書は力学の初学者に対して大変わかりやすくプロセスを踏んで解説されており，学ぶ側そして教える側にとって有益な教科書と考えています．

　しかし初版が1949年で，その後の改訂が1960年と既に50年以上が経過し，文体も旧仮名遣いや旧漢字の使用により，残念ながら現代の学生には馴染みづらくまた読みづらい教科書となっていました．今回，共立出版(株)より新版執筆のお話をいただき，本書を教科書として使用している教員が集まり，できる限り原版の内容を変更せずに今後も教科書として使用していけるように修正をいたしました．

　本書が応用力学を学ぶ初学者にとって，一助となれば幸いです．最後に本書の改訂にあたりご尽力をいただきました共立出版(株)に対して御礼を申し上げます．

　　平成30年2月

　　　　　　　　　　　　　　　　　　　　　　　　建築応用力学研究会

　　　　　　　　　　　　　　　　　　　　　　　　　代表　小　松　　　博

改訂に際して

　本書を出版してより早くも 10 年あまりになり，もう一昔のこととなりました．その間における諸学問の進歩は実に目ざましいものがあります．本書中にも書かれてある土質力学はそれ自身いまだ若い学問であるため，特にその感が深く，それで今回特にこの部分を私の研究室の金平八郎君の協力を得て全面的に書き直しました．非常にわずかな頁数でまとめたため簡に過ぎて誤解を招く所があるかも知れませんが，土質力学の入門書ということでおゆるしをお願い致したいと思っております．なお，さらに詳しく勉強したい人は，石井訳チエボタリオフの土質力学（上・下巻），小野，星野，加藤，三木共訳テルツアギ・ペック著土質力学（上・下巻）等を読まれることをおすすめ致します．

　なお材料力学編の所の破壊の章は特に最近進み加筆する必要がありますが，また次の機会に書き改めたいと思っております．

　昭和 35 年 6 月 1 日

加　藤　　　渉

序

　世に応用力学に関する名著が多々あるにも拘わらず更に本書を出すことは厚顔の至りではありますが特に初学者を対象として書いた点に於いては少しく特徴のあるものと思っております.

　応用力学という部門はその範囲は非常に広く，およそ工学に於いて使われている力学は全部この部門に属するといっても過言ではありません．例えば材料力学，構造力学，土の力学，水理力学，工業熱力学等々皆応用力学の中の一部門です．本書に於いてはこれ等の中特に建築に関係の深い材料力学と土の力学の初歩を述べたものであります．本書は初学者を対象として考えたため，やたらに内容を盛ることは考えず，根本的な事柄を充分理解できるように述べた積りです.

　力学に於いて──もっともなんでも同じようなことがいえましようが──一番大切なことは力学的に考える，考え方を体得することです．色々なことを沢山知っているということより，直面せる問題を力学的に解析し得る能力を養うということの方が遥かに大切なことです．このような考えより書いた本書が少しでもこの所信をはたすことができれば著者の欣快とするところです．尚本書を土台として更に高級な応用力学へと進まれんことを希望する次第です.

　最後に本書を草するに当り，色々と御無理を願つた共立出版の方々並びに図面，原稿の整理，校正等色々と手伝って貰つた日大工学部助手工学士村内明君，同校学生秋野金次君，並びに弟賢三に感謝の意を表する次第です.

　昭和 24 年 8 月

著　者　記　す

目　　次

第1章　一　般　的　事　項

1.1　材料力学の概念　・・・・・・・・・・・・・・・・・・・・・・・・・・・・・・・・・・　1

1.2　応　　　　力　・・・・・・・・・・・・・・・・・・・・・・・・・・・・・・・・・・・・　1

　　1.　引 張 応 力　・・・・・・・・・・・・・・・・・・・・・・・・・・・・・・・・・・・・　2

　　2.　圧 縮 応 力　・・・・・・・・・・・・・・・・・・・・・・・・・・・・・・・・・・・・　3

　　3.　せん断応力　・・・・・・・・・・・・・・・・・・・・・・・・・・・・・・・・・・・・　3

1.3　垂直応力度とひずみ度　・・・・・・・・・・・・・・・・・・・・・・・・・・・・　4

1.4　フックの法則　・・・・・・・・・・・・・・・・・・・・・・・・・・・・・・・・・・・・　5

1.5　応力ひずみ曲線　・・・・・・・・・・・・・・・・・・・・・・・・・・・・・・・・・　6

1.6　許容応力度と安全率　・・・・・・・・・・・・・・・・・・・・・・・・・・・・・・　7

1.7　力の釣合い条件　・・・・・・・・・・・・・・・・・・・・・・・・・・・・・・・・・　8

1.8　せん断応力度とすべり　・・・・・・・・・・・・・・・・・・・・・・・・・・・・　9

1.9　せん断応力度に関する定理　・・・・・・・・・・・・・・・・・・・・・・・・　10

1.10　引張材内の任意断面の応力度　・・・・・・・・・・・・・・・・・・・・・　11

1.11　仕事について　・・・・・・・・・・・・・・・・・・・・・・・・・・・・・・・・・・　13

1.12　変形の仕事　・・・・・・・・・・・・・・・・・・・・・・・・・・・・・・・・・・・　14

1.13　断面の性質　・・・・・・・・・・・・・・・・・・・・・・・・・・・・・・・・・・・　15

　　1.　断面一次モーメント　・・・・・・・・・・・・・・・・・・・・・・・・・・・・　15

　　2.　断面の図心　・・・・・・・・・・・・・・・・・・・・・・・・・・・・・・・・・・・　16

　　3.　断面二次モーメント　・・・・・・・・・・・・・・・・・・・・・・・・・・・・　17

　　4.　断面極二次モーメント　・・・・・・・・・・・・・・・・・・・・・・・・・・　20

　　5.　断面相乗モーメント　・・・・・・・・・・・・・・・・・・・・・・・・・・・・　20

第2章　は　り　の　曲　げ

2.1　荷重と反力　・・・・・・・・・・・・・・・・・・・・・・・・・・・・・・・・・・・・　21

2.2　はりの支持の方法　・・・・・・・・・・・・・・・・・・・・・・・・・・・・・・　21

　　1.　移　動　端（ローラー）　・・・・・・・・・・・・・・・・・・・・・・・・・　21

　　2.　回　転　端（ピン）　・・・・・・・・・・・・・・・・・・・・・・・・・・・・・　21

3.	固 定 端 ‥‥‥‥‥‥‥‥‥‥‥‥‥‥‥‥‥‥‥‥‥‥‥‥‥‥‥‥‥‥‥	22
2.3	はりの種類 ‥‥‥‥‥‥‥‥‥‥‥‥‥‥‥‥‥‥‥‥‥‥‥‥‥‥‥‥	23
1.	片 持 ば り ‥‥‥‥‥‥‥‥‥‥‥‥‥‥‥‥‥‥‥‥‥‥‥‥‥‥‥‥	23
2.	単 純 ば り ‥‥‥‥‥‥‥‥‥‥‥‥‥‥‥‥‥‥‥‥‥‥‥‥‥‥‥‥	23
3.	連 続 ば り ‥‥‥‥‥‥‥‥‥‥‥‥‥‥‥‥‥‥‥‥‥‥‥‥‥‥‥‥	23
4.	固 定 ば り ‥‥‥‥‥‥‥‥‥‥‥‥‥‥‥‥‥‥‥‥‥‥‥‥‥‥‥‥	23
2.4	はりの静定・不静定について ‥‥‥‥‥‥‥‥‥‥‥‥‥‥‥‥‥	23
2.5	せん断力と曲げモーメント ‥‥‥‥‥‥‥‥‥‥‥‥‥‥‥‥‥‥	25
2.6	せん断力ならびに曲げモーメントの符号に対する注意 ‥‥‥‥	27
2.7	静定はりのせん断力と曲げモーメント ‥‥‥‥‥‥‥‥‥‥‥‥	28
1.	片 持 ば り ‥‥‥‥‥‥‥‥‥‥‥‥‥‥‥‥‥‥‥‥‥‥‥‥‥‥‥‥	28
2.	両端支持の単純ばり ‥‥‥‥‥‥‥‥‥‥‥‥‥‥‥‥‥‥‥‥‥‥	31

第3章 は り 内 の 応 力

3.1	単純な曲げ ‥‥‥‥‥‥‥‥‥‥‥‥‥‥‥‥‥‥‥‥‥‥‥‥‥‥‥‥	34
3.2	はりに作用する荷重とそのせん断力，曲げモーメントとの関係 ‥‥‥‥	36
3.3	せん断応力度の分布 ‥‥‥‥‥‥‥‥‥‥‥‥‥‥‥‥‥‥‥‥‥‥	38
1.	長方形断面（矩形断面）におけるせん断応力度の分布 ‥‥‥‥	38
2.	円形断面のせん断応力度の分布 ‥‥‥‥‥‥‥‥‥‥‥‥‥‥‥	41
3.	I 形断面におけるせん断応力度の分布 ‥‥‥‥‥‥‥‥‥‥‥‥	41
3.4	曲げと軸方向力を受ける場合 ‥‥‥‥‥‥‥‥‥‥‥‥‥‥‥‥	43
3.5	断 面 の 核 ‥‥‥‥‥‥‥‥‥‥‥‥‥‥‥‥‥‥‥‥‥‥‥‥‥‥‥	44

第4章 は り の た わ み

4.1	弾性曲線の式 ‥‥‥‥‥‥‥‥‥‥‥‥‥‥‥‥‥‥‥‥‥‥‥‥‥	47
4.2	曲率半径について ‥‥‥‥‥‥‥‥‥‥‥‥‥‥‥‥‥‥‥‥‥‥	49
4.3	境界条件と連続条件 ‥‥‥‥‥‥‥‥‥‥‥‥‥‥‥‥‥‥‥‥‥	51
4.4	片持ばりのたわみ ‥‥‥‥‥‥‥‥‥‥‥‥‥‥‥‥‥‥‥‥‥‥	52
1.	自由端に集中荷重が作用するときの弾性曲線 ‥‥‥‥‥‥‥‥	52
2.	等分布荷重が作用するときの弾性曲線 ‥‥‥‥‥‥‥‥‥‥‥	54
3.	途中に集中荷重 P が作用するときの自由端のたわみ ‥‥‥‥	54
4.	片持ばりの半分に等分布荷重が作用するときの自由端のたわみ ‥‥‥‥	55
4.5	単純ばりのたわみ ‥‥‥‥‥‥‥‥‥‥‥‥‥‥‥‥‥‥‥‥‥‥	55

目 次

1. 一端にモーメント M が作用するときの弾性曲線 ・・・・・・・・・・・・・・・・・ 55

2. 等分布荷重が作用するときの弾性曲線 ・・・・・・・・・・・・・・・・・・・・・・・・・ 56

3. 集中荷重が作用するときのたわみ ・・・・・・・・・・・・・・・・・・・・・・・・・・ 57

4. 突出ばりの弾性曲線 ・・・・・・・・・・・・・・・・・・・・・・・・・・・・・・・・・・・・・ 60

5. 図 4.16 に示すような突出ばりの AB の中央のたわみ ・・・・・・・・・・・・ 62

4.6 不静定ばりの反力について ・・・・・・・・・・・・・・・・・・・・・・・・・・・・・・・・ 63

4.7 不静定ばりのたわみ ・・・・・・・・・・・・・・・・・・・・・・・・・・・・・・・・・・・・・・ 64

1. 一端支持，他端固定ばりに等分布荷重が作用するとき ・・・・・・・・・・・・・ 64

2. 一端支持，他端固定ばりに集中荷重が作用するとき ・・・・・・・・・・・・・ 66

3. 片持ばりの一端 A がばねで支持され，等分布荷重が作用しているときの A 点のたわみ ・・ 68

4. 両端固定ばり ・・・ 68

4.8 影 響 線 ・・ 70

第5章 曲 り ば り

5.1 曲りばりの曲げ応力 ・・・・・・・・・・・・・・・・・・・・・・・・・・・・・・・・・・・・・ 72

5.2 曲げと軸方向力が作用するとき ・・・・・・・・・・・・・・・・・・・・・・・・・・・・ 74

第6章 仕 事

6.1 はりの変形の仕事 ・・・・・・・・・・・・・・・・・・・・・・・・・・・・・・・・・・・・・・・ 78

1. 片 持 ば り ・・ 80

2. 単 純 ば り ・・ 80

6.2 はりのせん断力によるたわみ ・・・・・・・・・・・・・・・・・・・・・・・・・・・・・ 81

6.3 マックスウェルの定理 ・・・・・・・・・・・・・・・・・・・・・・・・・・・・・・・・・・ 85

6.4 カスチリアノの定理 ・・・・・・・・・・・・・・・・・・・・・・・・・・・・・・・・・・・・ 86

6.5 最小仕事の定理 ・・ 90

第7章 ね じ り

7.1 円形断面の棒 ・・・ 93

7.2 矩形断面にクーロンの仮定が適用できない理由 ・・・・・・・・・・・・・・・・・ 95

7.3 円形断面の場合の例題 ・・・・・・・・・・・・・・・・・・・・・・・・・・・・・・・・・・・ 96

7.4 矩 形 断 面 ・・ 97

第8章　座　　　　　屈

8.1　座　屈　荷　重 ·· 99

8.2　オイラー式 ·· 100

　1.　一端自由端，他端固定端の場合 ································ 100

　2.　両端回転端の場合 ·· 101

　3.　一端固定端，他端回転端の場合 ································ 102

　4.　両端固定端の場合 ·· 102

8.3　オイラー式を使用し得る範囲 ···································· 103

8.4　安定と不安定 ·· 105

8.5　エネルギー法による座屈荷重の計算 ······························ 106

8.6　実　用　式 ·· 109

　1.　ω（オメガー）法 ·· 109

　2.　テトマイヤーの式 ·· 111

第9章　平　板　の　曲　げ

9.1　平　　　　　板 ·· 112

9.2　円　　　　　板 ·· 112

　1.　等分布荷重の作用するとき ······································ 112

　2.　中心に集中荷重の作用するとき ································ 113

9.3　等分布荷重を受ける楕円板 ······································ 114

9.4　正　方　形　板 ·· 115

　1.　等分布荷重が作用するとき ······································ 115

　2.　集中荷重が作用するとき ·· 116

9.5　長方形板（矩形板） ·· 116

第10章　一般的，応力ならびに変形の仕事について

10.1　任意方向の応力 ·· 118

10.2　モールの応力円 ·· 120

10.3　三垂直方向に作用する引張り（または圧縮） ···················· 122

10.4　変形の仕事の一般式 ·· 123

第11章　材料の力学的性質

11.1　変　　　　　形 ·· 126

11.2　弾性履歴，バウシンガー効果 ···································· 127

11.3	ひずみ硬化	127
11.4	疲　れ	128

第12章　破　損

12.1	破損について	129
12.2	破損の学説	129
1.	最大主応力説	129
2.	最大主ひずみ説	130
3.	最大せん断応力説	130
4.	モールの説	130
5.	せん断ひずみエネルギー説	132

第13章　土 の 物 理 的 性 質

13.1	土粒子の性質	133
1.	土粒子の分類	133
2.	粒径分布の略式表示	134
3.	粒子の性状	135
13.2	土塊の性質	135
1.	間　隙　比	136
2.	比重・密度・相対密度	136
3.	含水量・飽和度	137
4.	各性状の関係	137
5.	コンシステンシーおよびコンシステンシー指数	138
6.	土の透水性	139

第14章　土 の 力 学 的 性 質

14.1	一軸圧縮強さと鋭敏比	140
14.2	土のせん断抵抗	140
1.	内部摩擦角（せん断抵抗角）	140
2.	せん断抵抗	141
14.3	土 の 圧 密	142
1.	中立応力と有効応力	142
2.	圧　密	142

第15章 土　　　　　圧

15.1 静止土圧，主働土圧，受働土圧 ・・・・・・・・・・・・・・・・・・・・・・・・・・・・・・・・・・・・ 144

15.2 クーロンの土圧論 ・・・ 144

15.3 ランキンの土圧論 ・・・ 145

15.4 等分布載荷重を支持する一部水中にある砂の主働土圧 ・・・・・・・・・・・・・・・・・・ 147

15.5 切梁によって支持された山留め壁に加わる土圧 ・・・・・・・・・・・・・・・・・・・・・・・ 147

第16章 フ　ー　チ　ン　グ

16.1 接　地　圧 ・・ 149

16.2 地中への伝達応力 ・・ 150

16.3 浅いフーチングの支持力 ・・・ 153

16.4 沈　　　下 ・・ 154

　1. 圧　密　沈　下 ・・ 155

　2. 載荷板の大きさと沈下 ・・・ 155

16.5 許容地耐力 ・・・ 156

第17章 杭

17.1 単杭の支持力 ・・ 158

　1. 静力学的計算法 ・・ 158

　2. 動力学的計算法 ・・ 160

17.2 群杭の支持力 ・・ 161

付　　　録 ・・・ 163

索　　　引 ・・・ 175

第1章　一 般 的 事 項

1.1　材料力学の概念

　各種材料を組み合わせて作った構造物は一般にさまざまな外力——例えば設置されている機械，器具，物品，構造物上を移動する荷重，風圧，水圧等々——を受け構造物を構成している各種材料に力を伝える．このとき構造物全体を一つの物体と考えこの構造物の各部分に生じる抵抗力，ならびに変形の大きさや方向を研究するのが構造力学である．一方その構造物を構成している各種材料についてその材料の性質，例えば荷重に対する材料の変形や，荷重を急激に加えたり，繰返して加えたりするときの材料の強さの変化などを研究したり，あるいは材料が圧縮されたり，引張られたり，曲げられたりするとき，この材料の内部に生じる抵抗力の大きさや，その分布状態ならびにその材料の変形等を研究するのが材料力学である．従って材料力学には実験的に研究する部分と理論的に研究する部分とがあり，この実験と理論との研究が一体となって，この材料力学が発達して来たのである．従って構造力学と材料力学とは明らかにその分野は異なるものであるが，ともに共通な点もあり，その境界を明瞭に定義することは難しい．

　材料力学にあってはその理論には必ず実験の裏付けが必要であり，理論的にある仮定をするとき，それが我々の経験ならびに実験に矛盾しないときだけ，この仮定は正しいとする．あるいは実験より出発して種々な結果を求め，後からこれを理論付けたりする．このように常に実際と理論とを結びつけて材料力学は発展して来たものであり，ここが材料力学に工学的な価値がある理由である．

　材料力学の知識を必要とするのは建築に限らず，機械，橋梁，造船等およそ材料の力学的性質を考慮しなければならない部門においてはすべて必要であり，その応用範囲は実に広いものである．

　我々は材料力学の知識を基礎として荷重に対しその材料が強さ（つよさ）と剛さ（かたさ）の点で安全で，同時に経済的であるように設計する．これが材料力学の最終の目的である．

1.2　応　　　力

　物体は小さな分子が集まって，形づくられている．従って物体に外力が加わると，物体内の分子間には外力に抵抗して元の形に戻ろうとする力が生じる．この力を内力という．

図 1.1

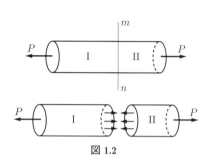

図 1.2

いま図 1.1 に示すように棒の両端を軸の方向に力 P で引張ると，ある長さだけ伸びそれから静止して釣合い状態を保つ．このとき棒自身の中には元の大きさに戻ろうとする力が生じる．つまり棒を図 1.2 に示すように棒に対して垂直に m-n の個所で切断してⅠとⅡの部分に分けると m-n の切断個所でⅠの部分の切断面にはⅡの部分の切断面より右の方へ引張る内力が作用する．同じくⅡの部分の切断面にはⅠの部分の切断面より左の方へ引張る内力が作用する．このようにお互いに物体内の小さい分子は引張り合って元の大きさに縮まろうとする．Ⅰの切断面に右向きの矢印が付けてあるが，これはⅡの部分がⅠの部分を右の方へ引張っている内力を図示したものである．

同様にⅡの断面の矢印はⅠの部分が左の方へ引張る内力を示したものである．

いまⅠの部分のみ取り上げて考えると左端には外力 P が作用し，右端には右の方へ引張る内力が作用しているが，この内力はⅠの部分のみを対象として考えるときはⅠの部分に作用する外力と考えることができる．

外力によって物体内に生じる力を内力というと述べて来たが，この内力を応力ともいい，この応力の性質によって応力をいろいろと区別して取扱う．以下内力つまり応力について少し詳しく述べてみよう．

1. 引張応力

図 1.3 に示すように棒の両端を軸の方向に力 P で引張ると，前述のとおり棒の中にはこの外力 P に抵抗する内力つまり応力が生じる．さてこのとき棒の中に生じるこの応力の大きさはどのくらいかということが問題となる．この外力 P は棒の各横断面に一様な大きさで伝わると材料力学では仮定している[1]．つまりどこの横断面を切って考えてもその横断面には一様な大きさの内力が生じ，その大きさの総和が P であるということである．例えば図 1.3 のⅠの部分の右端の内力はその断面に一様な大

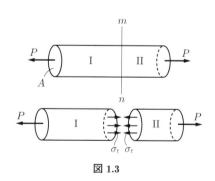

図 1.3

---

[1] 棒の両端の近くでは断面の中央の応力が大きく縁の応力は小さいが両端から充分離れたところではこの仮定は成立する．
小野薫，加藤渉共著「応用弾性学の基礎」（コロナ社）P.56 参照．

きさで分布しその総和は P である．IIの部分に対しても，もちろん同様のことがいえる．よって二つの切断面に作用する内力は大きさが等しく向きが反対の力であるということがわかる．

いま棒の太さを一様とし棒の横断面積を A とすれば断面の単位面積についての応力は P を断面積 A で割った大きさとなる．

いまこの大きさを σ_t [1] とすれば

$$\sigma_t = \frac{P}{A} \quad \cdots\cdots\cdots\cdots\cdots\cdots\cdots\cdots\cdots\cdots\cdots\cdots (1.1)$$

である．従ってこの大きさの応力が棒の各断面に作用している．この単位面積についての応力をとくに応力度[2]という．外力が引張りであるときに生じる内力，つまり応力を引張応力といい，単位面積についての引張応力を引張応力度という．σ_t の添字 t は tensile stress（引張応力）の頭文字である．なお引張応力度の符号は正と約束する．

2. 圧縮応力

外力が図 1.4 に示すように圧縮力となるときは，この外力によって生じる内力つまり応力を圧縮応力という．P を断面積 A で割った大きさ，単位面積についての圧縮応力を σ_c とすれば

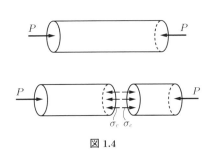

図 1.4

$$\sigma_c = \frac{P}{A} \quad \cdots\cdots\cdots\cdots (1.2)$$

である．添字 c は compressive stress（圧縮応力）の頭文字である．引張応力度の符号を正と約束すれば圧縮応力度の向きは引張応力度の向きに反対であるため負となる．そこで符号を考慮して圧縮応力度を書くと $-\frac{P}{A}$ となる．引張応力度はもちろん $\frac{P}{A}$ である．また逆に $-\frac{P}{A}$ となる応力度は圧縮応力度であり，$\frac{P}{A}$ となる応力度は引張応力度であるということができる．正負の符号をつけないときは引張応力度，または圧縮応力度と区別して呼べばよいわけである．引張（または圧縮）応力は断面に垂直に生じる応力であるため，これらをまとめて垂直応力という．

3. せん断応力

以上述べた応力のほかに，断面に沿って平行に生じる応力がある．これをせん断応力とい

---

[1] σ はシグマと読み断面に垂直に作用する応力度を表す記号に使う．そのためとくに引張応力度（または圧縮応力度）と区別する必要のないときは単に σ とのみ書く．

[2] 応力と応力度とはしばしば混同して用いられる．

う．いま一つの例をあげると，図 1.5 に示すように二枚の板がその一部分で接着しているとき，両端を力 P で引張ると，この接着部には図に示すような応力が板の面に沿って平行に生じる．このような応力をせん断応力という．このとき接着部に生じるせん断応力は接着面に一様な大きさで生じるものと仮定する．

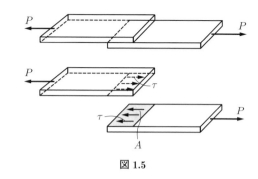

図 1.5

いま接着部の面積を A とすれば単位面積に生じるせん断応力度 τ[1)] は

$$\tau = \frac{P}{A} \quad \cdots\cdots\cdots\cdots\cdots\cdots\cdots\cdots\cdots\cdots\cdots (1.3)$$

である．

以上述べたことによって，応力には垂直応力とせん断応力とがあり，垂直応力には引張応力と圧縮応力があるということがわかった．材料の内部におけるどのような応力もこの三つの応力によって明示することができる．従ってこれらの応力によって材料の内部の応力状態を知ることができる．

なお各応力度の単位について述べると外力は N，kg，lbs（pounds）等，面積は mm^2，cm^2，inch^2 等で測るため各応力度の単位は N/mm^2，kg/cm^2，lbs/inch^2 等々である．しかしながら，現在では国際単位系（SI）である N/mm^2，Pa（パスカル）が主に使われている．

1.3 垂直応力度とひずみ度

物体に外力が作用すると必ずこの物体は変形する．このときこの変形量を最初の寸法で割ったもの，つまり単位長さについての変化をひずみ度という．いま図 1.6 に示すように長さ l，直径 d である棒の両端をこの棒の軸方向に，力 P で引張ると，この棒は伸びる．このときの棒の長さを l' とすれば，この棒の伸びは $l' - l = \lambda$[2)] である．従って棒の最初の長さの単位長さについての変化の量を ε[3)] とすれば[4)]

$$\varepsilon = \frac{\lambda}{l} \quad \cdots\cdots\cdots\cdots\cdots\cdots\cdots\cdots\cdots\cdots\cdots (1.4)$$

これは縦方向のひずみ度であるため縦ひずみ度ともいう．

---

1) τ はタウと読む．
2) λ はラムダと読む．
3) ε はイプシロンと読む．
4) 棒は伸びる（または縮む）ときはどこも一様に伸びる（または縮む）と仮定する．

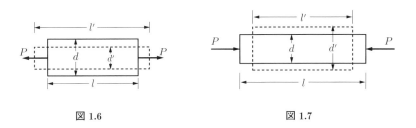

図 1.6　　　　　　　　　　図 1.7

　引張られたときの λ は正で伸びたことを表し，図 1.7 のように圧縮されたときはこの λ は負となり縮んだことを表す．従って伸びたときの ε は正となり圧縮されたときの ε は負となる．一方図 1.6，図 1.7 に示すように棒の横方向は縦方向が引張られると縮まり，圧縮されると伸びる．従って変化した直径を d' とすれば直径は $d' - d = \delta$[1)] となる量だけ変化する．このとき δ が負であれば横方向が縮んだことになり，正であれば横方向が伸びたことになる．従ってこのときの横方向のひずみ度 ε は

$$\varepsilon = \frac{\delta}{d} \cdots\cdots\cdots\cdots\cdots\cdots\cdots\cdots\cdots\cdots (1.5)$$

で表すことができる．このひずみ度を横ひずみ度という．

　上式には正負の符号をつけなかったが $\frac{\delta}{d}$ が正ならば伸びたときのひずみ度を表し，負のときは縮んだときのひずみ度を表すことは前述の縦ひずみ度と同様である．いま縦ひずみ度を ε_1，横ひずみ度を ε_2 で表すと，実験により両者の間には次のような関係があることがわかっている．

$$\varepsilon_2 = -\frac{1}{m}\varepsilon_1 \cdots\cdots\cdots\cdots\cdots\cdots\cdots\cdots\cdots\cdots (1.6)$$

　上式の m は材料によって定まる定数でこれは実験によって求めるものである．鋼の m は 3〜4 で通常 $\frac{10}{3}$ とする．m の逆数 $\frac{1}{m}$ をポアソン（Poisson）比という．上式中で負の符号がついているのは前述のとおり棒の一方が伸びれば他方が縮むという関係があることから容易にこの物理的意味は理解できることと思う．ひずみ度は長さを長さで割ったことから次元はなく従って力のような単位はなく数値のみとなる．

1.4　フックの法則

　棒の両端に外力を加えて引張ると棒は伸び，外力に相応した応力度 σ とひずみ度 ε が生じる．その後，外力を取り去ると，棒は元の形に戻る．このように外力を取り去ると元の形に戻る物体の性質を弾性といい，完全に元に戻る物体を完全弾性体という．また，ひずみが完全には消滅しない物体は不完全弾性体という．鋼，コンクリート，木材等の建築用材料はその材料特有のある一定の限度以下の応力に対して，弾性体とみなすことができる．

[1)]　δ はデルタと読む．

一般の建築用材料はある一定の限度以下の応力において，応力度とひずみ度とは比例する．この応力度とひずみ度とが比例するという関係を初めて確立したのは英国人のフック（Hooke）である．よってこの関係をフックの法則と名づけ次の式で表される．

$$\sigma = E\varepsilon \cdots\cdots\cdots\cdots\cdots\cdots\cdots\cdots\cdots\cdots\cdots\cdots (1.7)$$

E は実験によって求める定数で，これを弾性係数またはヤング（Young）係数といい，材料の性質によって異なるものである．単位は (1.7) 式からわかるように ε が単位なく単なる数値であるため σ の単位と同じで N/mm^2, kg/cm^2, lbs/inch^2 等である．なお鋼の E は 205,000 (2.05×10^5) N/mm^2 である．

1.5　応力ひずみ曲線[1]

棒の両端を静かに引張るか圧縮するとこの外力に相応して応力度 σ とひずみ度 ε が生じる．この σ と ε の関係を実験により求めて σ を縦軸，ε を横軸に取って描いた曲線を応力ひずみ曲線という．なお引張るとき（または圧縮するとき）に断面積は変化するが σ を求めるときは最初の断面積を用いるのが普通である．

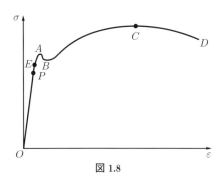

図 1.8

図 1.8 に軟鋼（構造用鋼材）の引張試験にて得られた通常の応力ひずみ曲線を示す．O から P までは荷重の増加に比例して伸び，この間 σ と ε は直線的関係にあり，フックの法則に従うものである．この P 点に相当する応力度を比例限度という．さらに荷重を増すと σ と ε の関係は少し直線より離れるが弾性的性質は保持する．この弾性的性質を保持する限度を E とすると，E に相当する応力度を弾性限度という．P 点と E 点は厳密には一致せず，その実際上の決定は困難で実験結果を詳細に見なければならない．

弾性限度を求めるには初めに比較的小さい荷重を加えてからこれを除くと変形は消滅する．さらにこれに荷重を加えて再び全荷重を除くという過程を繰返すに従い変形の一部は消滅するが一部は後に残ることになる．このときにこの残留変形をひずみとして測った永久ひずみ（残留ひずみ）が生じ始める．このわずかな永久ひずみが日本工業規格では初めて 0.003% になったときの応力度を弾性限度としている．

さらに棒を引張ると応力度は増加して急に ε が大きくなる．この点の応力度を降伏点といい，材料が外力に降伏することを意味する．そして応力度は B まで下がり，その後に応力度はわずか

---

[1]　小野鑑正：材料力学 33 頁，引張試験の実例があり，参照すること．

に増減するがほとんど変化なく，伸びが急に増加して行く．A 点，B 点に相当する応力度を上降伏点，下降伏点といって区別する．

さらに棒を引張ると再び σ は増加しはじめ，伸びの増加の割合が大きくなり，C 点で最大荷重に達する．このあたりから材料の一部が局部収縮を起こして断面はますます小さくなり荷重が減少し，D 点に至って最終的に破断する．C 点の荷重を最初の断面積で割ったものを引張強さという．

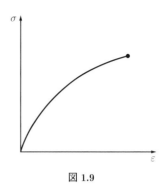

図 1.9

軟鋼には明瞭に降伏点があるからその決定は容易にできるが，鋳鉄（図 1.9），硬鉄，銅等では明瞭な降伏点がなく滑らかな応力ひずみ曲線になるため，上に述べた降伏現象が認められない．このような場合には永久ひずみがはじめて 0.2%生じたときの応力度を降伏点としている．

一般に圧縮の場合も引張りの場合と同様の応力ひずみ曲線が得られる．

1.6 許容応力度と安全率

構造物の各部分に実際に生じる応力度は安全のためにはある適切な限度以下の応力度でなければならない．この限度となる応力を許容応力度という．許容応力度を定めるための基礎となる材料の強さと許容応力度との比を安全率という．従っていま許容応力度を f とすれば

$$f = \frac{1}{n} \times 材料の強さ$$

ここに n は安全率とする．

許容応力度を定めるための基礎となる材料の強さとは材料のどのような応力度とするのかが第一に問題となる．構造用鋼材のような延性材料では材料の強さとして降伏点を採用し，コンクリート，石等のような脆性材料では破壊強さを採用する．

安全率 n の大きさに関しては一定の値はない．これは材料ならびに外力の性質，応力の求め方等によって適切な大きさの数値を決める．ここに技術屋の腕を必要とするわけである．n の値について一例をあげれば構造用鋼材では 1.5，コンクリートでは 3 等の数値とするが，もちろん上述のようにその状況によってこの数値は変わるものである．なお詳しくは脚注の本を参照してほしい[1]．

---

[1] 片山，北畠共訳：ティモシエンコ著 材料力学，474 頁．

1.7 力の釣合い条件

物体に外力が作用しているとき，この物体が静止していれば我々はこの物体は釣合いの状態にあるという．物体が静止しているということは，この物体が外力の作用によりその位置を移動

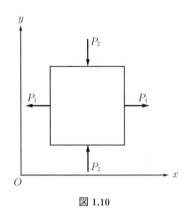

図 1.10

せず，また回転もしないということである．このことを力学的に表現すると（図 1.10 参照）位置が移動しないということから，この物体は外力により左右，上下[1]の方向に移動しないことになる．そのため，横軸を x 軸，縦軸を y 軸に取れば x 軸方向の外力の総和が 0，y 軸方向の外力の総和が 0 ということである．

$$\left.\begin{array}{l}\Sigma(x\text{軸方向の外力}) = 0 \\ \Sigma(y\text{軸方向の外力}) = 0\end{array}\right\} \quad \cdots\cdots\cdots (1.8)$$

次に回転しないということは任意の一点に関する外力のモーメントの総和が 0 であるということである．つまり

$$\Sigma(\text{任意の一点に関するモーメント}) = 0 \quad\cdots\cdots\cdots\cdots\cdots (1.9)$$

従って釣合い状態にある物体に作用する外力は (1.8) 式と (1.9) 式の条件を満足していなければならない．例えば図 1.11 に示すように棒に P_1, P_2, P_3 の外力が作用して釣合い状態にあるとすれば，これらの外力の間にはどんな関係があるか調べてみよう．まずこの棒が釣合い状態にあるには (1.8) 式を満足しなければならない．x 軸方向には外力が作用していないため (1.8) 式の最初の式の左辺は 0 となるから，この式は満足される．次に y 軸方向について考える際，**y 軸の正の方向に向いている外力を正とし，y 軸の負の方向へ向いている外力を負と約束する．**

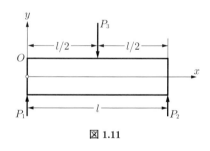

図 1.11

よってこの約束に従って y 軸方向の外力の和を作ると，これらの外力は釣合い状態にあるため (1.8) 式の二番目の式を満足しなければならない．

つまり
$$P_1 + (-P_3) + P_2 = 0$$
よって　　$P_1 + P_2 = P_3$ $\quad\cdots\cdots\cdots\cdots\cdots\cdots (1.10)$

次に回転に対しては O 点[2]に関する外力のモーメントを考えてみる（モーメントは時計回りの

---

[1] 立体的に考えれば前後の方向も考えなければならないが，いまは平面的にのみ考察することにする．
[2] この点はどこでもよいがモーメントの式が一番簡単になるような点を選んだ方が計算が簡単となって都合がよい．

モーメントを正とし，時計と逆方向に回るモーメントを負と約束する）．P_1 は O 点を通るため O 点に対するモーメントは 0，P_3 の O 点に対するモーメントは $P_3 \times \dfrac{l}{2}$，P_2 の O 点に対するモーメントは $-P_2 \times l$，よってこれらのモーメントの和は

$$P_3 \times \dfrac{l}{2} + (-P_2 \times l) = 0$$

$$\dfrac{P_3}{2} = P_2 \cdots\cdots\cdots\cdots\cdots\cdots\cdots\cdots\cdots\cdots\cdots (1.11)$$

(1.11) 式を (1.10) 式に代入すれば

$$P_1 = P_2$$

よって P_1，P_2 はともに P_3 の半分に等しいことがわかる．なお力の釣合い条件に関して詳しく知りたい人は脚注の本[1])を参照してほしい．

1.8 せん断応力度とすべり

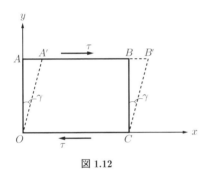

図 1.12

材料から微小な立方体を切り取り，その側面から見た図を図 1.12 に示す．いま上，下面 AB，OC に図に示すせん断応力度が作用すれば $AOCB$ は変形して，$A'OCB'$ となる．従って最初直角だった $\angle AOC$ は変化して $\angle A'OC$ となる．このとき $\angle AOA'$（または $\angle BCB'$）を $\gamma^{2)}$ とすれば，この角[3]）をすべりまたはせん断ひずみ度という．γ が図に示すような大きな角であれば，OA' の長さは OA の長さに等しいため A' は AB 線上ではなく，少し下に位置する．しかし，ここでは材料が小さな変形をする場合を対象として考えているため，γ は非常に小さな角と考えることができるので，近似的に A' は AB 線上にあると考えることができる．このような考え方はこのあと何度も行うため，特にここで我々は微小変形を対象として考えていることを特記しておく．

$$\tan \gamma = \dfrac{AA'}{AO}$$

---

1) 小野・斎藤・堀・加藤共著：建築構造力学（共立出版）．
2) γ はガンマと読む．
3) この角はラジアン（弧度）である．
円の半径の長さに等しい $\overset{\frown}{AB}$ に対する中心角 $\angle AOB$ を 1 ラジアンといい，角の単位である．この単位で角を測定した数値をラジアン（弧度）という．このとき $\angle AOB$ は円の半径の大きさには無関係に常に一定である．従って全円周は 2π ラジアンの角をその中心角とすることになり，四直角ということはラジアンにて示せば 2π ということになる．

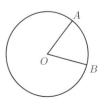

図 1.13

ところで $\tan\gamma = \dfrac{\sin\gamma}{\cos\gamma}$ となる関係があり，γ が非常に小さいときは $\sin\gamma = \gamma,$ [1] $\cos\gamma = 1$ となるため $\tan\gamma = \gamma$ となる．よって前式は

$$\gamma = \frac{AA'}{AO}$$

となる．

この式の右辺について考えてみるとせん断ひずみ度 γ は単位の距離にある平行な平面間の相対的なずれであると考えることができる．次に比例限度以下ではせん断応力度 τ とせん断ひずみ度 γ とは前の σ と ε との間の関係のように比例の法則が成立する．つまり

$$\tau = G\gamma \cdots\cdots\cdots\cdots\cdots\cdots\cdots\cdots\cdots\cdots\cdots\cdots\cdots\cdots (1.12)$$

ここに G をせん断弾性係数といい材料によって定まる定数である．G の単位は γ に単位がないため，τ と同様 N/mm^2，kg/cm^2，lbs/inch^2 等の単位である．なお材料が等方体のときは E，G，m の各弾性係数間には下記のような関係がある．

$$G = \frac{mE}{2(m+1)} \cdots\cdots\cdots\cdots\cdots\cdots\cdots\cdots\cdots\cdots\cdots\cdots (1.13)$$

この式の導き方を特に知りたい人は脚注の本[2]を参照してほしい．

1.9 せん断応力度に関する定理

前節と同じように小さな立方体を考え，その辺の長さを a，b，c とする．いまその各面に図 1.15 に示すようなせん断応力度のみが作用していると仮定する[3]．つまり上面にはせん断応力度 τ_1 が

---

[1] 半径 1 の円 O において

$$\triangle OPQ < 扇形\ OPQ < \triangle OPR \cdots\cdots\cdots\cdots\cdots (a)$$

$OP = 1$，$SQ = 1 \times \sin\theta$ となるため $\triangle OPQ$ の面積は下記のとおりとなる．

$$\triangle OPQ = \frac{1}{2}\sin\theta, \quad また \quad \triangle OPR = \frac{1}{2}\tan\theta \cdots\cdots\cdots (b)$$

円の全面積は $1^2 \times \pi = \pi$ であり，このとき $\theta = 2\pi$ となる．そのため
$\pi : 2\pi = 扇形\ OPQ : \theta$

よって扇形 $OPQ = \dfrac{\pi\theta}{2\pi} = \dfrac{\theta}{2}$ となるため (a) 式と (b) 式より

$$\sin\theta < \theta < \tan\theta \quad \therefore \quad 1 < \frac{\theta}{\sin\theta} < \frac{1}{\cos\theta} \cdots\cdots\cdots\cdots\cdots\cdots (c)$$

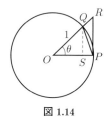

図 1.14

θ が 0 になると，θ と $\sin\theta$ とは両方とも 0 となり，それは無意味となるが，その極限値を考えると (c) 式によれば θ がどんなに小さくとも，その値が存在する限りは，その $\pm$ にかかわらず $\cos\theta = 1$ であるから $\dfrac{1}{\cos\theta} = 1$，そのため θ が非常に小さいときは (c) 式より $\dfrac{\theta}{\sin\theta} = 1$ $\therefore \sin\theta = \theta$

[2] 小野薫，加藤渉共著：応用弾性学の基礎 14 頁．

[3] 上下の面は小さな距離 c だけ離れているため，厳密にいえば一般に上下の面のせん断応力度は微小量だけ異なるわけであるが，ここではこの影響は非常に小さいので釣合い式において省略する．左右の側面についても同様である．なお各側面に垂直応力度が作用する場合にもこの節の定理は成立する．

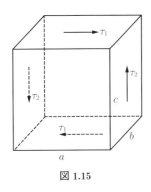

図 1.15

右の向きに作用し，下面にはこれと反対の向きに τ_1 が作用している．左右の側面にも大きさが等しく向きが反対のせん断応力度 τ_2 が図 1.15 のように作用しているものとする．

上下の面の面積はそれぞれ ab，左右の側面の面積もそれぞれ bc である．従って上下の面の二つのせん断応力度は $\tau_1 ab$ となる偶力であり，この偶力のモーメント $(\tau_1 ab) \times c$ は立方体を時計回りに回転させようとする．一方，左右の側面の二つのせん断応力度は $\tau_2 bc$ となる偶力であり，この偶力のモーメント $(\tau_2 bc) \times a$ は反時計回りに回転させようとする．そのためこの立方体が釣合っているためには，この二つの偶力のモーメントの和が 0 でなければならない．いま時計回りに回転する偶力のモーメントを正，反時計回りに回転する偶力のモーメントを負と約束して上記の二つの偶力のモーメントを加えて 0 とおけば

$$(\tau_1 ab) \times c + [-(\tau_2 bc) \times a] = 0$$
$$\tau_1 abc - \tau_2 abc = 0$$
$$\therefore \quad \tau_1 = \tau_2 \quad \cdots\cdots\cdots\cdots\cdots\cdots\cdots\cdots\cdots\cdots (1.14)$$

よってせん断応力度に関する次の非常に重要な定理が得られる．つまり互いに直交する二つの平面において両平面の交線に垂直の方向に作用する二つのせん断応力度は等しい．

1.10 引張材内の任意断面の応力度

いままでは棒が軸方向へ引張られているとき，この軸に垂直な断面に生じる応力のみを取り扱ってきたが，今度は軸に対して傾斜している任意断面の応力状態を考察してみよう．

図 1.16 に示すように棒が両端で引張られているとき棒軸に対して傾斜している A-B 断面上の応力状態を考えてみよう．まず A-B 断面より下部の部分について考えてみると，A-B 断面に生じる軸方向の応力の合力は外力 P と釣合っていなければならない．いま棒軸に直角な断面積を A，この断面上の垂直応力度を σ，A-B 断面に垂直に立てた垂線 n と棒軸とのなす角を ϕ[1] とすれば，A-B 断面積は $A/\cos\phi$ となる．なお

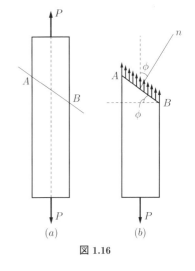

図 1.16

---

[1] ϕ はファイと読む．

A-B 断面上において単位面積についての軸方向の応力度を s とする．このとき釣合い条件より

$$s \cdot \frac{A}{\cos\phi} = P$$
$$s = \frac{P}{A}\cos\phi = \sigma\cos\phi \quad\cdots\cdots\cdots\cdots\cdots\cdots\cdots (1.15)$$

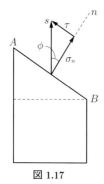

図 1.17

いま *A-B* 断面上の垂直応力度を σ_n とし応力度 s を *A-B* 断面に垂直な成分と平行な成分とに分解すれば，前者は垂直応力度 σ_n，後者はせん断応力度 τ となる．この値は

$$\sigma_n = s\cos\phi = \sigma\cos^2\phi = \sigma\frac{1+\cos 2\phi}{2} \quad\cdots\cdots (1.16)$$
$$\tau = s\sin\phi = \sigma\sin\phi\cos\phi = \sigma\frac{\sin 2\phi}{2} \quad\cdots\cdots\cdots (1.17)$$

であり，(1.16) 式において σ は $\frac{P}{A}$ となる，ある一定の大きさである．そのため σ_n が最大となるときは $\frac{1+\cos 2\phi}{2}$ が最大となるときである．$\frac{1+\cos 2\phi}{2}$ は $\cos 2\phi = 1$ つまり $\phi = 0$ のとき最大値 1 となる．よって σ_n は (1.16) 式より $\phi = 0$ のとき最大となりその大きさは σ に等しい．

$\phi = 0$ のときは *A-B* 断面が棒軸に垂直な場合である．そのため棒軸に垂直な断面に最大引張応力度が生じる．なおこのとき $\phi = 0$ を (1.17) 式の右辺に代入すると $\tau = 0$ となる．つまり棒軸に垂直な断面にはせん断応力度が作用していないことになる．このとき棒軸に垂直な断面に作用する引張応力度を主応力度という．いい換えればある断面においてせん断応力度がなく垂直応力度のみが作用しているときこの垂直応力度を主応力度という．そして主応力度の作用している断面を主応力面という．従っていまの場合は棒軸に垂直な断面を主応力面ということができる．

τ が最大となる場合は (1.17) 式より $\frac{\sin 2\phi}{2}$ が最大となるときである．$\frac{\sin 2\phi}{2}$ は $\phi = \frac{\pi}{4} = 45°$ のとき，最大値 $\frac{1}{2}$ となるため，τ の最大値は $\frac{\sigma}{2}$ で棒軸に 45° となる断面上に生じる．つまり最大せん断応力度は最大垂直応力度の $\frac{1}{2}$ の大きさである．このことは引張力よりもせん断力に弱い材料に対して重要な事柄である．これはこのような材料の引張試験を行うと材料の降伏はまず断面の最大せん断応力の生じるこの傾斜面から起こる．よって軸と約 45° の傾きとなる方面にすべりが起こる．このすべり面は線状となり発見者の名にちなんで，リューダー[1] の線といわれる．

なおここでは引張材についてのみ話したが圧縮材に対しても同じようなことを論じることができる．ただしこのときは各応力度の向きは逆になることに注意が必要である．

---

[1] ティモシエンコ著：材料力学 442 頁．

1.11 仕事について

図 1.18 のように力 P が 1 点 A に作用しているとき力 P 自身の作用でなく，他の力の作用で，力 P はそのままの大きさで P の作用線の方向へ δ の距離だけ移動して，B 点に到達したとすると，このとき力 P のした仕事は

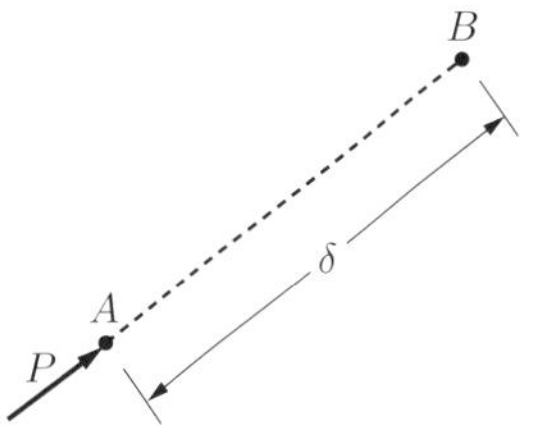

$$P \times \delta \quad\cdots\cdots\cdots\cdots\cdots\cdots (1.18)$$

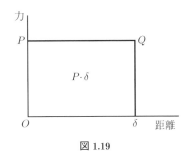

図 1.18

であると定義する．いま図 1.19 に示すように縦軸を力，横軸を力の移動した距離に取れば，力 P のした仕事 $P \times \delta$ は矩形 $PO\delta Q$ の面積で表すことができる．

さて今度は力の加わり方が少し異なる場合の仕事について述べてみよう．棒の両端にまず小さな外力を加えて引張り，次にさらに小さな外力を加えて引張るということを続けて行き，これらの外力をすべて加えた最終の外力の大きさを P とすれば，この棒は P が比例限度以下の応力度を生じさせる外力であればフックの法則に従い，外力に応じた大きさだけ伸びることに

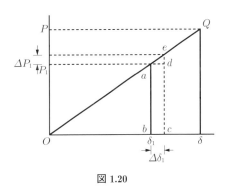

図 1.19

なる．従って力と伸びは直線的関係にあり図 1.20 に示すとおりとなる．ここに外力 P に相応する伸びを δ とする．

いま P_1 という大きさの外力のとき δ_1 だけ伸びたとする．このときさらにわずかな外力 ΔP_1 だけ加えると，これに応じて $\Delta\delta_1$ だけ棒は伸びる．このとき P_1 は P_1 のままの大きさで $\Delta\delta_1$ 移動したことになるから P_1 のした仕事は仕事の定義より $P_1 \times \Delta\delta_1$ である．これは矩形 $abcd$ の面積に相当する．いま ΔP_1 の外力を限りなく小さな大きさにすると，伸び $\Delta\delta_1$ も限りなく小さい伸びとなり，$\Delta\delta_1 \to 0$ となる極限においては $abcd$ の面積は $abce$ の面積となる．従ってこの時外力 P_1 のした仕事は $abce$ の面積となる．

図 1.20

以上のように最終外力 P になるまでの途中の各外力のした仕事，つまり今述べたような微小面積を無限に加え合わせていくと，これらの微小面積の総和は結局 $\Delta O\delta Q$ の面積である $\dfrac{1}{2}P \times \delta$ となる．よって外力 0 の棒に次々と外力を加えていき，最終外力 P となったときの外力 P のした仕事は

$$\frac{1}{2}P \times \delta \quad\cdots\cdots\cdots\cdots\cdots\cdots\cdots\cdots (1.19)$$

となる．

ここで注意しなければならないことは本節の最初に述べたように，最初から力 P があってその力 P が大きさを変えないで移動したときの力 P の仕事と，いま述べた外力 0 のところに最終外力 P を加えたときの外力 P の仕事とはその仕事の大きさが異なるということである．つまり後者の仕事は前者の仕事の $\frac{1}{2}$ となる．

1.12 変形の仕事

棒の両端に外力を加えると，棒は変形し，この外力が弾性限度以下の応力度を生じさせるような外力であれば，この外力を取り除くと棒は元の形に戻るということはすでに述べた．この際外力はある距離動くため，ある量の仕事をする．そしてこの外力のする仕事は棒内にエネルギーとして蓄積され，外力を除去するとこのエネルギーは外部に放出され，棒は元の形に戻ることになる．このエネルギーを**変形の仕事**という．

いま図 1.21 に示すように力 P で両端を引張ると，P に相応する伸び δ が生じる．このとき前節で述べた力 P のする仕事は $\frac{1}{2}P\delta$ となる．

この仕事が棒内にエネルギーとして蓄積されるわけである．この仕事を棒の応力度 σ，ひずみ度 ε で表してみよう．棒の断面積を A，長さを l とすれば $\sigma = \dfrac{P}{A}$，$\varepsilon = \dfrac{\delta}{l}$ なる関係があるため

$$\frac{1}{2}P\delta = \frac{1}{2}\sigma A \cdot \varepsilon l = \frac{1}{2}\sigma\varepsilon \cdot Al$$

Al は棒の体積であるため単位体積についての変形の仕事を W とすれば

$$W = \frac{1}{2}\sigma\varepsilon \quad \cdots\cdots\cdots\cdots\cdots\cdots (1.20)$$

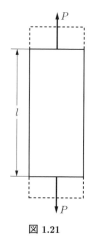

図 1.21

つまりこれは垂直応力度による単位体積についての変形の仕事を表している．

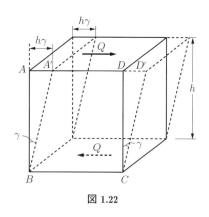

図 1.22

次にせん断応力度による変形の仕事を求めてみよう．まず物体中から微小立方体を切り取って図 1.22 に示す．

いま上面と下面に図に示すようなせん断力 Q が作用して，A 点が A' 点，D 点が D' 点へと図のように微小立方体が変形したとする．せん断ひずみ度 γ は微小なものと最初から考えるため

$$AA' = AB\gamma = h\gamma{}^{1)}$$

よってせん断力 Q は $h\gamma$ の距離だけ変位する．従ってせん断力 Q のした仕事は $\frac{1}{2}Q \cdot h\gamma$ である．いま上面の面積を A とすればせん断応力度 τ は $\frac{Q}{A}$ であるから $Q = \tau A$, よって

$$\frac{1}{2}Q \cdot h\gamma = \frac{1}{2}\tau A \cdot h\gamma = \frac{1}{2}\tau\gamma \cdot Ah$$

Ah はこの微小立方体の体積であるため，単位体積の変形の仕事を W とすれば

$$W = \frac{1}{2}\tau\gamma \quad \cdots\cdots\cdots\cdots\cdots\cdots\cdots\cdots\cdots\cdots\cdots\cdots (1.21)$$

よってこれはせん断応力度のみによる単位体積についての変形の仕事である．

1.13 断面の性質

1. 断面一次モーメント

断面内の微小面積を dA とし，xy 座標を任意の位置に図 1.24 に示すようにとる．dA の x 軸までの距離を y とするとき，$dA \cdot y$ を面積 dA の x 軸に関する一次モーメントといい，また $dA \cdot x$ を y 軸に関する一次モーメントという．いま $dA \cdot y$ を断面積全体に対して加え合わせたものを x 軸に関する断面一次モーメントといい S_x で表せば

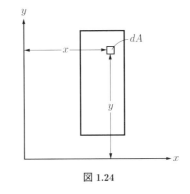

図 1.24

$$\left.\begin{array}{l} S_x = \displaystyle\iint_{(A)} y\,dA \\ \text{同様に} \\ S_y = \displaystyle\iint_{(A)} x\,dA \end{array}\right\} \quad \cdots\cdots (1.22)$$

ここに積分記号の下の (A) は断面全体にわたって積分を行うことを表す．

断面積 dA を紙面に鉛直な力のように考えると $y \cdot dA$ は x 軸に関するモーメントと考えることができる．従って断面一次モーメントとモーメントとの間には相似性があることがわかると思う．

---

1)　半径 r の円の円周は $2\pi r$ である．円周を一回転する角度は 360°で，これをラジアンで表すと 2π である．よって $\angle AOB = \theta$（ラジアン）であるとき $\widehat{AB}$ の長さを求めてみると

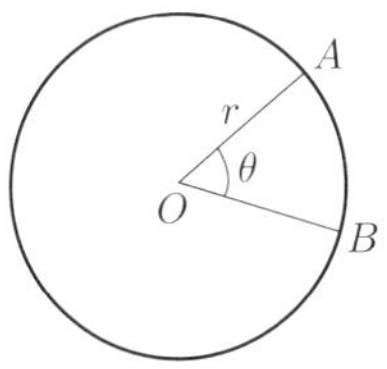

$$2\pi r : \widehat{AB} = 2\pi : \theta$$
$$\therefore \widehat{AB} = \theta r$$

いま角 θ が非常に小さい角であるとすれば $\widehat{AB}$ は弦 AB の長さとほとんど等しいと考えられるから

$$AB = \theta r$$

となる．

図 1.23

例えば図 1.25 に示すような幅 b, 高さ h の矩形断面の x 軸に関する断面一次モーメントを求めてみれば

$$S_x = \iint\limits_{(A)} y dA = \int_{h_1}^{h_2} \int_{b_1}^{b_2} y \cdot dx dy$$

$$= \int_{h_1}^{h_2} y \cdot b dy = b \left[\frac{y^2}{2}\right]_{h_1}^{h_2}$$

$$= \frac{b}{2}(h_2{}^2 - h_1{}^2) = \frac{b}{2}(h_2 - h_1)(h_2 + h_1)$$

$h_2 - h_1 = h$ であるから

$$S_x = \frac{bh}{2}(h_2 + h_1) = A\frac{(h_2 + h_1)}{2} \quad \cdots (1.23)$$

ここに $A = bh$ は矩形断面の断面積である.

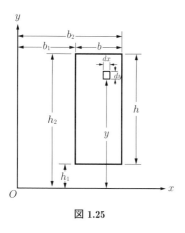

図 1.25

2. 断面の図心

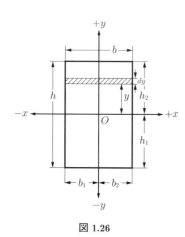

図 1.26

幅 b, 高さ h の断面において図 1.26 に示す位置に x 軸, y 軸をとる. いま x 軸についての断面一次モーメントを求めてみると

$$S_x = \int_{-h_1}^{h_2} b \cdot y dy = b \left[\frac{y^2}{2}\right]_{-h_1}^{h_2}$$

$$= \frac{b}{2}(h_2{}^2 - h_1{}^2) = \frac{b}{2}(h_2 + h_1)(h_2 - h_1)$$

$h_2 + h_1 = h$ であるから

$$S_x = \frac{bh}{2}(h_2 - h_1)$$

いま S_x が 0 となるような x 軸の位置を探してみると上式より $h_2 = h_1$ のとき $S_x = 0$ となることがわかる. つまり x 軸が高さ h の中点を通るとき $S_x = 0$ となる. いまと同様な方法で y 軸は幅 b の中点を通るとき $S_y = 0$ となる. このように $S_x = S_y = 0$ となるような x 軸, y 軸の交点 O をこの断面の図心という. 以上のことより断面の対称軸は必ず図心を通るということになる. ここでは二つの直交する二軸より図心を定義したが一般的にいえば断面一次モーメントが 0 となる任意の二つの軸の交点を図心という.

図 1.27 において O を図心とすれば

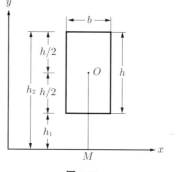

図 1.27

$$OM = \frac{h_2 + h_1}{2}$$

となり (1.23) 式は次のようになる．

$$S_x = A \cdot OM$$
$$\therefore OM = \frac{S_x}{A} \quad \cdots\cdots\cdots\cdots\cdots\cdots (1.24)$$

よって x 軸より図心までの距離は x 軸に関する断面一次モーメントを断面積で割ったものとなることがわかる．この性質を利用して図 1.28 に示す T 形断面の図心を求めてみよう．

ウェブの底を通る軸を x 軸とする．図形は左右対称となるためウェブの中央を通る y 軸は図心を通る．よって x 軸より y 軸上に y となる距離に図心があるとすれば (1.24) 式より

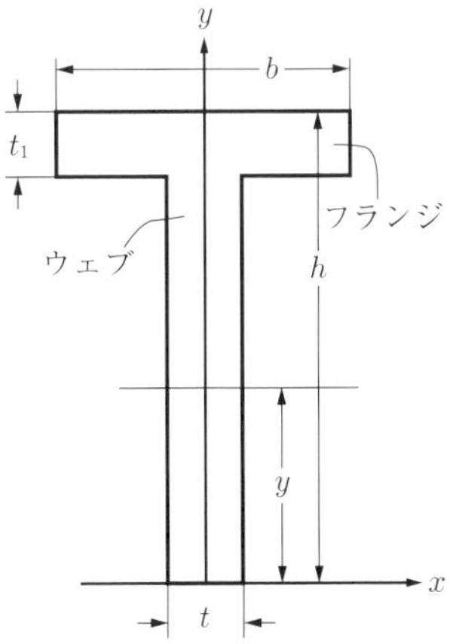

$$y = \frac{S_x}{A} \quad \cdots\cdots\cdots\cdots (1.25)$$

となるので，まず (1.23) 式を使って S_x を求めると

$$S_x = th \times \frac{h}{2} + t_1(b-t)\left(h - \frac{1}{2}t_1\right)$$
$$A = th + t_1(b-t)$$

図 1.28

よって (1.25) 式に S_x, A を代入すれば

$$y = \frac{th \times \dfrac{h}{2} + t_1(b-t)\left(h - \dfrac{1}{2}t_1\right)}{th + t_1(b-t)}$$

よって y 軸上の x 軸より上記の距離の点に図心があることになる．

3. 断面二次モーメント [1)]

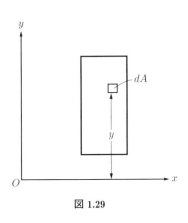

図 1.29

断面内の微小面積を dA とし図 1.29 に示すように x, y 軸をとる．微小面積 dA の x 軸からの距離を y とするとき，$y^2 dA$ を全断面積にわたって加え合わせたものを，この断面の x 軸に関する断面二次モーメントといい I_x で表す．

つまり

$$\left.\begin{array}{l} I_x = \displaystyle\iint_{(A)} y^2 dA \\[2mm] \text{同様に } y \text{ 軸に対しては} \\[2mm] I_y = \displaystyle\iint_{(A)} x^2 dA \end{array}\right\} \cdots (1.26)$$

---

1) 付録参照．

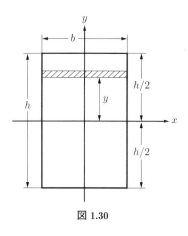

図 1.30

例えば図 1.30 に示す断面の x 軸に関する断面二次モーメントを求めてみると

$$I_x = \int_{-\frac{h}{2}}^{\frac{h}{2}} y^2 b dy = \frac{b}{3}\left[y^3\right]_{-\frac{h}{2}}^{\frac{h}{2}}$$
$$= \frac{b}{3}\left[\frac{h^3}{8} + \frac{h^3}{8}\right] = \frac{bh^3}{12}$$

次に断面中の任意の一点を原点として直角座標を描き，軸の方向を適当に選ぶと[1]．これらの軸についての I は，原点を通るすべての軸の I の中で，一方の軸の I が最大値となり，他の軸の I が最小値となる．このときこの直交座標軸を与えられた点に対する主軸という．この主軸に対する断面二次モーメントを主断面二次モーメントという．一般に我々はこの座標の原点を図心に取ってこの点の主軸について論じる．

すべての任意の形をした断面には少なくとも図心を通る二つの主軸がある．矩形断面の図心に対する主軸は図 1.31 に示すような x 軸, y 軸である．そして x 軸に関する断面二次モーメントが最大で $\frac{bh^3}{12}$, y 軸に関する断面二次モーメントが最小で $\frac{hb^3}{12}$ である．

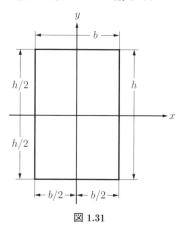

図 1.31

いま断面の図心 O を通って図 1.32 に示す xy 座標を取り xy 座標に平行に任意の XY 座標を図のようにとる．図心 O の XY 座標に対する距離を x_0, y_0 とする．このとき X 軸に関する断面二次モーメント I_X を考えると次式となる．

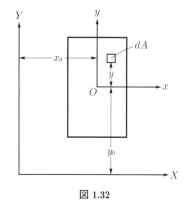

図 1.32

$$I_X = \iint_{(A)} (y+y_0)^2 dA$$
$$= \iint_{(A)} y^2 dA + 2y_0 \iint_{(A)} y dA + y_0^2 \iint_{(A)} dA$$

ここに $\iint_{(A)} y^2 dA$ はこの断面の x 軸に関する断面二次モーメント，また $\iint_{(A)} y dA$ はこの断面の x 軸に関する断面一次モーメントとなるため 0 となる．さらに $\iint_{(A)} dA$ はこの断面の断面積 A である．

よって
$$I_X = I_x + y_0^2 A \quad \cdots\cdots (1.27)$$
となる．

---

[1] 最上武雄訳：フエッブル応用力学 64 頁．

いま図 1.33 に示す I 形断面の X 軸に関する断面二次モーメントを (1.27) 式を使って求めてみよう．まずフランジの X 軸に関する断面二次モーメントを求めてみると，下側のフランジは高さ h_2，幅 b であるため，下側フランジの図心を通って X 軸に平行な x 軸に関する二次モーメント I_x は

$$I_x = \frac{bh_2{}^3}{12}$$

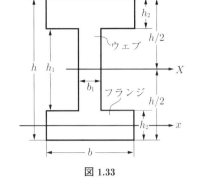

図 1.33

となる．また $A = bh_2$，X 軸と x 軸の距離は $\dfrac{h_1}{2} + \dfrac{h_2}{2}$ となるため $y_0 = \dfrac{1}{2}(h_1 + h_2)$，よって下側フランジの X 軸に関する断面二次モーメントは (1.27) 式より

$$\frac{bh_2{}^3}{12} + \left(\frac{h_1 + h_2}{2}\right)^2 bh_2$$

よって上下のフランジの X 軸に関する断面二次モーメントは

$$\frac{bh_2{}^3}{6} + \frac{(h_1 + h_2)^2 bh_2}{2} \quad\cdots\cdots\cdots\cdots\cdots\cdots\cdots\cdots (1.28)$$

次にウェブの X 軸に関する断面二次モーメントは

$$\frac{b_1 h_1{}^3}{12} \quad\cdots\cdots\cdots\cdots\cdots\cdots\cdots\cdots (1.29)$$

よって I 形断面の X 軸に関する断面二次モーメント I_X は

$$I_X = \frac{bh_2{}^3}{6} + \frac{(h_1 + h_2)^2 bh_2}{2} + \frac{b_1 h_1{}^3}{12} \quad\cdots (1.30)$$

(1.30) 式は 3.3 節で必要なため (1.27) 式より I_X を導いたが図 1.34 に示すように幅 B，高さ H である矩形断面の X 軸に関する断面二次モーメントから斜線をつけた矩形断面の断面二次モーメントを差し引けば簡単に I 形断面の断面二次モーメント I_X が次のように得られる．

$$I_X = \frac{BH^3}{12} - 2 \times \frac{\dfrac{b}{2} \cdot h^3}{12}$$
$$= \frac{1}{12}(BH^3 - bh^3)$$

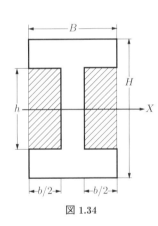

図 1.34

次に図 1.35 に示す半径が r である円形断面の x 軸に関する断面二次モーメントを求めてみよう．つまり

$$y = r\sin\theta \quad \therefore \quad dy = r\cos\theta\, d\theta$$
$$x = 2r\cos\theta$$

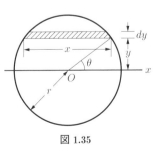

図 1.35

よって
$$I_x = 2\int_0^r y^2 x dy = 2\int_0^{\frac{\pi}{2}} r^2 \sin^2\theta \cdot 2r^2 \cos^2\theta d\theta = \frac{\pi r^4}{4}$$

4. 断面極二次モーメント

断面に直角な軸のまわりの断面二次モーメントを求めてみよう．断面上の任意の微小面積 dA と断面に直角な軸との間の距離を r とすれば，$r^2 dA$ を断面積全体にわたって加え合わせたものを断面極二次モーメントといい，I_p で表す．つまり

$$I_p = \iint_{(A)} r^2 dA \cdots\cdots\cdots\cdots (1.31)$$

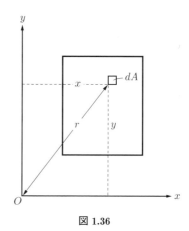

図 1.36

なお断面極二次モーメントと断面二次モーメントとの間には次のような関係がある．いま図 1.36 に示すように座標をとると

$$r^2 = x^2 + y^2$$

となるため上式を (1.31) 式に代入すれば

$$I_p = \iint_{(A)} r^2 dA = \iint_{(A)} (x^2 + y^2) dA = I_y + I_x$$

となる．

5. 断面相乗モーメント

図 1.29 において微小面積 dA の座標を x，y とするとき，$\iint_{(A)} xy dA$ をこの座標に関するこの断面の断面相乗モーメントといい，I_{xy} で表す．つまり

$$I_{xy} = \iint_{(A)} xy dA$$

積分は全断面積にわたって行うものである．

第2章 はりの曲げ

2.1 荷重と反力

　はり（梁）に外力として働く荷重には一般に一点に作用する集中荷重とはりの長さに沿って分布する分布荷重とがある．このほかにはり自身の自重があるが，一般には荷重に比べて自重は小さいため自重は省略する．もちろん鉄筋コンクリートはりのように自重の大きいものに対しては実際に設計する場合は自重を考慮しなければならない．

　さてはりは一般に地盤または他の構造物に結合されている．この結合点を支持点または支点という．はりがある外力を受けてしかも静止の状態にあるのは，与えられた外力と支持点に生じる力とが釣合いを保つためである．この場合，支持点に生じる力は反作用の定理によって一対の力であり，考えているはりに対しては与えられた外力と平衡する力として働き，支持物に対しては外力として働くことになる．この力のことを反力または支持力という．つまり与えられた外力に対して平衡となるために地盤または他の構造物から与えられる力の意味である．

2.2 はりの支持の方法

　はりを支持するのにはいろいろな方法がある．力学上，支持の方法には次の三種類がある．

1. 移 動 端（ローラー）

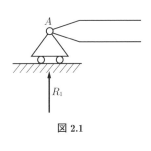

図 2.1

　移動端とは支持物の上を水平方向には自由に移動ができる支持の方法で，そのため水平方向に力を与えても反力は生じず，水平方向に力を加えればそのまま力の方向に移動をしてしまう．しかし外部から移動端に直角に力を加えれば移動端は支持物よりその反力 R_1 を受ける．従ってはりが移動端で支持されていれば，はりはこの移動端の点で支持物から垂直な反力のみを受ける．そのため反力の数は1個である．

2. 回 転 端（ピン）

　回転端とは支持物の上では移動せず支点を中心として回転は自由にできるような支持の方法のものをいう．従って図2.2に示すようなはりの支点が回転端である場合，回転端は水平の力を与え

ても垂直の力を与えても移動はしないが，回転端を中心としてはりは自由に回転することはできる．そのためはりの支点が回転端の場合はりはこの支点において支持物より水平方向の反力と垂直方向の反力を受ける．つまり2個の反力を受ける．しかし外力の作用によっては2力の中の一方または両方とも0になる場合もあり得る．回転端においては水平反力と垂直反力の2個が存在できるということで，これら2力の合力が1個あるとも考えられる．ただしこの場合の合力の作用方向はまったく任意であって移動端の場合のように反力の作用線が定まっていない．

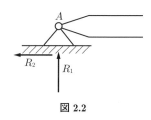

図 2.2

3. 固 定 端

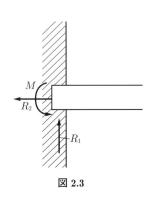

図 2.3

　一端が固定されているとき，この固定端は水平力，垂直力を与えても移動せず，かつ力のモーメントを与えてもこれに抵抗して回転しない．そのためはりはその固定端において水平方向の反力，垂直方向の反力および力のモーメントに対する反力を受ける．よって反力の数は3個である．

　以上のように支点における支持の方法により反力の生じ方，ならびに反力の数は異なる．これら3種類の支持方法を図示するには通常図2.4に示すような記号を使う．

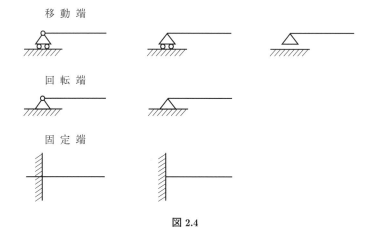

図 2.4

従ってたとえば A 端移動端，B 端回転端で支持されているはりは図 2.5(a) のように書き，A 端固定，B 端移動端のはりは図 2.5(b) のように書く．

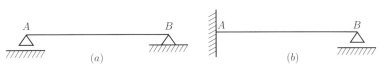

図 2.5

2.3 はりの種類

はりは支持の方法によって次の4種類に大別することができる.

1. 片持ばり

一端が固定され他端が自由なはり（図 2.6(a)）.

2. 単純ばり

両端が単に支持されているはり.従って一端が回転端で他端が移動端の場合である（図 2.6(b)）.

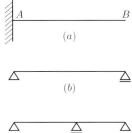

3. 連続ばり

二点以上で支持されているはり（図 2.6(c)）.

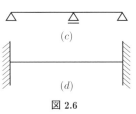

図 2.6

4. 固定ばり

両端が固定されているはり（図 2.6(d)）.

もちろんはりにはこれ以外に突出ばり（支点がはりの端になく，はりの一部分が支点より外に突き出しているはり）や一端固定，他端移動端等，支持の方法がさまざまに組み合わされたものがある.

2.4 はりの静定・不静定について

はりに荷重が作用するとき，このはりが静止しているのは支点に反力が生じ，外力と反力とで釣合い状態にあるからである.それでは，はりに荷重が与えられているとき，これらの反力をどのようにして求めるかという問題を考えてみよう.

前節に述べたように，はりにはその支持の方法によってさまざまな種類がある.いま A 端回転端，B 端移動端の単純ばりについて考えてみよう.このはりの中央に集中荷重 P が作用している

とする．このとき B 端は移動端であるため支持物に垂直の方向に R_B となる反力しか生じない．一方 A 端は回転端であるから水平方向と垂直方向に反力が生じるため，この二つの反力をそれぞれ図 2.7 に示すように，H，R_A であると仮定する．こ

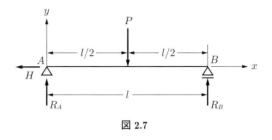

図 2.7

のとき A 点を原点として図 2.7 に示すように x 軸，y 軸をとる．さてこのはり自身について考えれば荷重 P，反力 R_A，R_B，H は外力であり，このはりが釣合い状態にあることから，これらの外力はすべて (1.8) 式，(1.9) 式の釣合い条件を満足しなければならない．よって

x 軸方向の力[1]　　$-H = 0$

y 軸方向の力　　$R_A - P + R_B = 0$ ･････････････････････ (a)

A 点に関するモーメント　　$P \times \dfrac{l}{2} - R_B \times l = 0$ ･･･････････ (b)

さらに (a) 式，(b) 式より R_A，R_B を求めれば

$$R_A = R_B = \dfrac{P}{2}$$

よって A 点には反力として $R_A = \dfrac{P}{2}$ のみが生じ，水平反力は 0 となることがわかる．また B 点の反力は $\dfrac{P}{2}$ である．このように力の釣合い条件のみから反力を求められるはりをすべて静定ばりという．このはりは A 端回転端，B 端移動端であるため反力の数は $2+1=3$ つまり 3 個生じることになる．いまの場合，荷重 P がはりの軸に垂直なため反力は二つに減少したが荷重が斜めに加われば当然反力は 3 個生じる．

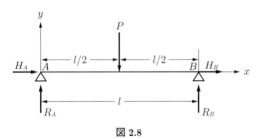

図 2.8

次に両端回転端のはりの反力を求めてみよう．荷重は図 2.8 に示すようにはりの中央に加わるものとする．両端回転端であるため各端に 2 個の反力がある．これらの向きは初めからわからないのでそれぞれ図 2.8 に示すように生じると仮定する．このとき力の釣合い条件式を作ってみると，

x 軸方向の力　　$H_A + H_B = 0$ ･････････････････････ (a)

y 軸方向の力　　$R_A - P + R_B = 0$ ･････････････････････ (b)

A 点に関するモーメント　　$P \times \dfrac{l}{2} - R_B \times l = 0$ ･･･････････ (c)

つまり (a) 式より $H_A = -H_B$，(b) 式，(c) 式より $R_A = R_B = \dfrac{P}{2}$ となり，R_A，R_B の大きさは得られたが，H_A と H_B の大きさは得られない．これは未知数が四つで方程式が三つであるた

---

[1] 力およびモーメントの符号の取り方は 1.7 節の約束に従ってつけてある．以後これにならう．

め当然四つの未知数は求められないことになる．このことより反力の数が $2+2=4$ のときは，もはや反力を力の釣合い条件のみからでは求められないことがわかる．このようなはりを不静定ばりといい，力の釣合い条件のほかにはりの変形を考慮して変形の条件を加えて反力を求めなければならない．

よってはりの静定か不静定かを判定するには反力の数を計算すればよい．つまり反力の数の総和を n とすれば $n=3$ の場合は静定，$n>3$ の場合は不静定であるといえる．$n<3$ の場合，例えば両端移動端のような支持状態のときは鉛直荷重が加わるときは釣合うが，この釣合い状態は不安定な釣合い状態であってわずかな水平力が加わっても水平方向に移動してしまうため，実際問題としてこのようなはりは設計しない．

最後に静定ばりと不静定ばりの例をあげてみる．なおかっこ内の数字は反力の数である．

  静定ばり 片持ばり (3)，一端回転端, 他端移動端の単純ばり (3)

  不静定ばり 両端回転端のはり (4)，一端固定, 他端移動端のはり (4)，一端固定, 他端回転端のはり (5)，両端固定はり (6)，連続ばり，などとなる．

2.5 せん断力と曲げモーメント

図 2.9(a) に示すようにはりの中央に集中荷重 P が作用して，このはりが釣合い状態にあるときは A 端, B 端には前節で求めたような $\dfrac{P}{2}$ となる反力が生じる．従って，このはりは，これらの三つの力によって釣合い状態を保っていることになる．

いまはり AB を A 端から x となる距離にある任意断面 $m\text{-}n$ で切断し，はりの左の部分を (I)，右の部分を (II) として別々に考えてみる．このはり全体はいま釣合い状態にあるため，(I) の部分は (II) の部分から切断面 $m\text{-}n$ において，ある力を受けて釣合っている．この (I) の部分の受ける力を (b) 図に示すような向きを持った力, Q と M としよう．これらの力の向きは最初からわからないので，図のように仮定して釣合いの式をたてる．それらの式から Q, M を求め，その値が正ならば最初に仮定した向きが正しく，負ならば仮定した向きと反対の向きに力が生じることになる．

これらのことから，いま (I) の部分の釣合い条件式を考えてみると (I) の部分には外力としては反力 $R_A=\dfrac{P}{2}$ と Q, M が作用している．そのため y 軸方向の釣合い条件式は

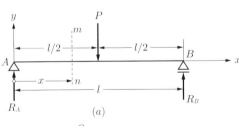

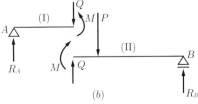

図 2.9

$$\frac{P}{2} - Q = 0 \qquad \therefore \quad Q = \frac{P}{2}$$

Q は正になるため Q の向きは最初に仮定した向きが正しく，下向きに $\frac{P}{2}$ の大きさで作用していることになる．次に断面についてのモーメントの釣合い条件式を作ると

$$\frac{P}{2} \cdot x - M = 0 \qquad \therefore \quad M = \frac{P}{2} \cdot x$$

M の値は正になるため最初に仮定した M の向きは正しく，この向きに $\frac{P}{2}x$ となるモーメントが m-n 断面に作用していることになる．

よって m-n 断面には $\frac{P}{2}$ となる大きさのはりをずれさせようとするせん断力 Q と，このはりを曲げようとする $\frac{P}{2} \cdot x$ となる大きさのモーメント M が作用している．この m-n 断面に生じる一対のモーメント M をとくに曲げモーメントという．

(II) の部分についてもまた (I) の部分からある力を受けて釣合い状態にある．これは作用反作用の法則によって (I) の部分に作用する，いま求めた Q, M と大きさが等しく向きが反対な Q, M が (b) 図に示すように (II) の部分に作用して (II) の部分は釣合い状態を保っている．

それでは (II) の部分が，これらの Q, M を外力として受けて釣合っているかどうか調べてみよう．(b) 図において (II) の部分の外力として考えられるものは荷重 P と反力 $R_B = \frac{P}{2}$，ならびに Q, M である．よって y 軸方向の力を加え合わせると

$$\Sigma Y^{1)} = Q - P + R_B$$

ここに $Q = \frac{P}{2}$, $R_B = \frac{P}{2}$ となるため

$$\Sigma Y = 0$$

B 端についてのモーメントを考えれば

$$\Sigma M^{2)} = +M + Q(l - x) - P \times \frac{l}{2}$$

ここに $M = \frac{P}{2} \cdot x$, $Q = \frac{P}{2}$ となるため

$$\Sigma M = 0$$

x 軸方向には外力はないから $\Sigma X = 0$，よって釣合い条件式，(1.8) 式，(1.9) 式は満足され，これらの外力により (II) の部分は釣合い状態にあることがわかる．

以上はりの軸に垂直な一つの集中荷重が作用する場合について述べたが，もちろん数個の集中荷重でも，または分布荷重が作用する場合でもまったく同様にして説明することができる．

よってはりの軸に垂直な荷重が作用するはりには一般にせん断力 Q と曲げモーメント M が生

---

1) ΣY は y 軸方向に作用する力を全部加え合わせるという記号である．

2) ΣM はモーメント（moment）を全部加え合わせるという記号である．

じることがわかったと思う．はりに生じるせん断力と曲げモーメントの大きさを一目でわかるように，これらの分布状態をはり全長にわたって図示すると便利である．せん断力の大きさを図示したものをせん断力図（Q図），曲げモーメントの大きさを図示したものを曲げモーメント図（M図）という．次節より静定ばりのQ図，M図について順次述べていく．

2.6　せん断力ならびに曲げモーメントの符号に対する注意

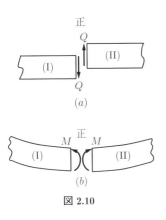

図 2.10

せん断力図ならびに曲げモーメント図における，せん断力と曲げモーメントの正負の符号については次のように約束する．

はりを任意の断面 m-n で切断したとき（図2.9(b) ならびに図2.10(a) 参照）そこに生じたせん断力 Q が，その作用している部分を時計まわりの方向に回転させるように作用しているとき，この一対のせん断力 Q は正と約束する．図2.10(a) に示した二つのせん断力 Q はともに (I) と (II) の部分をそれぞれ時計まわりの方向に回転させようとしているせん断力であるため，この一対のせん断力は正である．また反時計まわりに回転させるように作用する一対のせん断力は負と約束する．

曲げモーメントに対してはさらに少し詳しく説明してみよう．前節で述べたようにはりを任意の位置で切断すると，この断面には外力によって生じるモーメントと釣合う一つのモーメント M が生じる（例えば図2.9(b) の (I) の部分に作用する M）．このときは必ず作用反作用の法則に従って (II) の部分に対してこの M と大きさが等しく向きが反対なモーメント M が生じる．このときとくにこの一対のモーメント M をともに曲げモーメント M という．

一対の曲げモーメント M の符号は，はりの下側が引張られるように作用する一対の曲げモーメント M を正と約束する．従ってはりの下側が圧縮されるように作用する一対の曲げモーメント M は負と約束する．

一対の曲げモーメント M の内の一つの M を呼ぶとき，モーメント M ということもあれば曲げモーメント M ということもある．

なおせん断力図は一対のせん断力 Q が正のときは，はりの下側に描き，負のときは上側に描くことにする．また曲げモーメント図は曲げモーメント M が正のときは，はりの下側の引張側に描き，負のときは上側に描くことにする．

2.7 静定はりのせん断力と曲げモーメント

1. 片持ばり

(1) 自由端に集中荷重が作用するとき

A端自由, B端固定の片持ばりにおいて, 自由端Aに集中荷重Pが作用しているとする. 原点Aよりxとなる距離の点CでABはりを切断しこの断面に生じるQ, Mを図 2.11(b) に示すようにとる. Q, Mの向きは初めからわかっていないため, いまこの向きに仮定したものである. もちろん左側のQ, Mの向きを仮定して決めれば右側のQ, Mは左側のQ, Mと向き反対になる. さて(b)図のように仮にQ, Mの向きを定め, いまAC部分に対して釣合いの式をたててみよう. 釣合い条件より

$\Sigma Y = 0$ となるため

$$-P - Q^{1)} = 0 \quad \therefore \quad Q = -P$$

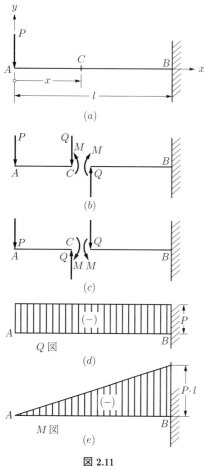

図 2.11

Qの値に負の符号がついていることは最初に仮定したQの向きが逆であったことを意味している. 従ってQは(c)図に示す向きに生じ, その大きさはPであることがわかる. 次にC点についてのモーメントを求めてみれば

$$-Px - M = 0 \quad \therefore \quad M = -Px$$

Mの値に負の符号がついているため, 最初に仮定したMの向きも正しくなく逆向きに生じていることがわかる. 従って(c)図のようにMが生じその大きさはPxである. これで初めて正しくQ, Mの生じる向き, ならびに大きさがわかったことになるが, 少し考えればこの向きは最初から予想できるものである. 従って以後は最初から正しい向きにQ, Mを仮定して話を進める. しかし初めからその向きの見当がつかない場合はここでやったように自由に自分でQ, Mの向きを決めて釣合いの式をたて, Q, Mの値が正であれば仮定した向きは正しく, 負であれば最初に仮定した向きを逆にして考えればよい.

---

1) この符号は 1.7 節の約束による.

さて前に求めた Q, M は AC 部分の C 点に生じる Q, M であるので CB 部分にはこの Q, M と大きさが等しく向きが反対な Q, M が生じていることになる．これらの Q はともにそれぞれ AC, CB 部分を反時計まわりに回転させようとしているせん断力であるため，この一対のせん断力は負となる．同時に C 点を AB はり上のどこに取っても Q の値は変わらないため (d) 図に示すような矩形の Q 図となり，負となるからはりの上側に描く．

曲げモーメントは M が Px であるため x が増加すると Px も増加する．その増加の程度は x について一次であるため直線的に増加し，$x = 0$ の A 端で 0，$x = l$ の B 端で最大 Pl となる．なお曲げモーメント M ははりの下側を圧縮するように作用するため負である．曲げモーメント図ははりの引張側[1]に描く約束であるから，はりの上側に描き，M 図としては図 2.11(e) に示してあるような三角形となる．

(2) はりの途中に集中荷重が作用するとき

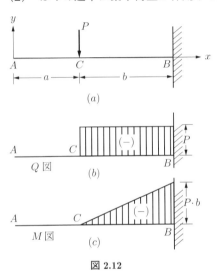

図 2.12

C 点に集中荷重が作用するとき，AC 間には荷重がないため Q, M は 0 である．従って片持ばり CB の自由端 C に集中荷重 P が加わっていると考えればよい．従って (1) の場合と全く同様で (1) のときの l の代わりにここでは b とすればよい．つまり図 2.12 のような Q 図，M 図となる．

(3) 数個の集中荷重が作用するとき

A 端と C 点に集中荷重 P_1, P_2 が作用するときは P_1 のみが作用するときと，P_2 のみが作用するときとの二つの場合に分けて考え，これらを重ね合わせればよい．従って前述の (1) の場合と (2) の場合とを重ね合わせれば図 2.13 に示すようになる．いくら集中荷重の数が多くても前述のように組み合わせればよい．図 2.14 のように逆向きに P_2 が作用するときは P_2 の Q 図，M 図を求め P_1 の Q 図，M 図から差引けばよい．ただしここでは $P_1 > P_2$ とする．

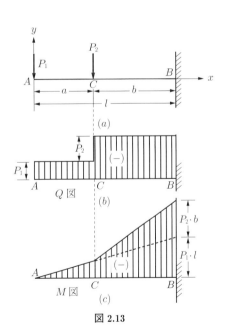

図 2.13

---

[1] はりの凸に変形する側．

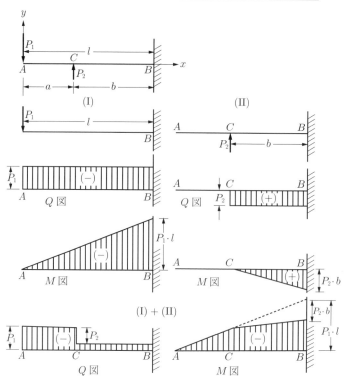

図 2.14

(4) 等分布荷重が作用するとき

等分布荷重の単位長さについての大きさを w とする．A 点から距離 x の点 C ではり AB を切断し図 2.15(b) のような Q，M を仮定する．AC 間の荷重の総和は wx でこの合力 wx は AC の中点を通る．まず釣合い式をたてると

$$-wx + Q = 0 \quad \therefore \quad Q^{1)} = wx$$

この Q は $x = 0$ で 0，$x = l$ で wl と直線的に増加するため図 2.15 に示す Q 図となる．C 点に関するモーメントは

$$-wx \times \frac{x}{2} + M = 0$$

$$\therefore \quad M^{1)} = \frac{wx^2}{2}$$

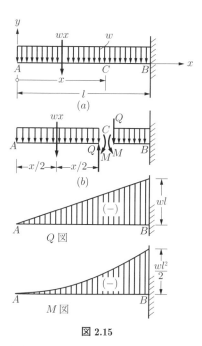

図 2.15

よって M は x の二乗に比例して増加するため M 図は放物線となる．

---

1) Q，M の値は正であるため，最初に仮定した Q，M の向きは正しいことがわかる．つまりこの向きに Q，M は生じる．

2. 両端支持の単純ばり

(1) 任意の点に集中荷重が作用するとき

図 2.16(a) において C 点に集中荷重 P が作用するとする.

単純ばりのときはまず最初に支点の反力を求めなければならない. A 点, B 点の反力 R_A, R_B を図 2.16(a) に示すような向きに生じると仮定する.

$$\Sigma Y = R_A - P + R_B = 0 \cdots\cdots (a)$$

A 点に関するモーメントは

$$P \cdot a - R_B \cdot l = 0 \quad \therefore \quad R_B = \frac{a}{l}P \cdots (b)$$

(b) 式を (a) 式に代入すれば

$$R_A = \frac{b}{l}P \cdots\cdots\cdots\cdots (c)$$

R_A, R_B の値は正であるため最初に仮定した向きは正しい.

次に AC 間と CB 間と二つに分けて Q, M を考える. まず AC 間に A 点より距離 x にある点で AB はりを切断し, はりの左の部分の釣合いを考える. Q, M は図に示すような向きに生じると仮定する.

$$\Sigma Y = R_A - Q = 0$$
$$Q = R_A$$

よって (c) 式より

$$Q = \frac{b}{l}P \cdots\cdots\cdots\cdots (d)$$

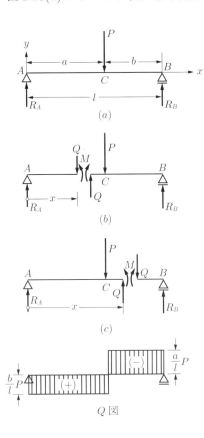
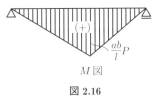

図 2.16

x 点に関するモーメントは

$$R_A \cdot x - M = 0 \quad M = R_A \cdot x$$
$$\therefore \quad M = \frac{b}{l}P \cdot x \cdots\cdots\cdots\cdots\cdots (e)$$

これらの Q, M は AC 間の Q, M を表す. 次に CB 間において A 点から x となる距離にある断面を考え (c 図) この断面に生じる Q, M を (c) 図に示すように仮定し, はりの左側の部分の釣合いを考えると,

$$\Sigma Y = R_A - P + Q = 0$$

$R_A = \dfrac{b}{l} P$ であるので

$$Q = P - \dfrac{b}{l}P = \dfrac{l-b}{l}P = \dfrac{a}{l}P \quad \cdots\cdots\cdots\cdots\cdots\cdots\cdots\cdots \text{(f)}$$

x 点に関するモーメントは

$$R_A \cdot x - P(x-a) - M = 0$$

$R_A = \dfrac{b}{l} P$ を代入して M を求めれば

$$M = \dfrac{b}{l}P \cdot x - P(x-a)$$

$$M = Pa - \dfrac{a}{l}P \cdot x \cdots\cdots\cdots\cdots\cdots\cdots\cdots\cdots\cdots \text{(g)}$$

この Q, M は CB 間の Q, M を表す.よって図 2.16 に示すような $Q^{[1]}$ 図,$M^{[2]}$ 図となる.つまり集中荷重の作用点のところでせん断力の正負の符号が変わり,曲げモーメントは最大値 $\dfrac{ab}{l}P$ となる.ちなみに (g) 式に対して $x = a$ を代入してみると $M = \dfrac{ab}{l}P$ となり (e) 式の $x = a$ の場合と同じ値になる.

(2) 等分布荷重が作用するとき

等分布荷重の単位長さについての大きさを w とすれば反力 R_A,R_B の大きさは釣合い条件より直ちに求められる.反力 R_A,R_B を図 2.17 に示すように仮定すれば荷重の総和は wl となるため

$$R_A - wl + R_B = 0 \quad \cdots\cdots\cdots \text{(a)}$$

A 点に関するモーメントは

$$wl \times \dfrac{l}{2} - R_B \cdot l = 0 \quad \cdots\cdots \text{(b)}$$

$$\therefore \quad R_B = \dfrac{wl}{2}$$

よって (a) 式より $R_A = \dfrac{wl}{2}$.(b) 式の最初の項は,荷重の総和 wl の合力が AB はりの中央に作用するため,wl と中央から A 点までの距離 $\dfrac{l}{2}$ の積であり,荷重の A 点に対するモーメントを算出したものである.

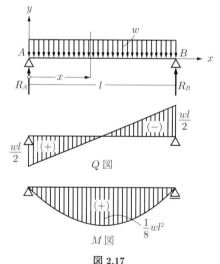

図 2.17

---

[1] このはりの左端に作用する反力 R_A は AC の部分を時計まわりに回転させようとしているせん断力であるため,AC 間のせん断力図は正,また反力 R_B は CB の部分を反時計まわりに回転させようとしているため,CB 間のせん断力図は負と考えられる.

[2] このはりは下方向に凸にたわむため,はりの下側が引張られる.よって曲げモーメントは正になることがわかる.

A 点より x となる距離にある断面の Q, M はその断面より左側にあるはりの釣合い条件より次のようになる.

$$\Sigma Y \dots R_A - wx - Q^{1)} = 0$$

$$R_A = \frac{wl}{2} \text{となるため}$$

$$Q = \frac{wl}{2} - wx$$

$$\Sigma M \dots R_A \cdot x - wx \cdot \frac{x}{2} - M^{1)} = 0$$

$$\therefore \quad M = \frac{wl}{2}x - \frac{wx^2}{2} = \frac{wx}{2}(l - x)$$

よって Q は直線的に変化し $x = \dfrac{l}{2}$ で 0 となったところで正負の符号が変わり,M は x^2 に比例するため放物線となり $x = \dfrac{l}{2}$ で最大値 $\dfrac{wl^2}{8}$ となる.

---

1) Q, M の向きは図 2.16(b) の向きに仮定して式をたててある.

第3章 はり内の応力

3.1 単純な曲げ

長方形断面のはり（矩形梁）の両端に大きさが互いに等しく向きの反対な二つの偶力が作用するとき，このはりには曲げモーメント M のみが生じ，せん断力は生じない．このような曲げの状態を単純な曲げあるいは，純曲げという．

図 3.1(a) に単純な曲げを受けるはりの一例を示す．いまこのはりを任意の断面 m-n で切断しその左の部分を (b) 図に示す．いまこの部分の釣合いを考えると，m-n 断面には大きさが M の曲げモーメントは生じるが，せん断力は生じない．それは y 軸方向の外力の和は 0 となるからである．しかし m-n 断面には軸方向（x 軸方向）に偶力をなす応力が生じる．その応力の分布状態はいまはわからないが，とにかくその応力のなす偶力の大きさは Pa に等しいことは

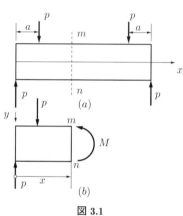

図 3.1

わかるだろう．この応力のなす偶力が M となってこのはりは単純な曲げの状態にあるのである．図 3.1(b) にはこの応力によって生じる曲げモーメント M のみが記入してある．ではこの応力の分布状態を考察してみよう．それにははりの変形状態を考慮しなければならない．このとき次のような仮定をする．**材軸に直角な横断面ははりが湾曲した後も平面を保つ．**

この仮定は非常に重要な仮定であってはりの理論はこの仮定から出発するのである．この仮定はナヴィエ（Navier）の平面保持の仮定といわれている．

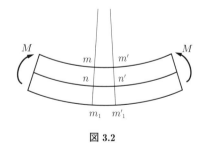

図 3.2

図 3.2 に示すように，最初互いに平行であった断面 m-m_1，m'-m'_1 ははりが湾曲した後は互いに平面を保ちながら傾斜する．

そしてはりの上側は圧縮されて縮み，下側は引張られて伸びる．従ってはりの内部には伸びも縮みもしない面 n-n' が生じる．この面を中立面といい中立面と材軸に垂直な横断面との交線を中立軸という．

さてはりの一部分を図 3.3 に示す．C-D 断面は変形後傾斜して C'-D' となったとする[1]．

このとき曲率半径を ρ，AB，$C'D'$ のなす微小な角を $d\phi$ とする．中立面 nn' から距離 y にある E 点は変形後 E' に来る．すると中立軸から距離 y にある面は EE' 伸びたことになる．このときひずみ度を ε とすれば

$$\varepsilon = \frac{EE'}{BD} \quad\cdots\cdots\cdots\cdots (3.1)$$

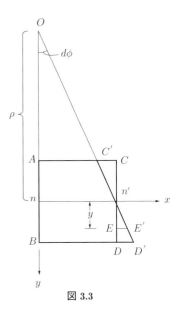

図 3.3

角 $d\phi$ は微小であるため $BD = \rho d\phi$，$\angle BOD' = \angle En'E'$ なので，

$$\angle En'E' = d\phi \quad\therefore\quad EE' = y d\phi$$

従って (3.1) 式は

$$\varepsilon = \frac{y d\phi}{\rho d\phi} = \frac{y}{\rho}$$

ここでフックの法則により $\varepsilon = \dfrac{\sigma}{E}$ なので上式を代入しさらに

$$\sigma = \frac{y}{\rho} E \quad\cdots\cdots\cdots\cdots\cdots\cdots\cdots\cdots\cdots\cdots (3.2)$$

となる．この応力が断面 C-D 上に生じるわけであるが C-D 断面に生じる応力の合力は（軸力はゼロなので）0 とならなければならない．よって C-D 断面に生じる応力 σ を全部加え合わせて 0 とおく（図 3.5 参照）．すなわち断面の微小面積を dA とすればこの微小面積に生じる応力は σdA であるので，

$$\int \sigma dA = 0$$

この σ に (3.2) 式を代入すると

$$\int \frac{E}{\rho} y dA = \frac{E}{\rho} \int y dA = 0$$

$$\therefore \quad \int y dA = 0$$

これは 1.13 節で述べたように n-n 軸（図 3.5 参照）に関する断面一次モーメントが 0 というこ

---

[1] 微小な変形状態の場合について我々は考えているので AC'，BD' は曲線であるがほとんど直線とみなすことができる．また断面 A-B は固定しているように考え断面 C-D だけを傾斜させてあるが，断面 A-B，C-D を共に傾斜させて考えたのと全く同じことである．それは**物体の変形は常に相対的な変形を考えるからで**ある．例えば両端を P の力で引張るときの変形状態を考えるとき，(a) 図のように両側に δ ずつ伸びたと考えても，(b) 図のように左端はあたかも固定しているように考えて右端へ 2δ 伸びたように考えて考察しても特に違いはないのと全く同じことである．一般に (b) 図のように一端は固定しているように考えて考察する方が問題が単純化され，説明するにも考察するにもこの方が簡単でわかりやすい．

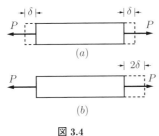

図 3.4

とである．

断面一次モーメントが 0 であるため n-n 軸は断面の図心を通る．従って中立軸は断面の図心を通ることがわかった．

上記の微小面積に作用する応力の中立軸に関するモーメントは $\frac{yE}{\rho} \cdot dA \cdot y$ である．よって断面上のこれらのモーメントを合計し，これを曲げモーメント M に等しいとおくと

$$\int \frac{E}{\rho} y^2 dA = M$$

$$\frac{E}{\rho} \cdot \int y^2 dA = M$$

$\int y^2 dA$ は 1.13 節で述べたように中立軸 n-n に関する断面二次モーメント I なので上式はさらに次のようになる．

$$\frac{E}{\rho} I = M \quad \cdots\cdots\cdots\cdots\cdots\cdots\cdots\cdots\cdots\cdots\cdots\cdots (a)$$

(3.2) 式は $\frac{E}{\rho} = \frac{\sigma}{y}$ と表せるのでこの関係を上式に代入すると

$$\frac{\sigma}{y} I = M \quad \therefore \quad \sigma = \frac{M}{I} y \quad \cdots\cdots\cdots\cdots\cdots\cdots (3.3)$$

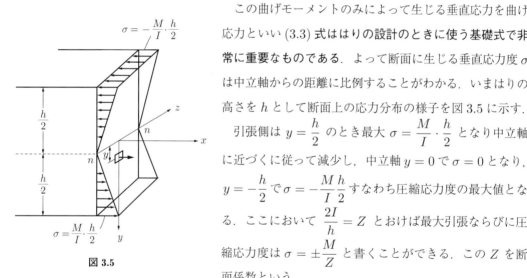

図 3.5

この曲げモーメントのみによって生じる垂直応力を曲げ応力といい (3.3) 式ははりの設計のときに使う基礎式で非常に重要なものである．よって断面に生じる垂直応力度 σ は中立軸からの距離に比例することがわかる．いまはりの高さを h として断面上の応力分布の様子を図 3.5 に示す．

引張側は $y = \frac{h}{2}$ のとき最大 $\sigma = \frac{M}{I} \cdot \frac{h}{2}$ となり中立軸に近づくに従って減少し，中立軸 $y = 0$ で $\sigma = 0$ となり，$y = -\frac{h}{2}$ で $\sigma = -\frac{M}{I}\frac{h}{2}$ すなわち圧縮応力度の最大値となる．ここにおいて $\frac{2I}{h} = Z$ とおけば最大引張ならびに圧縮応力度は $\sigma = \pm\frac{M}{Z}$ と書くことができる．この Z を断面係数という．

3.2 はりに作用する荷重とそのせん断力，曲げモーメントとの関係

図 3.6(a) に示すように単純ばりに等分布荷重 w（単位長さ当たりの荷重が一定）が作用しているとき，荷重とせん断力，曲げモーメントとの間にある関係がある．いまその関係式を導いてみる．

A 点から距離 x に C 点を取り，C 点より微小距離 dx 離れたところに D 点を取り，C 点，D 点

ではりを切断しこれを (b) 図に示す．C 断面に作用するせん断力 Q，曲げモーメント M が (b) 図に示すような向きにあると仮定すれば D 断面に作用するせん断力，ならびに曲げモーメントは $Q+dQ$, $M+dM$ でその向きは C 断面の Q, M と反対である．なぜ dQ と dM を加えたかというと C 断面と D 断面とはその位置が微小距離 dx だけ異なっているから，その Q, M も一般に微小量異なっている．それでその異なっている微小量の大きさを dQ, dM としたのである．異なっていない特別な場合ももちろんある．例えば前節の単純曲げの場合等である．

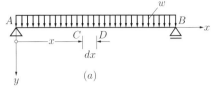

さて (b) 図について考えてみると荷重は wdx でその合力は dx の中央を通って作用している．

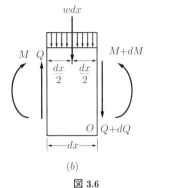

図 **3.6**

まず y 軸方向の釣合いの式 $\Sigma Y=0$ を作ってみると

$$-Q + wdx + (Q+dQ) = 0$$
$$\therefore \frac{dQ}{dx} = -w \quad \cdots\cdots\cdots\cdots\cdots\cdots\cdots\cdots (3.4)$$

すなわちせん断力 Q を x で微分すれば分布荷重（単位長さ当たりの荷重）の大きさが得られる．

次に右の下端 O についてのモーメント $\Sigma M=0$ の式を作ってみると

$$M + Qdx - wdx \times \frac{dx}{2} - (M+dM) = 0$$
$$Qdx - \frac{w}{2}(dx)^2 - dM = 0$$

$(dx)^2$ は微小量 dx を二乗したものであるから他の一次の微小量の項に比べてはるかに小さい量であるので二番目の項を省略すると

$$Qdx - dM = 0$$
$$\therefore \frac{dM}{dx} = Q \quad \cdots\cdots\cdots\cdots\cdots\cdots\cdots\cdots (3.5)$$

よって曲げモーメント M を x で微分すればその点のせん断力 Q が得られることがわかる．(3.5) 式を x でさらに微分すれば

$$\frac{d^2M}{dx^2} = \frac{dQ}{dx}$$

よって (3.4) 式を上式に代入すれば

$$\frac{d^2M}{dx^2} = -w \quad \cdots\cdots\cdots\cdots\cdots\cdots\cdots\cdots (3.6)$$

これらの関係式は非常に重要な式であって，これらの関係式よりせん断力図ならびに曲げモー

メント図についての諸性質が明確となる．例えば $w = 0$ の区間では (3.4) 式より

$$\frac{dQ}{dx} = 0$$

積分すれば

$$Q = 定数$$

さらに (3.5) 式より

$$\frac{dM}{dx} = 定数 \qquad \therefore \quad M = (定数) \times x$$

よって $w = 0$ の区間ではせん断力一定で，曲げモーメントは直線的に変化することがわかる．また $Q = 0$ の区間では (3.5) 式より

$$\frac{dM}{dx} = 0 \qquad \therefore \quad M = 定数$$

よってせん断力 0 の区間では曲げモーメントは一定であることがわかる．また曲げモーメント図が求められれば (3.5) 式によってその曲げモーメントの式を x で微分すれば直ちにせん断力図が得られる．これらの諸性質を知っていれば Q 図，M 図の正否を調べることもできる．

3.3　せん断応力度の分布

1.　長方形断面（矩形断面）におけるせん断応力度の分布

図 3.7(a) に示すように 2 本の等しい長方形断面のはりを重ね両端で支持して中央に集中荷重を加える．このとき 2 本のはりの間に摩擦がないとすれば (b) 図に示すように，各はりは互いに無関係に曲がり，各はりの上側は圧縮され，下側は引張りを受ける．これに反して 2 本のはりが境界面で接着され一体となったはりにおいては 2 本のはりの境界面ですべるのを防ぐようにせん断力が中立面 m-m に沿って図 (c) に示す 2 本のはりの境界面で作用するため A 端，B 端が (b) 図のように階段状とはならない．

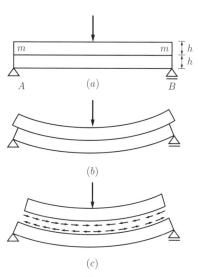

図 3.7

はりが曲げを受けるとすでに述べたように横断面にせん断力 Q が生じるが，同時に縦断面にもせん断力が生じる．

さて横断面に生じるせん断力 Q は横断面に一様な大きさで分布する力だろうか．つまりはりの横断面積を A とするとき Q/A の大きさのせん断応力度として横断面に一様に分布するものかどうか，これからこの点に関して考えてみよう．

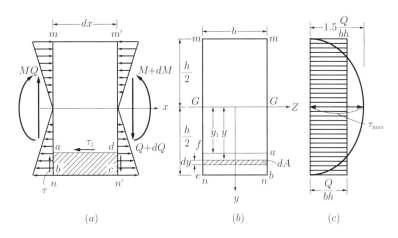

図 3.8

いまはりが曲げを受けて湾曲すると中立面以下は引張られ，中立面以上は圧縮される．このはりの側面図の一部分を図 3.8(a) に示す．(a) 図においては微小距離 dx だけ離れた切断面 m-n, m'-n' に作用する応力度の分布状態が記入してある．これは m-n 断面に作用する曲げモーメント M と $m'n'$ 断面に作用する曲げモーメント $M+dM$ によって生じる応力度である．従って (3.3) 式 $\sigma = \dfrac{M}{I}y$ より求めたものである．(b) 図は m-n の横断面を示す．

さて中立面より y_1 の距離に ad 面を考え $abcd$ の釣合いを考えてみよう．**まずせん断応力度 τ_1 は横断面の幅上に等分布すると仮定する**．いま ad 面上に作用するせん断応力度 τ_1 は (a) 図に示すように作用しているとする．ab 面上の微小面積 dA に作用する引張応力は (3.3) 式より

$$\sigma dA = \frac{M}{I}y dA$$

よって ab 面に作用する引張応力度の合力は

$$\int_{y_1}^{\frac{h}{2}} \frac{M}{I} y dA \quad \cdots\cdots\cdots\cdots\cdots\cdots\cdots\cdots\cdots\cdots\cdots\cdots (3.7)$$

同様にして cd 面に作用する引張応力度の合力は

$$\int_{y_1}^{\frac{h}{2}} \frac{(M+dM)}{I} y dA \quad \cdots\cdots\cdots\cdots\cdots\cdots\cdots\cdots (3.8)$$

ad 面に作用するせん断応力度 τ_1 の合力は

$$\tau_1 b dx \quad \cdots\cdots\cdots\cdots\cdots\cdots\cdots\cdots\cdots\cdots\cdots\cdots\cdots\cdots (3.9)$$

(3.7) 式，(3.8) 式，(3.9) 式の三力は釣合っているので

$$-\tau_1 b dx - \int_{y_1}^{\frac{h}{2}} \frac{M}{I} y dA + \int_{y_1}^{\frac{h}{2}} \frac{(M+dM)}{I} y dA = 0$$

$$-\tau_1 b dx + \int_{y_1}^{\frac{h}{2}} \frac{dM}{I} y dA = 0$$

$$\therefore \quad \tau_1 = \frac{dM}{dx} \cdot \frac{1}{b \cdot I} \int_{y_1}^{\frac{h}{2}} y \, dA$$

(3.5) 式により $\dfrac{dM}{dx} = Q$ なので,

$$\tau_1 = \frac{Q}{b \cdot I} \int_{y_1}^{\frac{h}{2}} y \, dA$$

ところで 1.9 節の直交するせん断応力度は互いに等しいという定理によりこの τ_1 は ab 面に作用するせん断応力度 τ に等しい．よって

$$\tau = \frac{Q}{b \cdot I} \int_{y_1}^{\frac{h}{2}} y \, dA \quad \cdots\cdots\cdots\cdots\cdots\cdots\cdots\cdots\cdots\cdots\cdots\cdots\cdots \text{(3.10)}$$

上式の積分の項は (b) 図の $abef$ の部分の Z 軸に関する断面一次モーメントを表している．なお $dA = b \cdot dy$ なので

$$\int_{y_1}^{\frac{h}{2}} y \, dA = b \int_{y_1}^{\frac{h}{2}} y \, dy = b \left[\frac{y^2}{2} \right]_{y_1}^{\frac{h}{2}} = \frac{b}{2} \left(\frac{h^2}{4} - y_1{}^2 \right)$$

上式を (3.10) 式に代入すると

$$\tau = \frac{Q}{2I} \left(\frac{h^2}{4} - y_1{}^2 \right) \quad \cdots\cdots\cdots\cdots\cdots\cdots\cdots\cdots\cdots\cdots\cdots \text{(3.11)}$$

よって τ ははりの高さ h に沿って放物線状に分布することがわかる．なお下記に示すように最大せん断応力度は中立軸のところに生じる（図 3.8(c)）．

$$y_1 = \pm \frac{h}{2} \qquad \tau = 0$$
$$y_1 = 0 \qquad \tau_{\max} = \frac{Qh^2}{8I}$$

長方形断面のとき $I = \dfrac{bh^3}{12}$ なので

$$\tau_{\max} = \frac{3}{2} \cdot \frac{Q}{bh} \quad \cdots\cdots\cdots\cdots\cdots\cdots\cdots\cdots\cdots\cdots\cdots\cdots \text{(3.12)}$$

よって中立軸に生じる最大せん断応力度 $\tau_{\max}$ はせん断応力 Q が横断面に一様に分布する（平均せん断応力度）と考えた大きさの 1.5 倍であることがわかる．

せん断応力度 τ_1 の分布が横断面の幅上に均等に分布しないとして解いた厳密解によると，最大せん断応力度は中立軸とはりの側面との交点 GG に生じ次のようになる [1].

$$\tau_{\max} = a \left(\frac{3}{2} \frac{Q}{bh} \right)$$

ここに a は b/h の比に関係する定数で次のようになる．

---

[1]　Timoshenko：Theory of Elasticity, P.364（弾性論，金多潔訳，p.378）

b/h =	$\frac{1}{2}$	1	2	4
a =	1.033	1.126	1.396	1.988

これからわかるように幅が高さに比べて小さい長方形断面に対しては (3.10) 式は非常によい近似式であることがわかる.

2. 円形断面のせん断応力度の分布

図 3.9 に示すように半径を r とすれば

$$b = 2\sqrt{r^2 - y^2}$$
$$I_z = \frac{\pi r^4}{4}$$

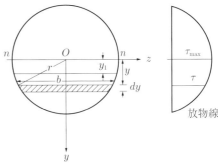

図 3.9

である. また n-n 軸に関する断面一次モーメント S は

$$S = \int_{y_1}^{r} by dy = \int_{y_1}^{r} 2\sqrt{r^2 - y^2} y dy$$
$$= -\int_{y_1}^{r} \sqrt{r^2 - y^2} d(r^2 - y^2)$$
$$= \frac{2}{3}(r^2 - y_1^2)^{\frac{3}{2}} \qquad \because \quad t = r^2 - y^2 \text{ とおくと, } \quad dt = d(r^2 - y^2) = -2y dy$$

よって (3.10) 式より

$$\tau = \frac{Q}{bI} \cdot \frac{2}{3}(r^2 - y_1^2)^{\frac{3}{2}}$$

上式に b, I_z の値を代入すれば

$$\tau = \frac{4}{3} Q \frac{1}{\pi r^2} \left[1 - \left(\frac{y_1}{r}\right)^2 \right]$$

よって $y_1 = 0$ のとき, せん断応力度 τ は最大となり次式で表せる.

$$\tau_{\max} = \frac{4}{3} \frac{Q}{\pi r^2} \quad \cdots\cdots\cdots\cdots\cdots\cdots\cdots\cdots\cdots\cdots\cdots\cdots (3.13)$$

厳密解 (前頁脚注 1) の P.359 または, 同訳本 P.373) によると次のように求められる.

$$\tau_{\max} = 1.38 \frac{Q}{\pi r^2}$$

従って上記の (3.13) 式とほとんど等しく (3.13) 式は常によい近似式であることがわかる.

3. I 形断面におけるせん断応力度の分布

図 3.10(a) は I 形断面を示す. この断面上のせん断応力度の分布を求めるのは前と同様にして求めることができる. さて長方形断面においては (3.10) 式によれば

$$\tau = \frac{Q}{bI}\int_{y_1}^{\frac{h}{2}} y dA \cdots\cdots (3.14)$$

である．ここに I は z 軸に関する断面二次モーメントである．I形断面においてはこの積分つまり断面一次モーメントをフランジとウェブ（腹板）の部分についてそれぞれ別々に求める．まずフランジの断面一次モーメント

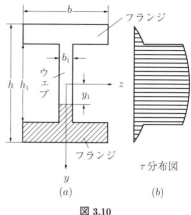

図 3.10

$$\int_{\frac{h_1}{2}}^{\frac{h}{2}} y dA = \frac{b}{2}\left(\frac{h^2}{4} - \frac{h_1^2}{4}\right)$$

ウェブの断面一次モーメント

$$\int_{y_1}^{\frac{h_1}{2}} y dA = \frac{b_1}{2}\left(\frac{h_1^2}{4} - y_1^2\right)$$

よってI形断面の断面一次モーメントは上記の両式を足し合わせれば求められる．つまり，

$$\int_{y_1}^{\frac{h}{2}} y dA = \frac{b}{2}\left(\frac{h^2}{4} - \frac{h_1^2}{4}\right) + \frac{b_1}{2}\left(\frac{h_1^2}{4} - y_1^2\right)$$

これを (3.14) 式に代入すればウェブのせん断応力度分布は，

$$\tau = \frac{Q}{b_1 I}\left[\frac{b}{2}\left(\frac{h^2}{4} - \frac{h_1^2}{4}\right) + \frac{b_1}{2}\left(\frac{h_1^2}{4} - y_1^2\right)\right] \cdots\cdots (3.15)$$

従ってせん断応力度 τ ははりの高さ h に沿って放物線状に分布することがわかる．そして最大せん断応力度はウェブの中央に生じる．

いま (3.15) 式よりウェブの中央 $y_1 = 0$ の $\tau_{\max}$ および，$y_1 = \frac{h_1}{2}$ の $\tau_{\min}$ を求めてみると

$$\tau_{\max} = \frac{Q}{b_1 I}\left[\frac{bh^2}{8} - \frac{h_1^2}{8}(b - b_1)\right] \cdots\cdots (3.16)$$

$$\tau_{\min} = \frac{Q}{b_1 I}\left(\frac{bh^2}{8} - \frac{bh_1^2}{8}\right) \cdots\cdots (3.17)$$

上の両式より b_1 が b と比較して非常に小さいときは

$$\tau_{\max} \fallingdotseq \tau_{\min}$$

となりウェブ上のせん断応力度は等分布すると考えることができる．

次にウェブ上に分布するせん断応力度 τ の合力 Q_1 を求めてみよう．このとき Q_1 は

$$Q_1 = \int_{-\frac{h_1}{2}}^{\frac{h_1}{2}} \tau b_1 dy$$

なので，上式に (3.15) 式の τ を代入して Q_1 を求めてみると

$$Q_1 = \frac{Q}{b_1 I}\int_{-\frac{h_1}{2}}^{\frac{h_1}{2}}\left[\frac{b}{2}\left(\frac{h^2}{4} - \frac{h_1^2}{4}\right) + \frac{b_1}{2}\left(\frac{h_1^2}{4} - y_1^2\right)\right] b_1 dy$$

$$= \frac{Q}{I}\left[\frac{b}{8}h_1(h^2 - h_1^2) + \frac{b_1 h_1^3}{12}\right] \quad (\because h = h_1 + 2h_2$$
$$\qquad h_2\ldots\text{フランジの厚さ})$$

$$= \frac{Q}{I}\left[\frac{h_1+h_2}{2}bh_1h_2 + \frac{b_1h_1^3}{12}\right] \quad\cdots\cdots\cdots\cdots\cdots\cdots\cdots\cdots\cdots (3.18)$$

一方 (1.30) 式により I 形断面の断面二次モーメントは

$$I = \frac{bh_2^3}{6} + \frac{(h_1+h_2)^2}{2}bh_2 + \frac{b_1h_1^3}{12}$$

よってフランジの厚さ h_2 が非常に小さいときは h_2 の二次以上の項を省略すると上記の I は

$$I = \frac{bh_1^2 h_2}{2} + \frac{b_1 h_1^3}{12} \quad\cdots\cdots\cdots\cdots\cdots\cdots\cdots\cdots\cdots (3.19)$$

となる．一方 (3.18) 式も同様に h_2 の二次以上の項を省略すると

$$Q_1 = \frac{Q}{I}\left(\frac{bh_1^2 h_2}{2} + \frac{b_1 h_1^3}{12}\right) \quad\cdots\cdots\cdots\cdots\cdots\cdots\cdots (3.20)$$

となり (3.19) 式の I を (3.20) 式に代入すれば

$$Q_1 = Q$$

よってフランジの厚さ h_2 が小さいときは近似的にせん断力 Q はウェブのみで受けると考えることができる．従って Q をウェブの断面積 A で割れば大体のウェブに生じるせん断応力度 τ が得られる（図 3.10(b) 参照）．

3.4 曲げと軸方向力を受ける場合

図 3.11(a) に示すようにはりの軸に垂直に任意の荷重[1]が作用し，さらに同時に断面の図心を通ってはりを引張り，あるいは圧縮する荷重 P がはりの軸方向に作用している場合を考えてみよう．

まず鉛直方向の荷重のため任意断面 m-n には曲げによる応力 σ_b が生じる．つまり (3.3) 式より

$$\sigma_b = \frac{M}{I_z}y$$

ここに I_z は z 軸に関する断面二次モーメントである．この応力度の分布状態は (b) 図に示すように下側が引張りで上側が圧縮である．また軸方向に図心を通って引張力 P のみが作用しているときは (c) 図に示すように m-n 断面には

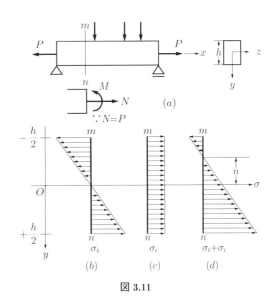

図 3.11

---

[1] はりの軸に垂直に作用する荷重とは厳密にいえばその荷重面が断面主軸を含む平面と一致する荷重のことである．従って特別断らない限りこの種の荷重は全部上の意味の荷重のことである．

$\sigma_t = \dfrac{N}{A} = \dfrac{P}{A}$ となる引張応力度 σ_t が生じる．従って垂直の荷重と引張荷重が同時に作用するときの m-n 断面の応力度はこれらの二つの荷重によって生じる応力度を重ね合わせればよい．従って

$$\sigma = \dfrac{M}{I_z}y + \dfrac{P}{A} \quad \cdots\cdots\cdots\cdots\cdots (3.21)$$

これを (d) 図に示す．(d) 図の場合は

$$\sigma_b = \dfrac{M}{I_z}\cdot\dfrac{h}{2} > \sigma_t = \dfrac{P}{A}$$

の場合である．つまり下の引張側は両荷重による引張応力度を加え合わせて大きくなり，上側は曲げ応力による圧縮応力度と引張荷重による引張応力度との重ね合わせなので図のように小さな圧縮応力度となる．従って中立軸は上にあがる．$\sigma_b = \sigma_t$ の場合は図 3.12(a) のように断面には引張応力度のみが生じ，上縁の応力度が 0 となり上縁が中立軸となる．$\sigma_b < \sigma_t$ の場合は図 3.12(b) に示すように引張応力度のみ生じ中立軸は断面外に出る．圧縮荷重が作用するときもまた同じように取扱うことができる．

3.5 断面の核

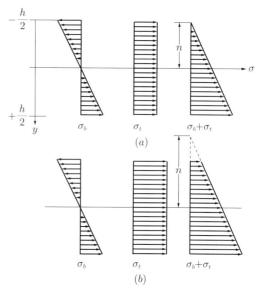

図 3.12

図 3.13 に示すように断面の二つの主軸のうち，y 軸上に図心から e（偏心距離という）だけ離れた距離にはりの軸方向に引張荷重 P が作用しているとしよう[1]．

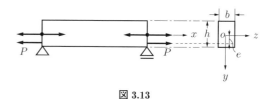

図 3.13

いま図心 O に大きさ等しく向き反対な一対の力 P を作用させてみると，この一対の力 P の合力は 0 であるから最初の荷重状態には少しも変化を与えない．両端に作用させたこの一組の向き反対な力のうち両端の一個の P は軸方向に引張力として作用し，はり内に $\sigma_t = \dfrac{P}{A}$ となる引張応力度を生じさせる．あと一組の P は図心 O から y 軸上に e だけ離れた距離にある荷重 P と共に偶力となり，曲げモーメント Pe を起こし，$\sigma_b = \dfrac{Pe}{I_z}y$ である曲げ応力度を生じさせる．従って荷重 P ははりに上記の二つの応力度を合成した次式で示す応力度を生じさせる．

$$\sigma = \dfrac{P}{A} + \dfrac{Pe}{I_z}y \quad \cdots\cdots\cdots\cdots\cdots (3.22)$$

---

[1] はりの長さは断面に比べて短いはりとする．つまり短柱とする．

ここに I_z は断面の z 軸に関する断面二次モーメントである．いま断面積を A，i_z を断面の z 軸に対する断面二次半径[1]とすれば

$$i_z = \sqrt{\frac{I_z}{A}} \qquad \therefore I_z = i_z{}^2 A$$

よって (3.22) 式は次式で書き変えられる．

$$\sigma = \frac{P}{A}\left(1 + \frac{ey}{i_z{}^2}\right) \quad \cdots\cdots\cdots\cdots\cdots\cdots\cdots\cdots\cdots\cdots (3.23)$$

偏心荷重 P が y 軸上で図心 O から e だけ離れた距離に作用しているとき，応力度 σ が 0 となる点の軌跡，すなわち，このときの中立軸の式を求めてみよう．それには (3.23) 式において $\sigma = 0$ とおけば

$$1 + \frac{ey}{i_z{}^2} = 0 \quad \text{つまり} \quad y = -\frac{i_z{}^2}{e}$$

長方形断面を考えると $i_z{}^2 = \dfrac{I_z}{A} = \dfrac{\frac{bh^3}{12}}{bh} = \dfrac{h^2}{12}$ なので，

$$\therefore \quad y = -\frac{h^2}{12e} \quad \cdots\cdots\cdots\cdots\cdots\cdots\cdots\cdots\cdots\cdots (3.24)$$

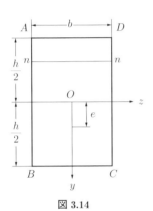

図 3.14

よって $y = -\dfrac{h^2}{12e}$ で表される直線上の点の応力度はすべて 0，つまりこの直線 nn（図 3.14）がこのときの中立軸である．いま e を $\dfrac{h}{6}$ に取ると (3.24) 式より $y = -\dfrac{h}{2}$ となる．このとき断面の縁 AD に生じる応力度が 0 となり AD が中立軸となる．このように荷重の作用点を適当に選ぶことによってはりの断面の外周上の応力度が **0** となり，断面内に生じる応力度が全部同種類の応力状態となる．このような応力状態になる荷重の作用点の軌跡に包まれた領域を断面の核という．従って荷重 P が断面の核内に作用すれば断面内はすべて同一種類の応力分布状態となり，断面の核外に荷重が作用すれば断面の中立軸は断面内に存在し断面には引張応力度と圧縮応力度が生じることになる．つまり荷重の作用点が断面の核内にあれば図 3.12(b) のような応力分布状態となり，核の境界線上にあれば図 3.12 の (a) のようになり，核外にあれば図 3.11 の (d) のような応力分布状態になるわけである．

さて最後に長方形断面の核を求めてみよう．図 3.15 に示すように引張荷重 P の作用点を今度は任意の点 a（座標 $(y, z) = (l, m)$）とすれば荷重 P によって生じる応力度は今度は次の二種類となる．すなわち引張応力度

$$\sigma_t = \frac{P}{A}$$

---

[1] 断面二次モーメントを断面積で割ったものの平方根を断面二次半径という．

y 軸回りの曲げモーメント Pm による曲げ応力度

$$\sigma_{b(y)} = \frac{Pm}{I_y}z$$

z 軸回りの曲げモーメント Pl による曲げ応力度

$$\sigma_{b(z)} = \frac{Pl}{I_z}y$$

よって断面に生じる応力度は上記の三つの応力度を足し合わせたものである．つまり

$$\sigma = \frac{P}{A} + \frac{Pl}{I_z}y + \frac{Pm}{I_y}z$$
$$= \frac{P}{A}\left(1 + \frac{l}{i_z{}^2}y + \frac{m}{i_y{}^2}z\right) \quad \cdots\cdots (3.25)$$

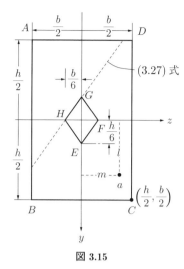

図 3.15

ここに $i_y{}^2$, $i_z{}^2$ を y 軸，z 軸に関する断面二次半径とする．このとき各断面二次半径は次式の大きさである．

$$i_y{}^2 = \frac{b^2}{12} \qquad i_z{}^2 = \frac{h^2}{12} \quad \cdots\cdots\cdots\cdots\cdots\cdots\cdots\cdots\cdots\cdots (3.26)$$

よって C 点の応力度が 0 となるような荷重の作用点 a の位置を求めるため (3.25) 式を 0 とおき，その式に $y = \dfrac{h}{2}$，$z = \dfrac{b}{2}$ ならびに (3.26) 式を代入すれば

$$\frac{6}{h}l + \frac{6}{b}m = -1 \quad \cdots\cdots\cdots\cdots\cdots\cdots\cdots\cdots\cdots\cdots (3.27)$$

よって $m = 0$ とすれば $l = -\dfrac{h}{6}$, $l = 0$ とすれば $m = -\dfrac{b}{6}$ となるので (3.27) 式は図 3.15 の HG 直線となる．従って HG 直線上に荷重 P が作用すれば C 点の応力度は 0 となる．

同様にして B 点の応力度が 0 となるためには GF 線上に荷重 P が作用していればよい．BC 線上のすべての点の応力度が 0 となるためには前に述べたように荷重は HG 線と GF 線の交点 G に作用していればよい．よってひし形 $EFGH$ 内に荷重 P が作用していれば断面上のすべての点の応力度は同一種類の応力度（すなわち引張りまたは圧縮のみの応力状態）となる．この $EFGH$ で囲まれた領域を断面の核といい，$EFGH$ の面積を断面の核の面積という．

第4章 はりのたわみ

4.1 弾性曲線の式

はりに荷重が作用するとはりは湾曲し，はり内には一般に曲げ応力度ならびにせん断応力度が生じることは既に述べた．本章では，曲げモーメントを受けてたわむはりの湾曲状態を考察してみよう．

はりが曲げモーメントを受けて湾曲したとき，このはりの曲率半径を ρ，曲げモーメントを M，断面の中立軸に対する断面二次モーメントを I とすれば，3.1 節の (a) 式より

$$\frac{1}{\rho} = \frac{M}{EI} \quad \cdots\cdots\cdots\cdots (4.1)$$

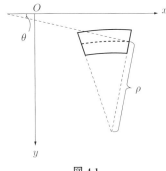

図 4.1

の関係がある．この式の ρ の大きさによりはりの湾曲の状態を知ることができるが，はりの湾曲状態，つまりはりの曲線——これを特にはりの弾性曲線[1]という——を求めるために曲率半径 ρ を次の式に置き換える[2]．

$$\frac{1}{\rho} = \frac{\dfrac{d^2y}{dx^2}}{\left[1 + \left(\dfrac{dy}{dx}\right)^2\right]^{\frac{3}{2}}}$$

上式において y は x の関数で $y = f(x)$ と表すことができるものである．従ってこの y はここでははりの湾曲状態を表す弾性曲線の式に相当する．$\dfrac{dy}{dx}$ は弾性曲線の傾き，つまり弾性曲線に引いた接線が x 軸となす角 θ の正接（タンジェント）である．この角 $\dfrac{dy}{dx} = \tan\theta \fallingdotseq \theta$ を材料力学ではたわみ角といっている．

一般に私たちが対象として考えるはりの湾曲は微小なものなので，この傾き $\tan\theta$ は微小である．よって $\left(\dfrac{dy}{dx}\right)^2$ はさらに微小な量となるため分母の 1 に対してこれを無視することができる．よって上式は次のとおり簡単になる．

---

[1] たわみ曲線ともいう．
[2] 次節参照．

$$\frac{1}{\rho} = \frac{d^2y}{dx^2} \quad \cdots\cdots\cdots\cdots\cdots\cdots\cdots\cdots\cdots\cdots\cdots (4.2)$$

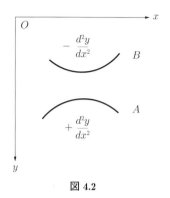

図 4.2

さてはりは図 4.2 に示すように荷重の加わり方によって A のように上に凸に湾曲する場合もあれば，B のように下に凸に湾曲する場合もある．

いま A の場合のように上に凸に湾曲する場合の $\frac{d^2y}{dx^2}$ の符号を考えてみると，y は x の関数であるため $y=f(x)$ と書くと，曲線 A において，左の方から右の方へと進むにつれて $f(x)$ の値は減少していき，中間の極小の点を過ぎれば，また $f(x)$ は増大していく．従ってこの曲線の傾斜は初め負で中間にある極小の点で 0 となりその極小の点を過ぎれば正となる．つまり $f'(x)$ の符号が負から 0 となり次に正となる．従って $f'(x)$ は左から右へ進む間は常に増加している．よって $f'(x)$ の傾斜 $f''(x)$ は正である．このように A のようにはりが湾曲しているときは $\frac{d^2y}{dx^2}$ の符号は正となる．

次に B の場合を考えると，左から右へ進むに従って $f(x)$ の値は増大して行き中間のところで極大となりそれから減少し始める．従ってこの曲線の傾斜は初め正で極大の点で 0 となりそれから負となる．つまり $f'(x)$ は正から 0 となり，次に負となる．従って $f'(x)$ は減少しておりこの $f'(x)$ の傾斜 $f''(x)$ は負である．よって B のようにはりが湾曲する場合は $\frac{d^2y}{dx^2}$ は負である．

以上のとおり **xy** 座標を図 4.2 のように取ったときはりの湾曲の方向によって $\dfrac{d^2y}{dx^2}$ の符号が変わり，ρ の符号も変わることになる．従って ρ の符号を考慮して (4.2) 式を書けば

$$\frac{1}{\rho} = \pm\frac{d^2y}{dx^2}$$

となる．これを (4.1) 式に代入すれば

$$\pm\frac{d^2y}{dx^2} = \frac{M}{EI}$$

この式を整理して書けば

$$EI\frac{d^2y}{dx^2} = \pm M \quad \cdots\cdots\cdots\cdots\cdots\cdots\cdots\cdots\cdots\cdots (4.3\text{a})$$

この式よりはりの弾性曲線の式が得られ非常に重要な基礎式である．以上の説明からわかるように **(4.3a)** 式の右辺の **±** は M の ± ではなくはりの湾曲の方向より生じる ± の符号であるため，**特に注意する必要がある**．従って弾性曲線を求める場合はまず座標 xy を図 4.2 のように取り，そのはりの湾曲の方向から ± の符号を決定することになるのである．

以上の考え方が本質的な考え方であるが，図 4.2 のように常に座標を取る限り (4.3a) 式を次のように書き

$$EI\frac{d^2y}{dx^2} = -M \cdots\cdots\cdots\cdots\cdots\cdots\cdots\cdots(4.3\text{b})$$

この M に曲げモーメント M の正負の符号を考慮して代入するときは (4.3b) 式は常に (4.3a) 式と同一の結果になる.

なぜならば図 4.2 において B 曲線のようにたわんだときはこのはりの曲げモーメント M は正になるため (4.3b) 式は次のようになる.

$$EI\frac{d^2y}{dx^2} = -(+M) = -M$$

一方，弾性曲線が B 曲線のとおりたわんだときは $\dfrac{d^2y}{dx^2}$ は負となるため (4.3a) 式は $\pm$ の内 $-$ の方の符号を取ることになり，上式と同じ結果になる．A 曲線のようにたわんだ場合も全く同じことがいえる．よって座標 xy を図 4.2 に示すように取り，はりの曲げモーメントの正負の符号を考慮して (4.3b) 式を使用する方が機械的にできてわかりやすい．

4.2 曲率半径について

前節で曲率半径を ρ として

$$\frac{1}{\rho} = \frac{\dfrac{d^2y}{dx^2}}{\left\{1 + \left(\dfrac{dy}{dx}\right)^2\right\}^{\frac{3}{2}}}$$

となる式を使用した．本節で上式を始めから導いてみる（難しいと感じる読者は上式が正しいものとして，本節は本書を一通り読み終えた後読んでも良い）．

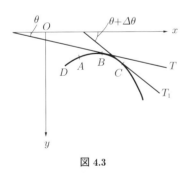

図 4.3

いまはりが曲線 D のように湾曲したとする．このとき曲線 D 上の任意の点 B において接線 BT を引き x 軸とのなす角を θ とする（図 4.3）．いま点 A から B までの長さを s とすれば θ は s の関数と考えることができる．次に曲線 D 上に $\overparen{BC} = \Delta s$ となる点 C を取り，C において接線 CT_1 を引き x 軸となす角を $\theta + \Delta\theta$ で表せば $\Delta\theta$ は s の増分 Δs に対する θ の増分である．よって $\dfrac{\Delta\theta}{\Delta s}$ の比を考えるとこの値が大であることはこの曲線が B 点の付近で急激に湾曲していることを表しており，これに対して $\dfrac{\Delta\theta}{\Delta s}$ の値が小であるということは B 点でこの曲線があまり湾曲していないことを表している．従って $\dfrac{\Delta\theta}{\Delta s}$ の大小で曲線 D の湾曲状態を知ることができる．この Δs を無限に小さく考えたときこの $\dfrac{\Delta\theta}{\Delta s}$ は $\dfrac{d\theta}{ds}$ と書き，これを B 点における曲線の曲率といい，この逆数を ρ で表し曲率半径という．つまり曲率半径 ρ は[1]

---

[1] 円の場合は半径に一致する．

$$\rho = \frac{ds}{d\theta} \quad \cdots\cdots\cdots\cdots\cdots\cdots\cdots\cdots\cdots\cdots\cdots\cdots\cdots\cdots (4.4)$$

さてはりの弾性曲線の式を x の関数で表すことができたとし，その式を $y = f(x)$ と書き図 4.4 に示すように湾曲しているとする．このとき曲線 $y = (x)$ 上の点 $B(x, y)$ に接線を引き x 軸となす角を θ とすれば

$$\tan\theta = \frac{dy}{dx}$$

両辺を x につき微分すれば

図 4.4

$$\sec^2\theta \frac{d\theta}{dx} = \frac{d^2y}{dx^2}$$

$$\therefore \frac{d\theta}{dx} = \frac{\dfrac{d^2y}{dx^2}}{1+\tan^2\theta} = \frac{\dfrac{d^2y}{dx^2}}{1+\left(\dfrac{dy}{dx}\right)^2} \quad \cdots\cdots\cdots\cdots (4.5)$$

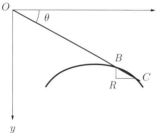

図 4.5

曲線上 B より距離 ds の点に C 点を取ると B 点の切線は $\widehat{BC}$ が無限に微小と考えると C 点を通ると考えることができる．このとき C, B より xy 軸に平行線を引きその交点を R とすれば CR は dx であり $\angle BCR = \theta$ ($CR // Ox$)，よって $BR = \tan\theta\, CR^{1)} = \dfrac{dy}{dx}\cdot dx$．よってピタゴラスの定理により

$$BC = \sqrt{CR^2+BR^2} = \sqrt{(dx)^2+\left(\frac{dy}{dx}\cdot dx\right)^2} = dx\sqrt{1+\left(\frac{dy}{dx}\right)^2} \cdots\cdots (4.6)$$

ds は弧の長さ，BC は直線であるが弧 BC は微小なため $ds = BC$ と考える．

$$\therefore \quad ds = dx\sqrt{1+\left(\frac{dy}{dx}\right)^2}$$

よって

$$\frac{ds}{dx} = \sqrt{1+\left(\frac{dy}{dx}\right)^2}$$

従って (4.5) 式と上式より

$$\frac{ds}{d\theta} = \frac{\dfrac{ds}{dx}}{\dfrac{d\theta}{dx}} = \frac{\left\{1+\left(\dfrac{dy}{dx}\right)^2\right\}^{\frac{3}{2}}}{\dfrac{d^2y}{dx^2}}$$

よって (4.4) 式より

---

1) 1.12 節脚注参照：本書では湾曲の小さなはりについて考えているため，θ は微小である．図 4.5 は説明のため大きく湾曲したように描いてある．

$$\rho = \frac{\left\{1+\left(\dfrac{dy}{dx}\right)^2\right\}^{\frac{3}{2}}}{\dfrac{d^2y}{dx^2}}$$

すなわち $\dfrac{1}{\rho} = \dfrac{\dfrac{d^2y}{dx^2}}{\left\{1+\left(\dfrac{dy}{dx}\right)^2\right\}^{\frac{3}{2}}}$ となる．

4.3 境界条件と連続条件

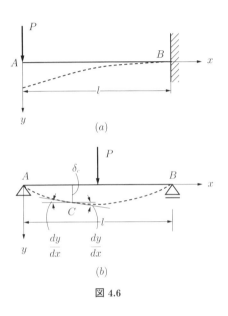

図 4.6

(4.3b) 式の弾性曲線の基礎式
$$EI\frac{d^2y}{dx^2} = -M$$
を x について積分すると
$$EI\frac{dy}{dx} = -\int M dx + C_1$$
さらに x について積分すると
$$EIy = -\iint M dx dx + C_1 x + C_2 \cdots \cdots (a)$$
となって二個の積分定数 C_1, C_2 が出てきた．

この積分定数の値を決めなければ弾性曲線は決定しない．それでこれらの積分定数をはりの変形状態を考察して決定する．それには境界条件というものがある．それは例えば図 4.6(a) に示すような片持ばりにおいて自由端に荷重 P を加えると点線で示すとおり湾曲する．B 端は固定であるため，B 点における弾性曲線に引いた接線は x 軸と一致し $\dfrac{dy}{dx} = 0$ となる．また B 点は固定されているため移動しない．よって固定端の境界条件は次のように書くことができる．つまり

$$x = l \text{ で} \quad \left.\begin{aligned} \frac{dy}{dx} &= 0 \\ y &= 0 \end{aligned}\right\} \cdots\cdots\cdots\cdots\cdots\cdots\cdots\cdots (4.7)$$

(b) 図に示すような単純ばりにおいては，両端 A, B は支点で支持されているから y 軸方向には移動しない．従って

$$\left.\begin{aligned} x = 0 & \text{ で} \quad y_A = 0 \\ x = l & \text{ で} \quad y_B = 0 \end{aligned}\right\} \cdots\cdots\cdots\cdots\cdots\cdots (4.8)$$

なおこの他に A, B 端には曲げモーメントが生じないから $M = 0$ となり (4.3) 式より $\dfrac{d^2y}{dx^2} = 0$ となる境界条件もあるわけである.

以上のことからはりは支持の方法により支持点の物理的な性質が異なるため，この特性を利用して積分定数を決める手伝いをさせることになる．ところが問題によっては未知数[1]の数が多くて境界条件のみからではこれらの未知数を決めることができない場合がある．このようなときにははりの連続条件を使うことになる[2].

連続条件とは，例えばはり AB がたわんだとき，はり AB は一本の連続したはりであるという考えのもとに，C 点のたわみ（図 4.6(b) 参照）δ_c は AC 曲線から求めた δ_c と，CB 曲線から求めた δ_c とは等しくなければならない．また両曲線から求めた C 点の傾き $\dfrac{dy}{dx}$ はお互いに等しくなければならない．これらの条件より未知数を求める条件式を作ることになる．従って未知数を求める手段としては一般的に次の二通りの手段がある．

  1. 境界条件

  2. 連続条件

なお (a) 式を見ればわかるように右辺には曲げモーメント M の項が入っている．曲げモーメントは一般に釣合い条件より反力を求め，それから曲げモーメントを求めることになる．従って弾性曲線を求める場合は，まず釣合い条件より反力を求めなければならない．

従って弾性曲線を求める場合，一般に次の三条件を考えなければならない．

  1. 力の釣合い条件

  2. 境界条件

  3. 連続条件[3]

この三条件は弾性力学，材料力学における三大条件であって，問題を解析するとき，常にこの三大条件を念頭においておく必要がある．はりの問題に限らず，全ての場合に通用できる三大根本条件である．力学的に物を考えるということは，この三条件について考えるということであるとも言える．

4.4 片持ばりのたわみ

1. 自由端に集中荷重が作用するときの弾性曲線

座標の原点を A 端に取り図 4.7 に示すように座標 xy を取る．A 端より距離 x にある点の曲げ

---

 [1] 未知数とは文字通りまだ定まっていない数のことで積分定数も未知数の一つである.

 [2] 4.5 節の 3 を参照.

 [3] 適合条件ともいう.

モーメントは負になるので
$$M = -Px$$

よって (4.3b) 式より
$$EI\frac{d^2y}{dx^2} = Px$$

x について積分すると
$$EI\frac{dy}{dx} = P\frac{x^2}{2} + C_1 \cdots\cdots\cdots (4.9)$$

さらに積分すると
$$EIy = P\frac{x^3}{6} + C_1 x + C_2 \cdots\cdots\cdots (4.10)$$

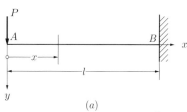

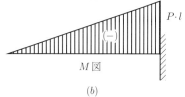

図 4.7

C_1, C_2 の積分定数は境界条件から求める．B 端は固定なので

[I] $x = l$ で $\dfrac{dy}{dx} = 0$　よって (4.9) 式より
$$0 = P\frac{l^2}{2} + C_1 \quad \therefore \quad C_1 = -\frac{Pl^2}{2}$$

[II] $x = l$ で $y = 0$　よって (4.10) 式より
$$0 = P\frac{l^3}{6} + C_1 l + C_2$$

上式に C_1 の値を代入すれば
$$0 = P\frac{l^3}{6} - \frac{Pl^3}{2} + C_2 \quad \therefore \quad C_2 = \frac{Pl^3}{3}$$

よって C_1, C_2 の値を (4.10) 式に代入すれば
$$EIy = P\frac{x^3}{6} - \frac{Pl^2}{2}x + \frac{Pl^3}{3}$$
$$\therefore \quad y = \frac{P}{EI}\left(\frac{x^3}{6} - \frac{l^2}{2}x + \frac{l^3}{3}\right) \cdots\cdots\cdots\cdots\cdots (4.11)$$

これが片持ばりの弾性曲線の式である．これより荷重の作用点 A のたわみを求めてみると $x = 0$ とおけば
$$y = \frac{Pl^3}{3EI} \cdots\cdots\cdots\cdots\cdots\cdots (4.12)$$

となる．

次に A 端のたわみ角を求めてみよう．(4.9) 式に $C_1 = -\dfrac{Pl^2}{2}$ を代入し $x = 0$ とおけば
$$EI\frac{dy}{dx} = -\frac{Pl^2}{2} \quad \therefore \quad \frac{dy}{dx} = -\frac{Pl^2}{2EI} \cdots\cdots\cdots\cdots (4.13)$$

これが自由端 A のたわみ角である[1]．

---

[1] たわみ角は時計回りに生じるときは正で，反時計回りに生じるときは負となる．これは座標について $\dfrac{dy}{dx}$ の符号を考えるとわかる．

2. 等分布荷重が作用するときの弾性曲線

単位長さについての等分布荷重の大きさを w とすれば原点 A から距離 x にある点の曲げモーメント M は負になるため $M = -\dfrac{wx^2}{2}$ なので (4.3b) より

$$EI\frac{d^2y}{dx^2} = \frac{wx^2}{2}$$

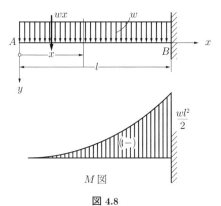

図 4.8

x について積分すると

$$EI\frac{dy}{dx} = \frac{wx^3}{6} + C_1 \cdots\cdots\cdots (4.14)$$

$$EIy = \frac{wx^4}{24} + C_1 x + C_2 \cdots\cdots (4.15)$$

$x = l$ で $\dfrac{dy}{dx} = 0$ ならびに $y = 0$

よって (4.14) 式 (4.15) 式にこれらの条件を入れて C_1, C_2 を求めると

$$C_1 = -\frac{wl^3}{6} \qquad C_2 = \frac{wl^4}{8}$$

よって (4.15) 式にこれらの定数を代入すれば

$$y = \frac{w}{24EI}(x^4 - 4l^3 x + 3l^4) \cdots\cdots\cdots\cdots\cdots\cdots (4.16)$$

自由端 $x = 0$ のたわみは

$$y = \frac{wl^4}{8EI} \cdots\cdots\cdots\cdots\cdots\cdots\cdots\cdots\cdots\cdots (4.17)$$

3. 途中に集中荷重 P が作用するときの自由端のたわみ

まず C 点のたわみを求めてみよう。これははりの長さ b の片持ばりとして C 点のたわみ y_1 を求めればよい.

それは (4.12) 式の l を b に置き換えればよいので, 次のようになる.

$$y_1 = \frac{Pb^3}{3EI} \cdots\cdots\cdots\cdots (4.18)$$

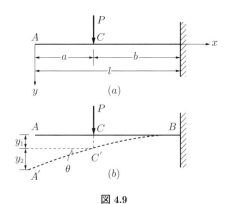

図 4.9

AC 間は荷重がないので $A'C'$ は BC' 曲線の C' 点における接線方向にまっすぐ傾斜する.

よって C' 点のたわみ角を求めるためには (4.13) 式の l を b とおけば得られる. つまり

$$\frac{dy}{dx} = -\frac{Pb^2}{2EI}$$

$$\frac{dy}{dx} = \tan\theta \fallingdotseq \theta^{1)}$$

よって A' 点のたわみ y_2（図 4.9(b) 参照）は

$$y_2 = \theta \cdot a = \frac{Pab^2}{2EI}$$

よって A' 点のたわみ y は $y_1 + y_2$ となるので (4.18) 式と上式より

$$y = \frac{Pb^3}{3EI} + \frac{Pab^2}{2EI} = \frac{Pb^2}{6EI}(2b+3a) \quad \cdots\cdots\cdots\cdots\cdots\cdots\cdots (4.19)$$

4. 片持ばりの半分に等分布荷重が作用するときの自由端のたわみ

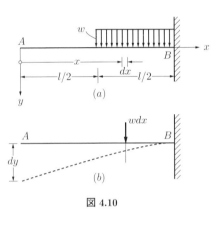

図 4.10

単位長さについての等分布荷重の大きさを w とする．原点 A から距離 x の点にある微小荷重 wdx（図 4.10(b)）を一つの集中荷重と考え，この微小な集中荷重による A 点のたわみ dy を求めると，(4.19) 式において

$$P = wdx, \quad a = x, \quad b = l-x \text{ とおけば}$$

$$dy = \frac{w}{6EI}(l-x)^2(2l+x)dx$$

荷重 wdx が $x = \dfrac{l}{2}$ から $x = l$ まで等分布しているため，この全荷重による A 点のたわみ y は

$$y = \frac{w}{6EI}\int_{\frac{l}{2}}^{l}(l-x)^2(2l+x)dx = \frac{7}{384}\frac{wl^4}{EI}$$

等分布荷重が図 4.11 に示すように自由端からはりの中央まで分布しているとき，A 端のたわみ y は

$$\begin{aligned}y &= \frac{w}{6EI}\int_{0}^{\frac{l}{2}}(l-x)^2(2l+x)dx \\ &= \frac{41}{384}\frac{wl^4}{EI}\end{aligned}$$

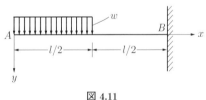

図 4.11

4.5 単純ばりのたわみ

1. 一端にモーメント M が作用するときの弾性曲線

まず力の釣合い条件から反力を求めると

---

1) 角 θ は微小と考えるため．1.8 節の脚注参照．

$$R_A = R_B = \frac{M}{l}$$

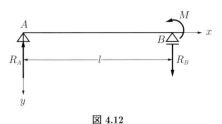

図 4.12

R_A による A 点から距離 x にある点の曲げモーメントは正であり次のようになる.

$$\frac{M}{l}x$$

よって (4.3b) 式より

$$EI\frac{d^2y}{dx^2} = -\frac{M}{l}x \quad \cdots\cdots\cdots\cdots\cdots\cdots\cdots\cdots\cdots (4.20)$$

積分すると

$$EI\frac{dy}{dx} = -\frac{M}{2l}x^2 + C_1 \quad \cdots\cdots\cdots\cdots\cdots\cdots\cdots\cdots (4.21)$$

さらに積分すると

$$EIy = -\frac{M}{6l}x^3 + C_1 x + C_2 \quad \cdots\cdots\cdots\cdots\cdots\cdots\cdots (4.22)$$

積分定数は C_1, C_2 の二個になるため, A 点, B 点の境界条件より C_1, C_2 を決定することができる. 境界条件

[I] $x = 0$ で $y = 0$

[II] $x = l$ で $y = 0$

境界条件 [I] より

$$C_2 = 0$$

境界条件 [II] ならびに $C_2 = 0$ を考慮すると (4.22) 式は

$$0 = -\frac{M}{6l}l^3 + C_1 l \quad \therefore \quad C_1 = \frac{Ml}{6}$$

よって (4.22) 式は

$$y = -\frac{Mx(x^2 - l^2)}{6EIl} \quad \cdots\cdots\cdots\cdots\cdots\cdots\cdots\cdots (4.23)$$

これが求める弾性曲線である. なお, A 点, B 点のたわみ角 $\dfrac{dy}{dx}$ を求めると次のようになる.

$$\left(\frac{dy}{dx}\right)_A = \frac{Ml}{6EI} \quad \cdots\cdots\cdots\cdots\cdots\cdots\cdots\cdots (4.24)$$

$$\left(\frac{dy}{dx}\right)_B = -\frac{Ml}{3EI} \quad \cdots\cdots\cdots\cdots\cdots\cdots\cdots\cdots (4.25)$$

2. 等分布荷重が作用するときの弾性曲線

w を単位長さにおける荷重の大きさとする. まず反力を力の釣合い条件より求めると

$$R_A = R_B = \frac{wl}{2}$$

x 点の曲げモーメント M は

$$M = \frac{wl}{2}x - wx \cdot \frac{x}{2} = \frac{w}{2}(lx - x^2)$$

よって (4.3b) 式より

$$EI\frac{d^2y}{dx^2} = -\frac{w}{2}(lx - x^2) \cdots\cdots (4.26)$$

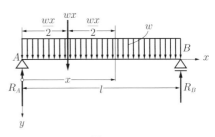

図 4.13

積分すると

$$EI\frac{dy}{dx} = -\frac{w}{2}\left(\frac{lx^2}{2} - \frac{x^3}{3}\right) + C_1 \cdots\cdots\cdots\cdots (4.27)$$

さらに積分すると

$$EIy = -\frac{w}{2}\left(\frac{lx^3}{6} - \frac{x^4}{12}\right) + C_1 x + C_2 \cdots\cdots\cdots\cdots (4.28)$$

境界条件

[I] $x = 0$ で $y = 0$

[II] $x = l$ で $y = 0$

よって [I] の条件より (4.28) 式は

$$0 = C_2$$

[II] ならびに $C_2 = 0$ より (4.28) 式は

$$0 = -\frac{w}{2}\left(\frac{l^4}{6} - \frac{l^4}{12}\right) + C_1 l$$

$$\therefore \quad C_1 = \frac{wl^3}{24}$$

よって (4.28) 式は次のようになる.

$$EIy = -\frac{w}{2}\left(\frac{lx^3}{6} - \frac{x^4}{12}\right) + \frac{wl^3}{24}x$$

$$\therefore \quad y = \frac{w}{24EI}(x^4 - 2lx^3 + l^3 x)$$

これが求める弾性曲線である. 最大たわみ $y_{\max}$ は $x = \dfrac{l}{2}$ の位置に生じる. よって $x = \dfrac{l}{2}$ を上式に代入すれば

$$y_{\max} = \frac{5wl^4}{384EI} \cdots\cdots\cdots\cdots (4.29)$$

3. 集中荷重が作用するときのたわみ

まず,静定の単純ばり AB に集中荷重 P が図 4.14 に示すように作用しているときの弾性曲線を求めてみよう. 最初に力の釣合い条件より反力を求めると,

$$R_A = \frac{Pb}{l}, \qquad R_B = \frac{Pa}{l}$$

次に荷重の作用点を C とすれば AB ばりを $A\sim C$ の間と $C\sim B$ 間の二つに分け別々に弾性曲線の基礎式を作る.

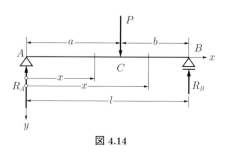

図 4.14

$A\sim C$ 間　A 点から距離 x にある点の $R_A = \frac{Pb}{l}$ による曲げモーメント M は $\frac{Pb}{l}x$ となり正であるので (4.3b) 式より

$$EI\frac{d^2y}{dx^2} = -\frac{Pb}{l}x \quad \cdots\cdots\cdots\cdots\cdots\cdots\cdots\cdots\cdots\cdots\cdots (4.30)$$

積分すると

$$EI\frac{dy}{dx} = -\frac{Pb}{2l}x^2 + C_1 \quad \cdots\cdots\cdots\cdots\cdots\cdots\cdots\cdots\cdots (4.31)$$

さらに積分すると

$$EIy = -\frac{Pb}{6l}x^3 + C_1 x + C_2 \quad \cdots\cdots\cdots\cdots\cdots\cdots\cdots\cdots (4.32)$$

$C\sim B$ 間　A から距離 x の点の曲げモーメントは A 点の反力 $\frac{Pb}{l}$ による曲げモーメント（正）と P による曲げモーメント（負）を重ね合わせたものである. よってそれぞれの曲げモーメントを符号を考慮して加えると

$$M = \frac{Pb}{l}x - P(x-a)$$

よって

$$EI\frac{d^2y}{dx^2} = -\frac{Pb}{l}x + P(x-a) \quad \cdots\cdots\cdots\cdots\cdots\cdots\cdots (4.33)$$

積分すると

$$EI\frac{dy}{dx} = -\frac{Pb}{2l}x^2 + \frac{P(x-a)^2}{2} + C_3 \quad \cdots\cdots\cdots\cdots\cdots (4.34)$$

さらに積分すると

$$EIy = -\frac{Pb}{6l}x^3 + \frac{P(x-a)^3}{6} + C_3 x + C_4 \quad \cdots\cdots\cdots\cdots (4.35)$$

積分定数 C_1 C_2 C_3 C_4 は次の四つの条件より求める. まず境界条件を考えると

[I] $x = 0$ で $y = 0$

[II] $x = l$ で $y = 0$

次にはりの連続条件より

[III] $x = a$, つまり C 点において (4.31) 式のたわみ角 $\frac{dy}{dx}$ と (4.34) 式の $\frac{dy}{dx}$ は等しい.

[IV] 同じく C 点で (4.32) 式より求めたたわみと (4.35) 式より求めたたわみは等しい.

[I] の条件より (4.32) 式は

$$0 = C_2 \cdots\cdots\cdots\cdots\cdots\cdots\cdots\cdots\cdots\cdots\cdots\cdots (4.36)$$

[II] の条件より (4.35) 式は

$$0 = -\frac{Pbl^2}{6} + \frac{P(l-a)^3}{6} + C_3 l + C_4 \cdots\cdots\cdots\cdots\cdots (4.37)$$

[III] の条件より $x = a$ を (4.31) 式,(4.34) 式に代入して等しいとおけば

$$-\frac{Pba^2}{2l} + C_1 = -\frac{Pba^2}{2l} + C_3$$

$$\therefore \quad C_1 = C_3 \cdots\cdots\cdots\cdots\cdots\cdots\cdots\cdots\cdots (4.38)$$

[IV] の条件より $x = a$ を (4.32) 式,(4.35) 式に代入して等しいとおけば

$$-\frac{Pb}{6l}a^3 + C_1 a = -\frac{Pb}{6l}a^3 + C_3 a + C_4$$

(4.38) 式により $C_1 = C_3$ となるので

$$C_4 = 0 \cdots\cdots\cdots\cdots\cdots\cdots\cdots\cdots\cdots\cdots\cdots (4.39)$$

(4.37) 式に $C_4 = 0$ を代入して C_3 を求めると

$$C_3 = \frac{Pb(l^2 - b^2)}{6l} \cdots\cdots\cdots\cdots\cdots\cdots\cdots\cdots (4.40)$$

よって (4.36) 式,(4.38) 式,(4.39) 式,(4.40) 式より積分定数はすべて次のようになる.

$$C_1 = C_3 = \frac{Pb(l^2 - b^2)}{6l} \qquad C_2 = C_4 = 0$$

今これらの積分定数の値を (4.31) 式,(4.32) 式に代入すると $A\sim C$ 間の部分のたわみ角ならびにたわみの式が得られる.

$$EI\frac{dy}{dx} = -\frac{Pb}{2l}x^2 + \frac{Pb(l^2 - b^2)}{6l} = -\frac{Pb}{6l}(3x^2 - l^2 + b^2) \quad\cdots\cdots (4.41)$$

$$EIy = -\frac{Pb}{6l}x^3 + \frac{Pb(l^2 - b^2)}{6l}x = -\frac{Pb}{6l}(x^3 - l^2 x + b^2 x) \quad\cdots\cdots (4.42)$$

$C\sim B$ 間は (4.34) 式,(4.35) 式より

$$EI\frac{dy}{dx} = -\frac{Pb}{2l}x^2 + \frac{P(x-a)^2}{2} + \frac{Pb(l^2 - b^2)}{6l}\cdots\cdots\cdots\cdots (4.43)$$

$$EIy = -\frac{Pb}{6l}x^3 + \frac{P(x-a)^3}{6} + \frac{Pb(l^2 - b^2)}{6l}x\cdots\cdots\cdots\cdots (4.44)$$

A 点のたわみ角を求めてみると (4.41) 式に $x = 0$ とおけば

$$\frac{dy}{dx} = \frac{Pb(l^2 - b^2)}{6EIl} \cdots\cdots\cdots\cdots\cdots\cdots\cdots\cdots (4.45)$$

B 点のたわみ角は (4.43) 式に $x = l$ とおけば

$$\frac{dy}{dx} = -\frac{Pab(2l - b)}{6EIl} \cdots\cdots\cdots\cdots\cdots\cdots\cdots\cdots (4.46)$$

このはりの最大たわみの生じる位置を求めてみよう。最大たわみの生じる点は $a > b$ とすれば $A \sim C$ 間に生じる。さらにその点の曲線のたわみ角は 0 となるため (4.41) 式の左辺を 0 とおけば

$$0 = -\frac{Pb}{6l}(3x^2 - l^2 + b^2)$$

$$\therefore \quad x = \sqrt{\frac{l^2 - b^2}{3}} \quad \cdots\cdots\cdots\cdots\cdots\cdots\cdots (4.47)$$

よって A 点よりこの距離 x の点に最大たわみが生じる。いまこの x を (4.42) 式に代入すれば最大たわみの大きさが得られる。つまり

$$y_{\max} = \frac{Pb(l^2 - b^2)^{\frac{3}{2}}}{9\sqrt{3}EIl}$$

はり間の中央のたわみは $x = \dfrac{l}{2}$ として (4.42) 式より

$$y = \frac{Pb}{48EI}(3l^2 - 4b^2) \quad \cdots\cdots\cdots\cdots\cdots\cdots\cdots (4.48)$$

ところで上記の最大たわみの生じる位置は集中荷重の作用する位置にかかわらず常に中央の近くに生じる。それは荷重の作用点をできるだけ B 点に近づけて考えるとこのとき b は無限に 0 に近づく。よって $b = 0$ とおけば (4.47) 式より

$$x = \frac{l}{\sqrt{3}}$$

よって最大たわみの生じる位置とはり間の中央の位置との差 δ は

$$\delta = \frac{l}{\sqrt{3}} - \frac{l}{2} = 0.077l$$

よって δ は小さな値のため,近似的には最大たわみは常にはりの中央に生じ,中央のたわみが最大であるということがわかる。この最大たわみと中央のたわみとの差は集中荷重が B 点に最も近づいたとき——このときが最も不利な場合であるが——このときでもわずか 2.5% に過ぎない。従って一般にはこの差は 2.5% 以下である。なお集中荷重が多数あるときも上記の関係は適用できる。

4. 突出ばりの弾性曲線

図 4.15 のように両端に集中荷重 P が作用する時の突出ばりの弾性曲線を求めてみよう。次のように二つの部分に分けて求める。

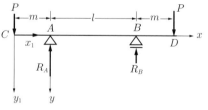

図 4.15

$C \sim A$ 間　C 点に原点を置き,図 4.15 に示すとおり $x_1 y_1$ 座標を選ぶ。このとき C 点から距離 x_1 にある点の曲げモーメントは Px_1 で負になるため

$$EI\frac{d^2 y_1}{dx_1{}^2} = Px_1$$

積分すれば

$$EI\frac{dy_1}{dx_1} = \frac{Px_1{}^2}{2} + C_1 \quad \cdots\cdots\cdots\cdots\cdots\cdots\cdots (4.49)$$

さらに積分すれば

$$EIy_1 = \frac{Px_1{}^3}{6} + C_1x_1 + C_2 \quad \cdots\cdots\cdots\cdots\cdots\cdots\cdots (4.50)$$

$A \sim B$ 間　A 点を原点に取り図 4.15 に示すとおり xy 座標を取る．AB 部分は両端 A, B に曲げモーメント Pm（負）が作用しており，AB 部分には一様に Pm の曲げモーメントが作用している．よって

$$EI\frac{d^2y}{dx^2} = Pm$$

積分すると

$$EI\frac{dy}{dx} = Pmx + C_3 \quad \cdots\cdots\cdots\cdots\cdots\cdots\cdots (4.51)$$

さらに積分すると

$$EIy = \frac{Pm}{2}x^2 + C_3x + C_4 \quad \cdots\cdots\cdots\cdots\cdots\cdots\cdots (4.52)$$

よって全部で積分定数は C_1 C_2 C_3 C_4 の四個ある．よって境界条件ならびにはりの変形状態よりこれらの積分定数を決定しよう．

境界条件

[I] $x_1 = m$ で $y_1 = 0$

[II] $x = 0$ で $y = 0$

連続条件

[III] $x_1 = m$, $x = 0$ で $\dfrac{dy_1}{dx_1} = \dfrac{dy}{dx}$

変形条件

[IV] $x = \dfrac{l}{2}$ で $\dfrac{dy}{dx} = 0$

これは AB の中央でたわみが最大となるため，弾性曲線のたわみ角は 0 となるからである．

よって条件 [I] より (4.50) 式は

$$0 = \frac{Pm^3}{6} + C_1m + C_2 \quad \cdots\cdots\cdots\cdots\cdots\cdots\cdots (4.53)$$

条件 [II] より (4.52) 式は

$$0 = C_4 \quad \cdots\cdots\cdots\cdots\cdots\cdots\cdots (4.54)$$

条件 [III] より (4.49) 式と (4.51) 式により

$$\frac{Pm^2}{2} + C_1 = C_3 \quad \cdots\cdots\cdots\cdots\cdots\cdots\cdots (4.55)$$

条件 [IV] より (4.51) 式は

$$0 = Pm\frac{l}{2} + C_3$$

$$\therefore \quad C_3 = -\frac{Plm}{2} \quad \cdots\cdots\cdots\cdots\cdots\cdots\cdots\cdots (4.56)$$

(4.56) 式を (4.55) 式に代入すれば

$$C_1 = -\frac{Pm}{2}(l+m) \quad \cdots\cdots\cdots\cdots\cdots\cdots\cdots\cdots (4.57)$$

よって (4.53) 式より C_2 を求めれば

$$C_2 = \frac{Pm^2}{6}(3l+2m) \quad \cdots\cdots\cdots\cdots\cdots\cdots\cdots\cdots (4.58)$$

以上で積分定数は全部決定した.よってこれらの積分定数を (4.50) 式 (4.52) 式に代入すればそれぞれの弾性曲線の式が得られる.

つまり (4.50) 式より $C \sim A$ 部分の弾性曲線の式は

$$y_1 = \frac{P}{6EI}[x_1{}^3 - 3m(l+m)x_1 + m^2(3l+2m)] \quad \cdots\cdots\cdots\cdots (4.59)$$

(4.52) 式より AB 部分の弾性曲線の式は

$$y = \frac{Pm}{2EI}(x^2 - lx) \quad \cdots\cdots\cdots\cdots\cdots\cdots\cdots\cdots (4.60)$$

C 点のたわみは (4.59) 式において $x_1 = 0$ とおけば

$$y_{1,c} = \frac{Pm^2(3l+2m)}{6EI} \quad \cdots\cdots\cdots\cdots\cdots\cdots\cdots\cdots (4.61)$$

$A \sim B$ 部分の最大のたわみは $x = \dfrac{l}{2}$ に起こるので,(4.60) 式より中央のたわみ $y_{\max}$ は

$$y_{\max} = -\frac{Pml^2}{8EI} \quad \cdots\cdots\cdots\cdots\cdots\cdots\cdots\cdots (4.62)$$

5. 図 4.16 に示すような突出ばりの AB の中央のたわみ

突出している部分 BC に単位長さについて大きさ w の等分布荷重が作用しているときの AB の中央のたわみを求めてみよう.BC 部分の等分布荷重により B 点に生じる曲げモーメントは

$$wm \times \frac{m}{2} = \frac{wm^2}{2}$$

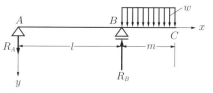

図 4.16

よってこの問題は図 4.17 に示す問題と同じになる.これは本節の最初にあげた問題と同じであって,ただ作用するモーメントの向きが異なるだけである.よって (4.23) 式に対して $M = -\dfrac{wm^2}{2}$,$x = \dfrac{l}{2}$ を代入すれば

$$y_{x=\frac{l}{2}} = -\frac{wl^2m^2}{32EI}$$

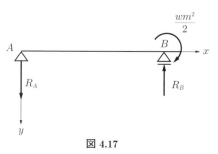

図 4.17

4.6 不静定ばりの反力について

第2章で述べたとおり，はりはその支持の方法によって静定にもなり不静定にもなる．例えば両端回転端の単純ばりは 2.4 節で述べたとおり支持力の数 n が 4 個となるため不静定である．従って反力は力の釣合い条件のみからでは求められなくて，はりの変形を考慮に入れて反力を求めなければならない．

ところが以下に述べるとおり，たわみがはりの長さに比べて極めて小さい場合は静定として取扱うことができる．

図 4.18 に示すように両端回転端のはりに鉛直荷重が作用するとき，反力は鉛直方向に R_A, R_B，水平方向に H_A, H_B が生じる．これらの反力は既に学んだように力の釣合い条件のみからでは求められない．水平方向の反力 H_A, H_B については荷重が鉛直方向の

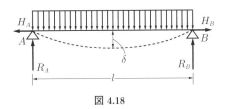

図 4.18

みに作用するため，水平方向の反力 H_A, H_B の大きさは等しく，向きが反対になることはわかるがその大きさはわからない．

さてはり AB がたわむと A 点 B 点はピンで固定されているため，元の長さ l より伸びることになる．いま仮に弾性曲線が近似的に放物線の形になったとすると，このはりの伸びた長さは $\dfrac{8\delta^2}{3l}$[1]
となる．従ってひずみ度 $\varepsilon = \dfrac{8\delta^2}{3l^2}$，いまはりの断面積を A とすれば $\sigma = \dfrac{H}{A}$[2] になるので，フックの法則より

---

[1] 図 4.19 のように座標を取ると，この弾性曲線を放物線と仮定すると，この曲線の式は次のようになる．
$$y = -\frac{4\delta}{l^2}\left(x - \frac{l}{2}\right)^2 + \delta \quad \cdots\cdots (a)$$

はりの最初の微小長さを dx とすればこれは伸びて CD となる．この長さは 4.2 節の (4.6) 式より

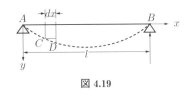

図 4.19

$$CD = dx\sqrt{1 + \left(\frac{dy}{dx}\right)^2} \doteqdot dx\left[1 + \frac{1}{2}\left(\frac{dy}{dx}\right)^2\right]$$

右辺は二項定理によって展開した．従って湾曲したために dx の伸びた長さは

$$CD - dx = \frac{1}{2}\left(\frac{dy}{dx}\right)^2 dx$$

よってはり全長にわたって上記のとおり伸びた微小量を加え合わせるとはり l の伸びた長さが得られる．つまり

$$\int_0^l \frac{1}{2}\left(\frac{dy}{dx}\right)^2 dx$$

上式に (a) 式を一回微分したものを代入し，0 から l までの範囲で積分すると $\dfrac{8}{3}\cdot\dfrac{\delta^2}{l}$ となり，はり AB の伸びた長さが得られる．

[2] $H_A = H_B$ なので，これらを簡単のため H と書く．

$$H = \frac{8\delta^2}{3l^2}EA$$

となる．ところが実際問題としてはりのたわみ δ ははりの長さ l に比べて非常に小さいので水平反力によって生じる応力

$$\frac{8\delta^2}{3l^2}E$$

は曲げによって生じる曲げ応力よりはるかに小さく一般に無視できるため，両端回転端の単純ばりは水平反力 H を無視して一端回転端，他端移動端の静定ばりとして計算することができる．よって両端回転端の単純ばりは不静定にもかかわらず静定として解くことができるのである．また固定端に対してもその水平反力は無視することができる．なお細い金属の棒の曲げのようにたわみ δ が長さ l に比べて無視できない場合は問題は複雑になる．

4.7 不静定ばりのたわみ

1. 一端支持，他端固定ばりに等分布荷重が作用するとき

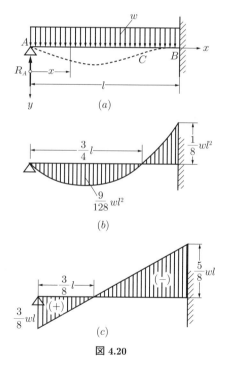

図 4.20

A 端支持，B 端固定とする．A 端には前節で述べた理由により水平反力は無視すると反力は鉛直な反力 R_A のみである．しかしこの問題は不静定であるためはりの変形を考慮して R_A を求めなければならない．R_A が求められればこの問題ははりの長さ l の片持ばりに等分布荷重 w と集中荷重 R_A が作用する場合となり静定の問題となる．従って Q 図，M 図は容易に得られる．

さて本論に戻り A 端から距離 x の断面の曲げモーメント M を求めると

$$M = R_A \cdot x - \frac{w}{2}x^2$$

よって

$$EI\frac{d^2y}{dx^2} = -R_A \cdot x + \frac{w}{2}x^2 \quad \cdots\cdots\cdots\cdots\cdots\cdots (4.63)$$

$$EI\frac{dy}{dx} = -\frac{R_A}{2}x^2 + \frac{w}{6}x^3 + C_1 \quad \cdots\cdots\cdots\cdots\cdots (4.64)$$

$$EIy = -\frac{R_A}{6}x^3 + \frac{w}{24}x^4 + C_1 x + C_2 \quad \cdots\cdots\cdots\cdots (4.65)$$

よって未知数は R_A, C_1, C_2 の三個になるため, はりの三つの境界条件よりこれらを求めてみよう.

境界条件

[I] $x = 0$ で $y = 0$

[II] $x = l$ で $y = 0$

[III] $x = l$ で $\dfrac{dy}{dx} = 0$

条件 [I] を (4.65) 式に入れると

$$0 = C_2$$

条件 [III] より (4.64) 式は

$$0 = -\frac{R_A}{2}l^2 + \frac{w}{6}l^3 + C_1$$

$$\therefore \quad C_1 = \frac{R_A}{2}l^2 - \frac{w}{6}l^3$$

条件 [II] より, (4.65) 式は $C_2 = 0$ になるため

$$0 = -\frac{R_A}{6}l^3 + \frac{w}{24}l^4 + C_1 l$$

よって上記の C_2, C_1 の値を (4.65) 式に代入すれば

$$EIy = \frac{1}{24}[wx^4 - 4R_A x^3 - (4wl^3 - 12R_A l^2)x] \cdots\cdots\cdots\cdots\cdots (4.66)$$

条件 [II] を上式に代入すると

$$R_A = \frac{3}{8}wl \cdots\cdots\cdots\cdots\cdots\cdots\cdots\cdots\cdots\cdots\cdots (4.67)$$

よって (4.66) 式に上式を代入すれば

$$y = \frac{1}{48EI}(2wx^4 - 3wlx^3 + wl^3 x) \cdots\cdots\cdots\cdots\cdots\cdots (4.68)$$

次に最大たわみの生じる位置を求めてみよう. $\dfrac{dy}{dx} = 0$ とおけば

$$8x^3 - 9lx^2 + l^3 = 0$$

3 乗根のこの問題に適合する解を求めると

$$x = 0.4215l$$

よって $x = 0.4215l$ の点に最大たわみが生じ, そのたわみは (4.68) 式より

$$y_{\max} = 0.0054\frac{wl^4}{EI}$$

次にこのはりの反曲点[1]を求めてみよう. (4.63) 式に R_A の値を代入して 0 とおけば

---

[1] AC 間のはりの弾性曲線は下方に凸であるが CB 間の曲線は上方に凸である. 従って $\dfrac{d^2y}{dx^2}$ は負から正に変わるため, この変わり目の点 C では $\dfrac{d^2y}{dx^2} = 0$ である. このように曲線の凹凸の向きが変わる点 C を反曲点といい, その点 C では $\dfrac{d^2y}{dx^2} = 0$ である. 従ってこの点で曲げモーメント M は 0 となる.

$$3lx - 4x^2 = 0$$

$$x\,(3l - 4x) = 0$$

$x = 0$ は A 点であるのでこれは問題外である．よって $3l - 4x = 0$ より

$$x = \frac{3}{4}l$$

よって反曲点は A 点より距離 $\frac{3}{4}l$ の C 点に生じる．

最後に曲げモーメント M，ならびにせん断力 Q を求めてみると

$$M = R_A \cdot x - \frac{w}{2}x^2$$

となるので $R_A = \frac{3}{8}wl$ を代入すると

$$M = \frac{3}{8}wlx - \frac{w}{2}x^2$$

よって A 点 $x = 0$ では $M = 0$，B 点 $x = l$ では $M = \frac{3}{8}wl^2 - \frac{w}{2}l^2 = -\frac{w}{8}l^2$，最大曲げモーメントの生じる位置は $\frac{dM}{dx} = 0$ になるので上式より

$$\frac{dM}{dx} = \frac{3}{8}wl - wx = 0$$

$$\therefore \quad x = \frac{3}{8}l$$

よって $x = \frac{3}{8}l$ の位置に最大曲げモーメントが生じその大きさは

$$M = \frac{9}{128}wl^2$$

よって最大曲げモーメントは B 端に生じる $-\frac{w}{8}l^2$ である．よって M 図は図 4.20(b) のようになる．

せん断力 Q は $\frac{dM}{dx} = Q$ より

$$Q = \frac{3}{8}wl - wx$$

$x = 0$ で $Q = \frac{3}{8}wl$，$x = l$ で $Q = -\frac{5}{8}wl$ となり，図 4.20(c) のようになる．

2. 一端支持，他端固定ばりに集中荷重が作用するとき

この場合も前の場合と同じ方法によって解くこともできるが，今度は別な方法で解析してみよう．

固定端 B には図 4.21(a) に示すとおり反力 R_B と，固定モーメント M_B が働いている．そして $y = 0$，$\frac{dy}{dx} = 0$ の境界条件を保っている．

いま B 端を回転端に置き換えてみると (b) 図に示すように B 端には θ_1 の傾斜が生じる．それでいま (c) 図において B 端に θ_1 と等しい大きさで向きが反対の傾斜 θ_2 が生じるようにモーメン

ト M_B を加え (b) 図と (c) 図を重ね合わせれば B 端の傾斜は 0 となり $\frac{dy}{dx} = 0$ の (a) 図の固定端 B の境界条件を満足する．なおこの M_B が (a) 図の B 端に生じる M_B である．いまこの M_B を求めてみると，(b) の図の場合の θ_1 は (4.46) 式より

$$\theta_1 = -\frac{Pab(2l-b)}{6EIl} \cdots\cdots (4.69)$$

(c) 図の場合の θ_2 は (4.25) 式の M の代りに $-M_B$ を代入すれば

$$\theta_2 = \frac{M_B l}{3EI} \cdots\cdots (4.70)$$

よって (4.69) 式と (4.70) 式を加えて 0 とおけば

$$\theta_1 + \theta_2 = -\frac{Pab(2l-b)}{6EIl} + \frac{M_B l}{3EI} = 0$$
$$\therefore \quad M_B = \frac{Pab(2l-b)}{2l^2}$$
$$\cdots\cdots\cdots\cdots (4.71)$$

従って (b) 図に示すように集中荷重 P の作用する場合の弾性曲線と (c) 図に示す B 端に (4.71) 式の M_B が作用するときの弾性曲線を求めてこれを加えると (a) 図の場合の弾性曲線が得られる．曲げモーメント図，ならびにせん断力図は同様に (b) 図の場合と，(c) 図の場合とを組合わせればよい．つまり (b) 図の場合は図 4.22 より

$$R_A' = \frac{b}{l}P$$
$$R_B' = \frac{a}{l}P$$

(c) 図の場合は図 4.23 より

$$R_A'' = R_B'' = \frac{Pab(2l-b)}{2l^3}$$

よってそれぞれの M 図，Q 図を加えれば，図 4.24 よりそれぞれの反力が得られる．

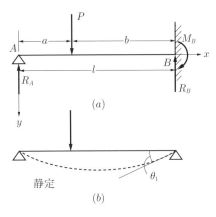

(a)

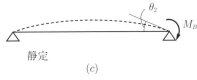

静定

(b)

静定

(c)

図 **4.21**

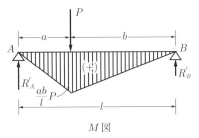

M 図

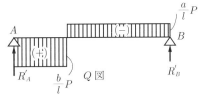

Q 図

図 **4.22**

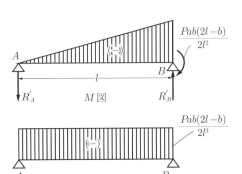

M 図

Q 図

図 **4.23**

よって

$$R_A = \frac{b}{l}P - \frac{Pab(2l-b)}{2l^3}$$
$$= \frac{P}{2}\left(2 - 3\frac{a}{l} + \frac{a^3}{l^3}\right)$$
$$R_B = \frac{a}{l}P + \frac{Pab(2l-b)}{2l^3}$$
$$= \frac{P}{2}\left(2 - 3\frac{b^2}{l^2} + \frac{b^3}{l^3}\right)$$

R_A が求められれば図 4.21(a) の場合の弾性曲線は容易に求められる.

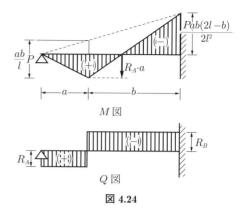

図 4.24

3. 片持ばりの一端 A がばねで支持され，等分布荷重が作用しているときの A 点のたわみ

まず，ばねの強さは単位の力に対して k 縮むものとする．

いま A 点の反力を R_A とすれば，はりの長さ l の片持ばりに荷重 R_A が加わるときの A 点のたわみは (4.12) 式において，P の代りに $-R_A$ を代入すれば

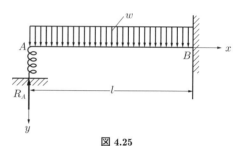

図 4.25

$$y = -\frac{R_A l^3}{3EI} \quad \cdots\cdots\cdots\cdots\cdots\cdots\cdots\cdots\cdots (4.72)$$

また A 端自由の片持ばりに等分布荷重 w が作用するときの A 点たわみは (4.17) 式より

$$y = \frac{wl^4}{8EI} \quad \cdots\cdots\cdots\cdots\cdots\cdots\cdots\cdots\cdots\cdots\cdots (4.73)$$

(4.72) 式と (4.73) 式を加えるとそれは図 4.25 の場合の A 点のたわみになる．一方ばねに R_A の力が加わるときのばねの縮みは $k \cdot R_A$ となるため (4.72) 式と (4.73) 式とを加えたものはこの縮みに等しい．よって

$$k \cdot R_A = \frac{wl^4}{8EI} - \frac{R_A l^3}{3EI}$$
$$\therefore \quad R_A = \frac{3}{8}wl\frac{1}{1 + \dfrac{3EIk}{l^3}}$$

従ってこの R_A に定数 k を掛ければ A 点のたわみが得られる．なお A 点が強固な支点で支持されているときは $k = 0$ に相当する．このとき R_A は上式より $R_A = \dfrac{3}{8}wl$ となり (4.67) 式と一致する．

4. 両端固定ばり

M_A, M_B は集中荷重 P が作用するとき A 端，B 端に生じる固定モーメントである．図 4.26(a)

の場合はこれを (b) 図, (c) 図の場合に置換して考え, これから M_A, M_B を求めれば (b) 図と (c) 図を重ね合わせたものが (a) 図の場合である.

まず (b) 図の場合の θ_A, θ_B を求めれば (4.45) 式 (4.46) 式より

$$\left.\begin{aligned}\theta_A &= \frac{Pb(l^2-b^2)}{6EIl} \\ \theta_B &= -\frac{Pab(2l-b)}{6EIl}\end{aligned}\right\} \cdots\cdots (4.74)$$

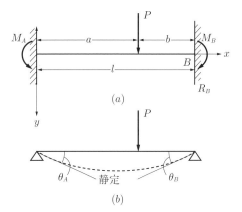

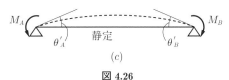

図 4.26

(c) 図の場合 M_A, M_B を未知数としてこの M_A, M_B が作用する場合の θ'_A, θ'_B を求める. 例えば θ'_A は M_B のみが作用するときの A 端のたわみ角と, M_A のみが作用するときの A 端のたわみ角を加えたものであるので θ'_A は (4.24) 式, (4.25) 式より M をこの問題の場合に適合するように置き換えて考えると

$$\left.\begin{aligned}\theta'_A &= -\frac{M_B l}{6EI} - \frac{M_A l}{3EI} \\ \theta'_B &= \frac{M_B l}{3EI} + \frac{M_A l}{6EI}\end{aligned}\right\} \cdots\cdots\cdots\cdots\cdots\cdots\cdots\cdots (4.75)$$

よって $\theta_A + \theta'_A = 0$　$\theta_B + \theta'_B = 0$ とおけば (4.74) 式ならびに (4.75) 式より

$$\frac{Pb(l^2-b^2)}{6EIl} = \frac{M_B l}{6EI} + \frac{M_A l}{3EI}$$

$$\frac{Pab(2l-b)}{6EIl} = \frac{M_B l}{3EI} + \frac{M_A l}{6EI}$$

両式より M_A, M_B を求めると

$$M_A = \frac{Pab^2}{l^2} \qquad M_B = \frac{Pa^2 b}{l^2}$$

M_A, M_B が求められれば (c) 図の弾性曲線は容易に得られる. よって (b) 図の弾性曲線と加え合わせれば求める弾性曲線が得られる. この場合 M 図, Q 図は図 4.27 のように組み合わせればよい.

ここに

$$R_A = \frac{bP}{l} - \frac{Pab(a-b)}{l^3}$$

$$R_B = \frac{aP}{l} + \frac{Pab(a-b)}{l^3}$$

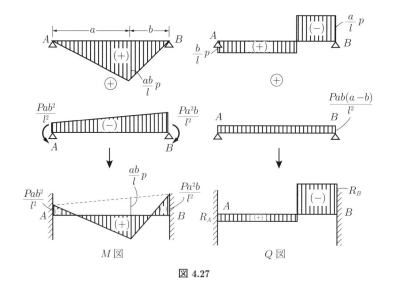

図 4.27

4.8 影 響 線

図 4.28(a) において C 点の曲げモーメント M は

$$M = -P(m-x)$$

で，荷重 P が自由端 A に来るとき，つまり $x=0$ のとき最大曲げモーメント $-Pm$ となり，荷重 P が C 点に近づくに従い C 点の曲げモーメントは小さくなり $x=m$ で 0 となる．さらに C 点を過ぎれば CB 間のどこに荷重 P があっても C 点の曲げモーメントは 0 である．

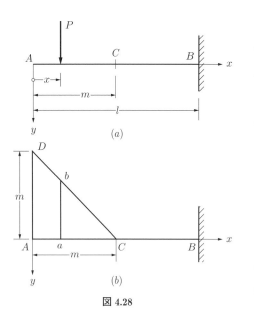

図 4.28

いま荷重 $P=1$ として荷重の移動に伴って C 点の曲げモーメントの変化する様子を図示すれば図 4.28 に示すように，折れ線 DCB となる．ここに $AD \perp AC$，かつ $AD = m$ と取り，曲げモーメントが負になるためはり AB の上側に D 点を取る．a 点に荷重 1 が来るときは C 点の曲げモーメントは ab の大きさとなる．それは $AD = AC = m$ なので $ab = aC = m-x$，よって C 点の曲げモーメントは $-1 \times (m-x)$，つまり $-ab$ になるからである．従って荷重が P のときは C 点の曲げモーメントは $-ab$ に P を掛けた大きさとなる．このような性質を持った折れ線 DCB を影響線といい，この影響線を見れば荷重の移動に伴って C 点の曲げモー

メントの変化する様子を知ることができる．

次にC点のせん断力に関する影響線を考えてみるとC点のせん断力Qは荷重PがAC間にあるときは

$$Q = -P$$

荷重PがBC間に来るときはC点のせん断力は0となる．よって$P=1$として以上のようなC点のせん断力の変化する様子を図示すれば図4.29に示すような折れ線$DECB$の影響線で表すことができる．

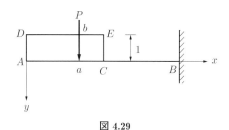

図 4.29

例えば荷重Pがa点に来ればC点のせん断力Qは$-ab \times P$つまり$-1 \times P = -P$になることがわかり，CB間に来れば$0 \times P = 0$となる．このように荷重Pの移動に伴って変化するC点のせん断力Qの変化する様子は$DECB$の影響線より知ることができる．この他に荷重Pの移動に件って変化するA点のたわみの様子を表す影響線も書くことができる．

第5章　曲　り　ば　り

5.1 曲りばりの曲げ応力

　荷重を受けていないはりの中心線[1]が同一平面内において曲線状であるとき，このはりを曲りばりという．まず最初に単純な曲げの場合について考えてみよう．

　曲りばりの曲げ応力を求めるときは，まっすぐなはりのときと全く同じ仮定から出発する．つまり**中心線に垂直な横断面ははりが曲がった後も平面を保ち中心線に垂直**であるという仮定のもとに曲げ応力を求めることになる．

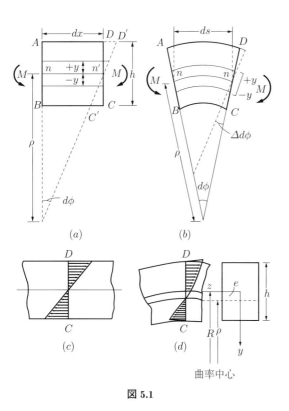

図 5.1

　図 5.1 には単純な曲げの場合のまっすぐなはりと曲りばりとの応力分布状態が書いてある．

　さて曲りばりの曲げ応力を上に述べた仮定から求めてみよう．

　曲げる前に微小距離 dx の二断面 A-B, C-D のなす角を $d\phi$ とし，曲がった後，C-D が $\Delta d\phi$ だけ回転したとする（図5.1(b)参照）．このとき中立面から $+y$ の距離にある要素は引張られ，その伸びは $y\Delta d\phi$ である．よってひずみ度 ε は

$$\varepsilon = \frac{y\Delta d\phi}{(\rho+y)d\phi} \quad \cdots\cdots (5.1)$$

ここに ρ は中立面の曲率半径である．従ってこのとき中立面から $+y$ の距離にある点の曲げ応力は

$$\sigma = \frac{Ey\Delta d\phi}{(\rho+y)d\phi} \quad \cdots\cdots (5.2)$$

次にはりの横断面について考えてみると，この横断面に垂直に作用する応力の総和は 0 であり

---

[1] 中心線とははりの断面の図心を通る線をいう．

かつこれらの応力のモーメントは曲げモーメント M と等しいので次の二つの式ができる.

$$\int \sigma dA = \frac{E\Delta d\phi}{d\phi} - \int \frac{ydA}{\rho + y} = 0$$

よって

$$\int \frac{ydA}{\rho + y} = 0 \cdots\cdots\cdots\cdots\cdots\cdots\cdots\cdots\cdots\cdots\cdots (5.3)$$

$$\int \sigma ydA = \frac{E\Delta d\phi}{d\phi} \int \frac{y^2 dA}{\rho + y} = M \cdots\cdots\cdots\cdots\cdots\cdots (5.4)$$

上式の積分を計算すれば

$$\int \frac{y^2 dA}{\rho + y} = \int \left(y - \frac{\rho y}{\rho + y} \right) dA = \int ydA - \rho \int \frac{ydA}{\rho + y} \cdots\cdots\cdots\cdots (5.5)$$

上式の最初の項は中立軸に対する断面一次モーメントであるので

$$\int ydA = Ae$$

ここに A ははりの横断面の面積で e は図心と中立軸との距離である. 二番目の項は (5.3) 式により 0 となる. よって (5.5) 式は

$$\int \frac{y^2 dA}{\rho + y} = Ae$$

となる. よって (5.4) 式にこの積分値を代入すれば

$$\frac{E\Delta d\phi}{d\phi} \cdot Ae = M \qquad \therefore \quad \frac{E\Delta d\phi}{d\phi} = \frac{M}{Ae}$$

この式を (5.2) 式に代入すれば

$$\sigma = \frac{M}{Ae(\rho + y)}y \cdots\cdots\cdots\cdots\cdots\cdots\cdots\cdots\cdots\cdots (5.6)$$

これが単純な曲げの場合の曲げ応力である. このとき応力分布状態は図 5.1(d) に示すようになり, 中立軸は断面の図心より曲率中心の方へ移動する. 従って最大曲げ応力は凹表面に生じる.

曲率半径 ρ に比べてはりのせいが小さいときは ρ に対してはりのせいは無視することができるので (5.3) 式の分母において ρ に対して y を無視すると

$$\int ydA = 0$$

となる. よってこのときは中立軸は図心を通る. さらに (5.4) 式より

$$\frac{E\Delta d\phi}{d\phi} - \int \frac{y^2}{\rho} dA = M$$

$\int y^2 dA$ は中立軸に対する断面二次モーメントになるので, これを I とおけば, 上式はさらに次のように書き変えられる.

$$\frac{E\Delta d\phi}{d\phi} - \frac{I}{\rho} = M$$

$$\therefore \quad \frac{E\Delta d\phi}{d\phi \cdot \rho} = \frac{M}{I} \quad \cdots\cdots\cdots\cdots\cdots\cdots\cdots\cdots\cdots (5.7)$$

(5.2) 式の分母において ρ に対して y を無視すると

$$\sigma = \frac{E\Delta d\phi}{\rho \cdot d\phi} \cdot y$$

上式に (5.7) 式を代入すれば

$$\sigma = \frac{M}{I} \cdot y \quad \cdots\cdots\cdots\cdots\cdots\cdots\cdots\cdots\cdots\cdots\cdots (5.8)$$

よって曲りばりにおいてはりのせい h が曲率半径に対して非常に小さいときは，曲りばりに生じる曲げ応力 σ の分布は直線状に近づき，まっすぐなはりの場合の式 (5.8) を用いて計算することができる．

それでは曲率半径に比べてはりのせい h がどのくらいの大きさのときからまっすぐなはりの式が使えるかというと，いま中心線の曲率半径を R とし，はりのせいを h とすれば，応力が双曲線的に分布する場合の最大曲げ応力と，直線的に分布すると仮定した場合の最大曲げ応力との差は $\dfrac{R}{h} = 10$ のとき前者の 3.2% に過ぎない．従って $\dfrac{R}{h} > 10$ の場合は，この曲がりばりはまっすぐなはりの式から最大曲げ応力を求めても充分正確な値が得られるということがわかる．

5.2 曲げと軸方向力が作用するとき

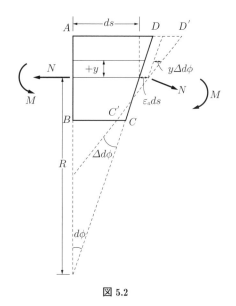

図 5.2

曲りばりに曲げモーメント M と軸方向力 N とが作用する場合について考えてみよう．

いま角 $d\phi$ で互いに傾斜している二断面 $A\text{-}B$, $C\text{-}D$ に曲げモーメント M と引張力（軸方向力）N が作用して $C\text{-}D$ 断面が $\Delta d\phi$ 傾いて $C'\text{-}D'$ 断面になったとする．このときはりの中心線 ds の伸びは

$$\varepsilon_0 ds$$

ここに ε_0 は中心線 ds におけるその方向のひずみ度とする．中心線から $+y$ の距離にある要素の最初の長さは $(R+y)d\phi$ であるが変形後伸びて次のようになる．

$$\varepsilon_0 ds + y\Delta d\phi$$

ここに R は中心線の曲率半径である．$ds = Rd\phi$ なので上式はさらに次のようになる．

$$\varepsilon_0 Rd\phi + y\Delta d\phi$$

従って $+y$ の点の要素のひずみ度 ε は

$$\varepsilon = \frac{\varepsilon_0 R d\phi + y\Delta d\phi}{(R+y)d\phi} = \frac{\varepsilon_0 + \dfrac{\Delta d\phi}{d\phi}\dfrac{y}{R}}{1 + \dfrac{y}{R}}$$

いま $\omega = \dfrac{\Delta d\phi}{d\phi}$ とおけば上式は次のとおり書き変えられる.

$$\varepsilon = \varepsilon_0 + (\omega - \varepsilon_0)\frac{y}{R+y} \quad \cdots\cdots\cdots\cdots\cdots\cdots\cdots\cdots\cdots\cdots\cdots (5.9)$$

フックの法則により $\sigma = \varepsilon E$ なので (5.9) 式より

$$\sigma = \left[\varepsilon_0 + (\omega - \varepsilon_0)\frac{y}{R+y}\right]E \quad \cdots\cdots\cdots\cdots\cdots\cdots\cdots\cdots (5.10)$$

よって ε_0, ω の値がわかれば上式より C-D 断面の垂直応力度の分布状態がわかることになる. よって ε_0, ω を求めるため C-D 断面に作用する曲げモーメント M と引張力 N とがそれぞれ C-D 断面上に分布する σ によって生じる曲げモーメントならびに引張力に等しいということを考慮すると

$$\left.\begin{aligned} M &= \int \sigma y dA \\ N &= \int \sigma dA \end{aligned}\right\} \quad \cdots\cdots\cdots\cdots\cdots\cdots\cdots\cdots\cdots\cdots\cdots (5.11)$$

(5.11) 式 M, N の式に (5.10) 式の σ を代入すれば

$$\left.\begin{aligned} M &= E\int \left[\varepsilon_0 + (\omega - \varepsilon_0)\frac{y}{R+y}\right]ydA \\ &= E\left[\varepsilon_0 \int ydA + (\omega - \varepsilon_0)\int \frac{y^2}{R+y}dA\right] \\ N &= \int \left[\varepsilon_0 + (\omega - \varepsilon_0)\frac{y}{R+y}\right]dA \\ &= E\left[\varepsilon_0 \int dA + (\omega - \varepsilon_0)\int \frac{y}{R+y}dA\right] \end{aligned}\right\} \cdots\cdots\cdots\cdots (5.12)$$

上式において $\int dA$ ははりの断面積 A に等しい. また中心線は図心を通るので中心線に関する断面一次モーメントは 0 である. つまり $\int ydA = 0$.

これらのことを考慮して (5.12) 式を整理すると

$$\left.\begin{aligned} M &= E(\omega - \varepsilon_0)\int \frac{y^2}{R+y}dA \\ N &= E\left[\varepsilon_0 A + (\omega - \varepsilon_0)\int \frac{y}{R+y}dA\right] \end{aligned}\right\} \cdots\cdots\cdots\cdots (5.13)$$

いま

$$\int \frac{y}{R+y}dA = -\kappa^{1)}A \quad \cdots\cdots\cdots\cdots\cdots\cdots\cdots\cdots\cdots (5.14)$$

---

1) カッパーと読む.

とおいて係数 κ を導入する．この係数は R，ならびに断面の形と大きさに関係して定まる係数である．さてこのとき

$$\int \frac{y^2}{R+y}dA = \int \left(y - \frac{Ry}{R+y}\right)dA = \int ydA - \int \frac{Ry}{R+y}dA = +\kappa RA$$

$$\cdots\cdots\cdots\cdots (5.15)$$

(5.14) 式と (5.15) 式を使って (5.13) 式を整理すると

$$M = \kappa EA(\omega - \varepsilon_0)R$$

$$N = EA[\varepsilon_0 - (\omega - \varepsilon_0)\kappa]$$

となる．よって両式より ε_0 と ω を求めれば

$$\varepsilon_0 = \frac{1}{EA}\left(N + \frac{M}{R}\right)$$

$$\omega = \frac{1}{EA}\left(N + \frac{M}{R} + \frac{M}{\kappa R}\right)$$

この ε_0，ω の値を (5.10) 式に代入すれば断面上の任意の応力度 σ が得られる．つまり

$$\sigma = \frac{N}{A} + \frac{M}{\kappa RA}\cdot\frac{y}{R+y} + \frac{M}{RA} \cdots\cdots\cdots\cdots\cdots\cdots (5.16)$$

いま上式の右辺の二番目の項の分母，分子に R をかけて書き直すと

$$\frac{M}{\kappa RA}\cdot\frac{y}{R+y} = \frac{M}{\kappa R^2 A}\cdot\frac{R}{R+y}y$$

となる．はりのせい h が曲率半径 R に比べて非常に小さいときは $\dfrac{R}{R+y} \fallingdotseq 1$ と考えることができる．このとき上式は次のようになる．

$$\frac{M}{\kappa RA}\cdot\frac{y}{R+y} = \frac{M}{\kappa R^2 A}y$$

いま $\kappa R^2 A = I'$ とおけば上式は

$$\frac{M}{\kappa RA}\cdot\frac{y}{R+y} = \frac{M}{I'}y$$

となるので (5.10) 式は次のようになる．

$$\sigma = \frac{N}{A} + \frac{M}{I'}y + \frac{M}{RA} \cdots\cdots\cdots\cdots\cdots\cdots\cdots (5.17)$$

この式はまっすぐなはりに引張力 N，曲げモーメント M が作用するときの応力度の式 (3.21) つまり

$$\sigma = \frac{N}{A} + \frac{M}{I}y \cdots\cdots\cdots\cdots\cdots\cdots\cdots\cdots (5.18)$$

と極めてよく似ている．(5.17) 式の右辺の三項目の式は曲りばり特有の項で曲率半径 R が非常に大であるときは，この三項目の項は無視することができる．なおこのとき I' は次のとおり断面二次モーメント I となる．

$$I' = \kappa R^2 A = -\int \frac{yR^2}{R+y}dA = -\int \left(yR - \frac{y^2R}{R+y}\right)dA = \int \frac{y^2}{1+\dfrac{y}{R}}dA$$

B が y に比べて大であるときは $\dfrac{y}{R} \to 0$ になるので上式は

$$I' = \int y^2 dA = I$$

よってこのときは (5.17) 式はまっすぐなはりの応力度の式 (5.18) となる.

(5.17) 式によれば応力度 σ は y に従って双曲線状に変化する. このときの中立軸の位置は (5.17) 式の σ を 0 とおいて y を求めれば得られる.

つまり,

$$y = -\frac{I'}{A}\left(\frac{N}{M} + \frac{1}{R}\right)$$

なお y は中心線より曲率中心に遠ざかる方向を正, 曲げモーメント M は曲りはりの凸の側が引張りとなるように作用するとき正, N はいままででどおり引張力のとき正とする.

断面が矩形と円形ならびに楕円形の場合に対して κ を (5.14) 式より求めると次のようになる.

矩形断面

$$\kappa = \frac{1}{3}\left(\frac{c}{R}\right)^2 + \frac{1}{5}\left(\frac{c}{R}\right)^4 + \frac{1}{7}\left(\frac{c}{R}\right)^6 + \ldots$$

c/R	0.1	0.2	0.3	0.4	0.5	0.6	0.7	0.8	0.9	0.95
κ	0.0034	0.0137	0.0317	0.0591	0.0591	0.1552	0.2590	0.3733	0.6358	0.9282

ここに $c = \dfrac{h}{2}$, h は矩形断面の高さ.

円形ならびに楕円形断面

$$\kappa = \frac{1}{4}\left(\frac{c}{R}\right)^2 + \frac{1}{8}\left(\frac{c}{R}\right)^4 + \frac{5}{64}\left(\frac{c}{R}\right)^6 + \ldots$$

c/R	0.1	0.2	0.3	0.4	0.5	0.6	0.7	0.8	0.9	0.95
κ	0.0025	0.0102	0.0236	0.0436	0.0718	0.1111	0.1668	0.2500	0.3929	0.5241

ここに c は円形断面の半径, 楕円形のときは曲率方向における半軸である.

第6章 仕　　　事

6.1 はりの変形の仕事

いまはりの両端に偶力が作用してはりが単純な曲げの状態にあるとき，このはり内に蓄えられる変形の仕事を求めてみよう．

(1.20) 式により一方向に垂直応力のみが生じるときの単位体積当りの変形の仕事は

$$W = \frac{1}{2}\sigma\varepsilon$$

フックの法則によって $\sigma = \varepsilon E$ であるため，上式は次のようになる

$$W = \frac{1}{2}\frac{\sigma^2}{E} \quad \cdots\cdots\cdots\cdots\cdots\cdots\cdots\cdots\cdots\cdots\cdots\cdots (6.1)$$

ところが単純な曲げの場合はり内に生じる垂直応力度は (3.3) 式より

$$\sigma = \frac{M}{I}y$$

であるため，単位体積についての曲げ応力のなす仕事は上式を (6.1) 式に代入すれば

$$W = \frac{1}{2}\frac{M^2}{EI^2}y^2$$

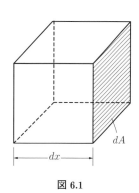

図 6.1

いまはり内の微小な立方体の体積を $dxdA$ とすればこの微小立方体内に蓄えられる変形の仕事は

$$\int \frac{1}{2}\frac{M^2}{EI^2}y^2 dxdA$$

ここに dx は微小立方体の一つの辺の長さ，dA はその辺に垂直な面の断面積である．従ってはりの断面について積分すると，はりの長さが dx である微小部分の変形の仕事 dW は次のようになる．

$$dW = \frac{M^2 dx}{2EI^2}\int y^2 dA = \frac{M^2 dx}{2EI^2} \times I = \frac{M^2}{2EI}dx$$

従ってはり全体の変形の仕事 W は

$$W = \frac{1}{2}\int \frac{M^2}{EI}dx \quad \cdots\cdots\cdots\cdots\cdots\cdots\cdots\cdots\cdots\cdots (6.2)$$

上式ははりが単純な曲げの状態にあるとき，はり内に蓄えられる変形の仕事である．(6.2) 式は次のように導くこともできる．

はりの長さが dx である微小部分の立面図を図 6.2 に示す．このはりが単純な曲げを受けて CD が $d\phi$ だけ傾いて $C'D'$ になったとする．このとき中立面 $n\text{-}n'$ から y の距離にある $n\text{-}n'$ に平行な長さは $yd\phi$ だけ伸びる．従ってひずみ度 ε は次のようになる．

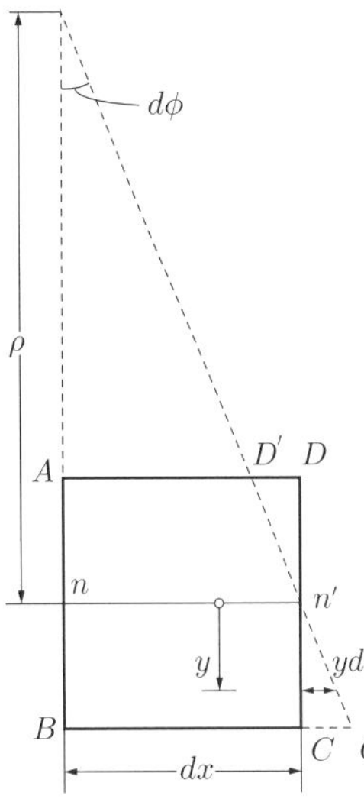

$$\varepsilon = \frac{yd\phi}{dx}$$

フックの法則により $\sigma = \varepsilon E$ であるため，上式より

$$\frac{yd\phi}{dx} = \frac{\sigma}{E} \quad \text{つまり} \quad d\phi = \frac{\sigma}{yE}dx$$

よってはりが単純な曲げの状態にあるときはり内に生じる応力度は (3.3) 式より $\sigma = \dfrac{M}{I}y$ であるため，この σ を上式に代入すると

$$d\phi = \frac{M}{EI}dx \ \cdots\cdots\cdots\cdots\cdots\cdots (6.3)$$

図 6.2

従って微小部分は両断面に曲げモーメント M を受けて上式の角 $d\phi$ だけ傾いたことになる[1]．角 $d\phi$ はモーメント M に比例して変化し，その関係は図 1.20 に示すような関係にあるため，モーメント M によって角 $d\phi$ だけ傾いたとき，モーメント M のなす仕事 dW は

$$dW = \frac{1}{2}Md\phi = \frac{M^2}{2EI}dx$$

よってはり全体の変形の仕事は

$$W = \frac{1}{2}\int \frac{M^2}{EI}dx$$

となり (6.2) 式と全く同一の式となる．

さて荷重は一般に徐々にかけられるため，変形する時に運動による質量の運動エネルギーは無視することができる．従って変形する際には外力のなす仕事はその物体内に蓄えられた変形の仕事に等しくなる．

はりに荷重を加えたときその反力もまた外力と考えられる．従ってはりに荷重を加えたとき支点が移動すれば反力も外力として仕事をするわけである．ところで既に述べたように支持の仕方には一般に固定端と回転端と移動端の三通りがある．固定端ならびに回転端のときは，支点は強固に支持されていて移動しないと考えるため，これらの反力はなにも仕事をしない．移動端の場合は反力と直角の方向に移動するため，反力はなにも仕事をしない．移動端の場合は反力と直角の方向に移動する際に摩擦があれば摩擦の仕事が問題となるが，我々が取扱う移動端の場合には一般にこの摩擦は考えない．従って一般に反力は仕事をしないと考えることができ，外力としては荷重のみの仕事を考えればよい．次にエネルギー法によってはりのたわみを求めてみよう．

---

[1] 3.1 節の脚注参照．

1. 片持ばり

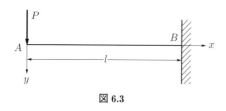

図 6.3

いま自由端 A に集中荷重 P が加わる場合の A 点のたわみを求めてみよう．

はり AB に生じる曲げモーメント M は

$$M = -Px$$

よってはり内に生じる変形の仕事 W は (6.2) 式に上式の M を代入すれば

$$W = \frac{1}{2}\int \frac{M^2}{EI}dx = \frac{1}{2EI}\int_0^l P^2 x^2 dx = \frac{P^2 l^3}{6EI} \quad\cdots\cdots\cdots(6.4)$$

いま自由端のたわみを δ とすれば外力 P のなす仕事は

$$\frac{1}{2}\delta P \quad\cdots\cdots\cdots\cdots\cdots\cdots\cdots\cdots\cdots\cdots\cdots\cdots(6.5)$$

外力のなす仕事と，外力によって生じた内力のなす仕事である変形の仕事とは互いに等しいため (6.4) 式と (6.5) 式を等しいとおけば

$$\frac{1}{2}\delta P = \frac{P^2 l^3}{6EI}$$

$$\therefore\quad \delta = \frac{Pl^3}{3EI} \quad\cdots\cdots\cdots\cdots\cdots\cdots\cdots(6.6)$$

これが自由端 A のたわみであって，前に微分方程式をたてて求めた (4.12) 式と一致する．

2. 単純ばり

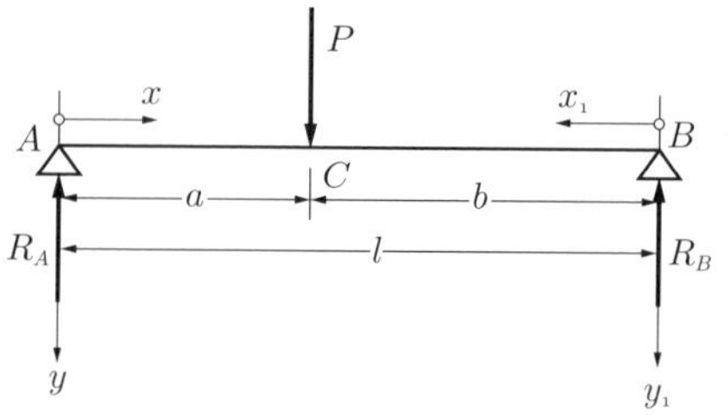

図 6.4 に示すように単純ばりに集中荷重 P が C 点に作用するとき，C 点のたわみを求めてみよう．変形の仕事 W を求めるにはまず力の釣合い条件より反力 R_A, R_B を求める．

$$R_A = \frac{P}{l}b, \qquad R_B = \frac{P}{l}a$$

図 6.4

$A \sim C$ 間　A 点に原点を取り，xy 座標を図 6.4 に示すようにとる．このとき A 点から x 離れた点の曲げモーメント M は

$$M = \frac{Pb}{l}x$$

よって (6.2) 式より AC 間のはりの変形の仕事 W_1 は

$$W_1 = \frac{1}{2}\int_0^a \frac{\left(\frac{Pb}{l}x\right)^2}{EI}dx = \frac{P^2 b^2}{2EIl^2}\int_0^a x^2 dx = \frac{P^2 a^3 b^2}{6EIl^2}$$

$C \sim B$ 間　CB 間に生じる曲げモーメントは反力 R_A ならびに P による曲げモーメント M を

算出してもよいが計算を簡単にするため B 点に原点を取り，図 6.4 に示すように x_1y_1 座標を取り，曲げモーメント M を反力 R_B より求めると

$$M = \frac{Pa}{l}x_1$$

よって CB 間の変形の仕事 W_2 は

$$W_2 = \frac{1}{2}\int_0^b \frac{\left(\frac{Pa}{l}x_1\right)^2}{EI}dx_1 = \frac{P^2a^2b^3}{6EIl^2}$$

よってはり AB 全体の変形の仕事は

$$W = W_1 + W_2 = \frac{P^2a^3b^2}{6EIl^2} + \frac{P^2a^2b^3}{6EIl^2} = \frac{P^2a^2b^2(a+b)}{6EIl^2} = \frac{P^2a^2b^2}{6EIl}$$
$$\cdots\cdots\cdots\cdots\cdots\cdots (6.7)$$

いま C 点のたわみを δ とすれば外力 P のなす仕事は

$$\frac{1}{2}\delta P$$

よって (6.7) 式と上式とを等しいとおいて δ を求めれば

$$\frac{1}{2}\delta P = \frac{P^2a^2b^2}{6EIl}$$
$$\therefore\quad \delta = \frac{Pa^2b^2}{3EIl} \cdots\cdots\cdots\cdots\cdots\cdots\cdots\cdots (6.8)$$

これが C 点のたわみである．

6.2 はりのせん断力によるたわみ

第 4 章 はりのたわみで述べた弾性曲線は曲げモーメントにより生じるはりの軸の変形を示すものであって，普通のはりの場合はこれで充分であるが，はりの背がその長さに比べて大きい場合にはせん断力による影響も考慮しなければならない．

いま図 6.5 にはりの長さ dx の微小部分を示す．この両断面にせん断力 Q が作用するとき，せん断力 Q が断面積 A に一様に分布するときは C-D 断面は一様にすべり C'-D' 断面となり，$\angle CAC' = \angle n_2n_1n_2' = \angle DBD' = \gamma$ のように角 γ だけ変化する．このときの両断面の互いの変位を $d\eta'$ [1] とすれば

$$CC' = n_2n_2' = DD' = d\eta'$$

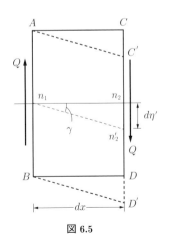

図 6.5

---

[1] η はイーターと読む．

となる.

いまこの変位 $d\eta'$ を求めてみるとせん断応力度の平均の大きさを τ_m とすれば

$$\tau_m = \frac{Q}{A}$$

$\tau_m = G\gamma$ であるため

$$\gamma = \frac{\tau_m}{G} = \frac{Q}{AG}$$

またせん断ひずみ度 γ は微小であるため

$$d\eta' = \gamma dx$$

よって

$$d\eta' = \frac{Q}{AG}dx \cdots\cdots\cdots\cdots\cdots\cdots\cdots\cdots\cdots\cdots\cdots (6.9)$$

すなわち両断面はこの大きさだけ互いに変位するわけであるが,実際はこのようには変位しない.それは 3.3 節で述べたようにせん断応力度は断面の形によって分布の状況は異なるが,

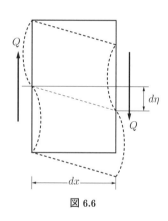

図 6.6

一般に断面の中央で最大となり平均せん断応力度より大きく,上下の縁に行くに従って減少し縁においては 0 となるように分布する.よってせん断ひずみ度 γ もまた断面の中央で最大で上下の縁に近づくに従い減少し,縁のところでは 0 となる.すなわち 0 となることは,角変化しないことなので図 6.6 に示すように,上下両端の四隅は依然として直角をなしている.いま述べた断面の変化の状況を図に書けば図 6.6 のように大体 S 字形に断面は変形する.従ってはりがせん断力を伴って湾曲するとき,はりの断面が平面を保つという平面保持の仮定は厳密には満足されないことがわかる.このように断面上の各点のせん断応力度が異なり断面が湾曲することを考えると中立面の変位 dy を簡単に求めることはできないことがわかる.それでいまエネルギー法によってこの dy を次のようにして近似的に求めてみよう.

断面上の各点に生じるそれぞれの変位を平均した変位を $d\eta$ として,これを中立面における変位(図 6.6 参照)と考える.いまこの $d\eta$ を次のようにおく.

$$d\eta = \kappa d\eta' \cdots\cdots\cdots\cdots\cdots\cdots\cdots\cdots\cdots\cdots\cdots (6.10)$$

すなわちこの $d\eta$ は前に述べた断面上に一様にせん断応力度が分布すると仮定したときの変位 $d\eta'$ に,ある定数 κ を掛けたものに等しいと考える.従ってこの定数 κ は断面の形により決まる定数であり,1 より大きな定数である.しかし 3.3 節で述べた中立軸の最大せん断応力度と平均せん断応力度との比の大きさとは少し異なったものである.さてこの κ の大きさを求めてみよう.

せん断応力度 τ のみが作用するときの単位体積当りの変形の仕事は (1.21) 式により

$$W = \frac{1}{2}\gamma\tau = \frac{\tau^2}{2G}$$

よってはりの長さ dx の微小部分の変形の仕事は

$$dx \int \frac{\tau^2}{2G} dA \quad \cdots\cdots\cdots\cdots\cdots\cdots\cdots\cdots\cdots\cdots\cdots\cdots\cdots (6.11)$$

この積分は全断面積にわたって行う．一方断面に作用するせん断力 Q は $d\eta$ だけ変位するため $\frac{1}{2}Qd\eta$ だけ仕事をする．よって外力 Q のなした仕事と，この外力によって蓄えられた物体内の変形の仕事 (6.11) 式とは等しいため (6.9) 式，(6.10) 式を考慮すると次のようになる．

$$dx \int \frac{\tau^2}{2G} dA = \frac{1}{2}Qd\eta = \frac{1}{2}\kappa Q d\eta' = \kappa \frac{Q^2}{2AG} dx$$

$$\therefore \quad \kappa = \frac{A \int \tau^2 dA}{Q^2} \quad \cdots\cdots\cdots\cdots\cdots\cdots\cdots\cdots\cdots\cdots\cdots (6.12)$$

よって断面の形によって定まる係数 κ は上式より求めることができる．いま矩形断面について，この κ を求めてみよう．矩形断面の場合は (3.11) 式より中立軸より y だけ離れた距離にあるせん断応力度 τ は次のようになる．

$$\tau = \frac{Q}{2I}\left(\frac{h^2}{4} - y^2\right)$$

ここで矩形断面は幅 b，高さ h である．このとき $I = \frac{bh^3}{12}$ である．これを上式に代入すると

$$\tau = \frac{6Q}{bh^3}\left(\frac{h^2}{4} - y^2\right)$$

よって $\int_{-\frac{h}{2}}^{\frac{h}{2}} \tau^2 dA$ を計算するにあたり図 6.7 に示すように $dA = bdy$ であるため

$$\int_{-\frac{h}{2}}^{\frac{h}{2}} \tau^2 dA = \frac{36Q^2}{b^2 h^6} \int_{-\frac{h}{2}}^{\frac{h}{2}} \left(\frac{h^2}{4} - y^2\right)^2 bdy$$

$$= \frac{6}{5}\frac{Q^2}{bh}$$

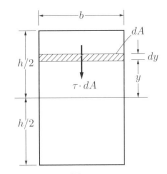

図 **6.7**

よって (6.12) 式より

$$\kappa = \frac{A \int \tau^2 dA}{Q^2} = \frac{6}{5} = 1.2 \quad \cdots\cdots\cdots\cdots\cdots\cdots\cdots\cdots (6.13)$$

よって (6.10) 式より

$$d\eta = 1.2 d\eta' = 1.2 \frac{Q}{AG} dx \quad \cdots\cdots\cdots\cdots\cdots\cdots\cdots\cdots (6.14)$$

κ は上記のように断面が矩形のときは 1.2 で，断面が円形の場合は $\kappa = \frac{10}{9} = 1.11$，日本工業規格の I 形鋼では $\kappa = 2.4$ の前後である．他の形の断面に対しても全く同様に計算して求めることができる．

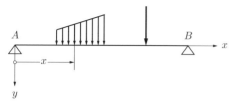

図 6.8

よって例えば図 6.8 に示すようにはり AB において，A から x の距離にある点のたわみ y は曲げモーメントによるたわみ y_1 とせん断力によるたわみとを加え合わせたものとなる．すなわち

$$y = y_1 + \int_0^x d\eta$$

一般には右辺の二項目のせん断力によるたわみの影響が小さいため省略している．しかし前にも述べたようにはりの背が長さに対して大きい場合には，このせん断力による影響はかなり大きくなり無視することはできなくなる．例えば図 6.9 に示すような両端支持のはり（矩形断面）において中央に集中荷重 P が作用する場合の中央におけるせん断力によるたわみを求めてみると，断面が矩形であるため $\kappa = 1.2$，よって (6.14) 式から $d\eta$ を求めれば

$$Q = \frac{P}{2}, \qquad A = bh$$

ここに b は矩形断面の幅，h は高さとする．

$$\therefore \quad d\eta = 1.2 \times \frac{\frac{P}{2}dx}{bhG} = 0.6\frac{Pdx}{bhG}$$

よって $x = \dfrac{l}{2}$ となる中央の位置のせん断力によるたわみは

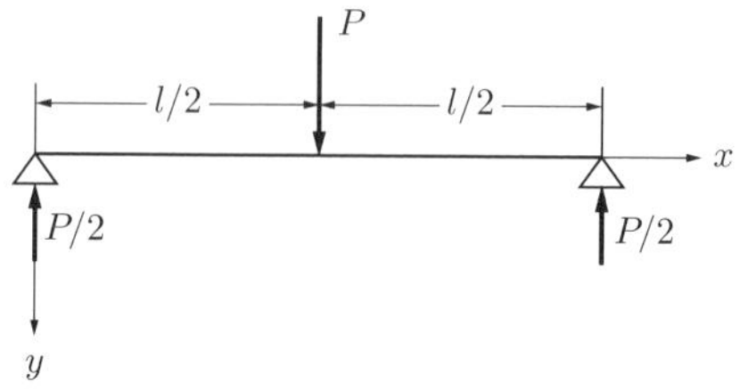

図 6.9

$$\int_0^{\frac{l}{2}} d\eta = 0.6\frac{P}{bhG}\int_0^{\frac{l}{2}} dx = 0.3\frac{Pl}{bhG} \quad \cdots\cdots\cdots\cdots\cdots\cdots (6.15)$$

一方，中央の曲げモーメントによるたわみは (6.8) 式において $a = b = \dfrac{l}{2}$ とすれば

$$\frac{Pl^3}{48EI} \quad \cdots\cdots\cdots\cdots\cdots\cdots\cdots\cdots\cdots\cdots\cdots\cdots (6.16)$$

よって曲げによるたわみ (6.16) 式とせん断力によるたわみ (6.15) 式を加えれば曲げとせん断力による中央のたわみ y が得られる．

$$y = \frac{Pl^3}{48EI} + 0.3\frac{Pl}{bhG}$$

いま材料のポアソン数 m を 4 とすれば，$G = \dfrac{mE}{2(m+1)}$ の関係があるため $G = 0.4E$．また $I = \dfrac{bh^3}{12}$ であるから，上式は次のようになる．

$$y = \frac{Pl^3}{4bh^3 E}\left(1 + 3\frac{h^3}{l^2}\right) \quad \cdots\cdots\cdots\cdots\cdots\cdots\cdots (6.17)$$

いまはりの長さ l がはりの高さ h の 10 倍とすればせん断力の影響による括弧内の二項目の項は最初の項の 3% に過ぎない．一般には l/h の比は 10 よりも大きく従ってせん断力による項は曲げによる最初の項に比べて非常に小さく無視することができる．しかし例えば $\dfrac{l}{h}$ が 5 となるとせん断力によるたわみは曲げによるたわみの約 10% の大きさとなり，中央のたわみを求めるときにせん断力の影響を考慮しなければならない．

次に等分布荷重 w が作用する場合のせん断力による中央のたわみを求めてみよう．この場合の Q 図を図 6.10(b) に示す．よって A 点から x の距離にある点のせん断力 Q は

$$Q = w\left(\frac{l}{2} - x\right)$$

いまはりの断面を矩形とすれば $A = bh$ で，ここに b は矩形断面の幅，h は高さとする．なお前と同様に $G = 0.4E$ とすれば (6.14) 式により

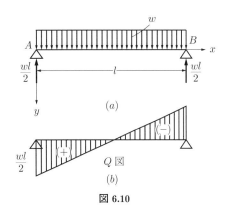

図 6.10

$$d\eta = \frac{1.2}{0.4}\frac{w\left(\frac{l}{2}-x\right)dx}{bhE} = \frac{3w\left(\frac{l}{2}-x\right)}{bhE}dx$$

よって

$$\int_0^{\frac{l}{2}} d\eta = \frac{3w}{bhE}\int_0^{\frac{l}{2}}\left(\frac{l}{2}-x\right)dx = \frac{3}{8}\frac{wl^2}{bhE}$$

結果としてせん断力による中央のたわみは $\frac{3}{8}\frac{wl^2}{bhE}$ となる．曲げによる中央のたわみは (4.29) 式により $\frac{5wl^4}{384EI}$ である．よって曲げとせん断力による中央のたわみ y は次のようになる．

$$y = \frac{5wl^4}{384EI} + \frac{3}{8}\frac{wl^2}{bhE}$$

$I = \frac{bh^3}{12}$ とおけば

$$y = \frac{5wl^4}{32bh^3E} + \frac{3}{8}\frac{wl^2}{bhE} = \frac{5wl^4}{32bh^3E}\left(1 + 2.4\frac{h^2}{l^2}\right) \quad\cdots\cdots\cdots\cdots (6.18)$$

よって $\frac{l}{h} = 10$ である場合はせん断力による影響は曲げの 2.4% に過ぎない．

6.3 マックスウェル[1] の定理

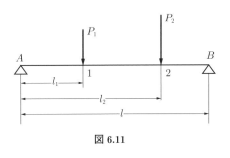

図 6.11

図 6.11 に示すような単純ばりにおいて A 端より l_1，l_2 の距離にある 1 点，2 点に P_1，P_2 の荷重がそれぞれ作用しているとする．このとき 1 点，2 点のたわみを y_1，y_2 とすれば

$$\left.\begin{array}{l} y_1 = a_{11}P_1 + a_{12}P_2 \\ y_2 = a_{21}P_1 + a_{22}P_2 \end{array}\right\} \cdots\cdots (6.19)$$

ここで a の意味は例えば a_{12} は 2 点に単位の大きさの荷重が作用するときの 1 点のたわみの大

---

[1] Maxwell.

きさを表す.

さて P_1, P_2 の荷重がゆるやかに加わった荷重であれば，これらの荷重がする仕事は
$$W = \frac{1}{2}(P_1 y_1 + P_2 y_2)$$
(6.19) 式を上式に代入すれば
$$W = \frac{1}{2}[P_1{}^2 a_{11} + P_2{}^2 a_{22} + P_1 P_2 (a_{12} + a_{21})] \quad\cdots\cdots\cdots\cdots\cdots (6.20)$$

さて今度は全く荷重の加わってないはりにまず荷重 P_1 をゆるやかに加えると，この荷重がする仕事を W_1 とすれば
$$W_1 = \frac{1}{2} P_1 \cdot a_{11} P_1$$
次にさらに荷重 P_2 をゆるやかに加えると P_1 は $a_{12} P_2$ だけ変位するため，$P_1 \cdot a_{12} P_2$ の仕事をし，P_2 は 0 からゆるやかに P_2 まで増加した荷重であるから
$$\frac{1}{2} P_2 \cdot a_{22} P_2$$
の仕事をする．よって荷重 P_2 を加えたときのなす仕事を W_2 とすれば
$$W_2 = P_1 \cdot a_{12} P_2 + \frac{1}{2} P_2 \cdot a_{22} P_2$$
よって
$$W_1 + W_2 = \frac{1}{2}(P_1{}^2 a_{11} + P_2{}^2 a_{22} + 2 P_1 P_2 \cdot a_{12}) \quad\cdots\cdots\cdots\cdots\cdots (6.21)$$

全荷重がはりの弾性限度を越えない限り全荷重のなす仕事はその荷重の加える順序には無関係である．よって P_1, P_2 を同時に加えたときのなす全仕事 (6.20) 式と，まず P_1 を加え次に P_2 を加えたときなす仕事 (6.21) 式とは当然等しくなければならない．よって (6.20) 式と (6.21) 式とを等しいとおけば
$$a_{12} = a_{21}$$
となる．このことは荷重 $P_2 = 1$ が P_1 の作用点に引き起こす変位と荷重 $P_1 = 1$ が P_2 の作用点に引き起こす変位とは等しいということを表し，これをマックスウェルの定理という．

6.4 カスチリアノ[1] の定理

いま一つのはりを考え，これに任意の数の荷重 $P_1 \ldots\ldots P_n$ が作用しているとする（図 6.12）．いま例えばそれらの荷重の内の一つ P_i が微小量増加したとき，荷重 $P_1 \ldots\ldots P_n$ がなす仕事，すなわち変形のエネルギーの増分を計算してみよう．まず P_1 は

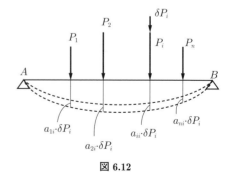

図 6.12

---

[1] Castigliano.

$a_{1i}\delta P_i$ 変位するため $P_1 \cdot a_{1i}\delta P_i$ の仕事をする．他の荷重 $P_2 \ldots \ldots P_n$ も同様な仕事をする．δP_i 自身は 0 から δP_i まで増加した荷重であるから δP_i 自身のなす仕事は

$$\frac{1}{2}\delta P_i \cdot a_{ii}\delta P_i = \frac{1}{2}\delta P_i^2 \cdot a_{ii}$$

よってこの仕事は二次の微小量となる．それで他の荷重がした仕事より高次の微小量となるため省略すると δP_i の増分による全荷重の仕事は

$$\delta W = (P_1 a_{1i} + P_2 a_{2i} + \ldots\ldots + P_n a_{ni})\delta P_i$$
$$\therefore \quad \frac{\partial W}{\partial P_i} = P_1 a_{1i} + P_2 a_{2i} + \ldots\ldots + P_n a_{ni}$$

マックスウェルの定理により $a_{1i} = a_{i1}$ であるから，上式は下式のように書き直すことができる．すなわち

$$\frac{\partial W}{\partial P_i} = P_1 a_{i1} + P_2 a_{i2} + \ldots\ldots + P_n a_{in}$$

上式の右辺は荷重 $P_1 \ldots\ldots P_n$ が作用しているときの i 点のたわみを表しているため，i 点のたわみを δ_i とすれば上式は

$$\frac{\partial W}{\partial P_i} = \delta_i \quad \cdots\cdots\cdots\cdots\cdots\cdots\cdots\cdots\cdots\cdots\cdots\cdots (6.22)$$

となる．上式は一つの力の作用点の変位は変形の仕事をその力によって偏微分したものに等しいということを表している．従ってもし作用点が変位しなければ

$$\frac{\partial W}{\partial P_i} = 0 \quad \cdots\cdots\cdots\cdots\cdots\cdots\cdots\cdots\cdots\cdots\cdots\cdots (6.23)$$

となる．(6.22) 式をカスチリアノの定理という．

次にカスチリアノの定理を使ってはりの問題を取扱ってみよう．

1. 片持ばりの自由端に集中荷重が作用するときの自由端のたわみを求めてみよう．

A 端から x の距離にある断面の曲げモーメント M は

$$M = -Px$$

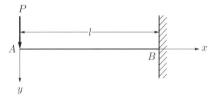

図 **6.13**

よって変形の仕事 W は

$$W = \frac{1}{2EI}\int_0^l M^2 dx = \frac{P^2}{2EI}\int_0^l x^2 dx = \frac{P^2 l^3}{6EI}$$

よって A 端のたわみ δ は

$$\delta = \frac{\partial W}{\partial P} = \frac{Pl^3}{3EI}$$

2. 片持ばり AB の自由端 A に集中荷重 P とモーメント M_A が作用するとき，A 端のたわみとたわみ角を求めてみよう．

A 点から x の距離にある点の曲げモーメント M は

$$M = -Px - M_A$$

はり全体の変形の仕事は (6.2) 式により

$$W = \frac{1}{2}\int_0^l \frac{M^2}{EI}dx$$

A 端のたわみは

$$\delta = \frac{\partial W}{\partial P} = \int_0^l \frac{M\frac{\partial M}{\partial P}}{EI}dx = \frac{1}{EI}\int_0^l (Px + M_A)x\,dx$$
$$= \frac{Pl^3}{3EI} + \frac{M_A l^2}{2EI}$$

A 端のたわみ角

$$\theta = \frac{\partial W}{\partial M_A} = \int_0^l \frac{M\frac{\partial M}{\partial M_A}}{EI}dx = \frac{1}{EI}\int_0^l (Px + M_A)dx$$
$$= \frac{Pl^2}{2EI} + \frac{M_A l}{EI}$$

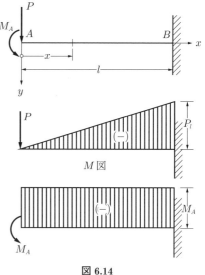

図 6.14

3. 単純ばりに等分布荷重 w が作用しているときの中央のたわみ δ を求めてみよう．

いま中央に集中荷重 P を仮想して，等分布荷重 w と集中荷重 P が作用しているときの変形の仕事 W を求め $\dfrac{\partial W}{\partial P}$ を求めれば，これは分布荷重と集中荷重が作用するときの中央のたわみである．よって等分布荷重のみの場合の中央のたわみは $\left(\dfrac{\partial W}{\partial P}\right)_{P=0}$ によって得られる．P より左側の部分における曲げモーメント M は

$$M = \left(\frac{wl}{2} + \frac{P}{2}\right)x - \frac{wx^2}{2}$$

よって曲げによる変形の仕事は

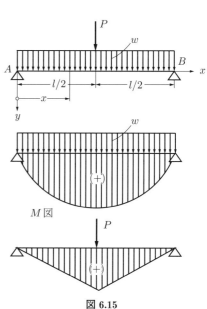

図 6.15

$$W = 2\int_0^{\frac{l}{2}} \frac{M^2}{2EI}dx$$

であるから，中央のたわみ δ は

$$\delta = \left(\frac{\partial W}{\partial P}\right)_{P=0} = \frac{2}{EI}\int_0^{\frac{l}{2}} \left(M\frac{\partial M}{\partial P}\right)_{P=0}dx$$
$$= \frac{2}{EI}\int_0^{\frac{l}{2}} \left(\frac{wlx}{2} - \frac{wx^2}{2}\right)\frac{x}{2}dx = \frac{5}{384}\frac{wl^4}{EI}$$

よって (4.29) 式と一致する．

4. 単純ばり AB に等分布荷重が作用するとき，A 端のたわみ角 θ_A を求めてみよう．

今度は A 端にモーメント M_A を図 6.16 に示すように仮想して等分布荷重とモーメント M_A とが作用している場合の W を求め $\dfrac{\partial W}{\partial M_A}$ を求めれば，等分布荷重にモーメントが作用するときの A 端のたわみ角 θ_A が得られる．よって等分布荷重のみが作用するときの A 端のたわみ角は $\left(\dfrac{\partial W}{\partial M_A}\right)_{M_A=0}$ である．等分布荷重 w とモーメント M_A が作用するときのはり AB の曲げモーメント M は

$$M = \left(\frac{wl}{2}x - \frac{w}{2}x^2\right) + \frac{l-x}{l}M_A$$

よって曲げによる変形の仕事は

$$W = \int_0^l \frac{M^2}{2EI}dx$$

であるから，A 端のたわみ角 θ_A は

$$\begin{aligned}\theta_A &= \left(\frac{\partial W}{\partial M_A}\right)_{M_A=0} \\ &= \frac{1}{EI}\int_0^l \left(M\frac{\partial W}{\partial M_A}\right)_{M_A=0} dx \\ &= \frac{1}{EI}\int_0^l \left(\frac{wl}{2}x - \frac{w}{2}x^2\right)\left(\frac{l-x}{l}\right)dx = \frac{wl^3}{24}\end{aligned}$$

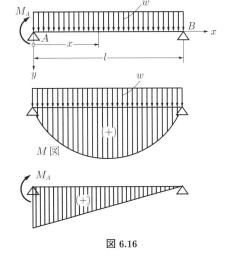

図 6.16

5. 一端固定，他端回転端のはりに等分布荷重 w が作用するときの A 端の反力 R を求めてみよう．

A 点から x の距離にある断面の曲げモーメント M は

$$M = R \cdot x - \frac{w}{2}x^2$$

既知のように曲げによる変形の仕事 W は

$$W = \frac{1}{2}\int_0^l \frac{M^2}{EI}dx$$

A 端は変位しないため $\dfrac{\partial W}{\partial R} = 0$ である．よって

$$\begin{aligned}\frac{\partial W}{\partial R} &= \frac{1}{EI}\int_0^l M\frac{\partial M}{\partial R}dx = \frac{1}{EI}\int_0^l \left(R\cdot x - \frac{w}{2}x^2\right)x\,dx \\ &= \frac{1}{EI}\left(R\frac{l^3}{3} - \frac{w}{8}l^4\right) = 0\end{aligned}$$

$$\therefore \quad R = \frac{3}{8}wl$$

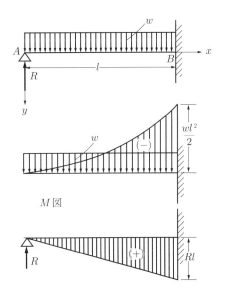

図 6.17

6.5 最小仕事の定理

一つの不静定な構造物を適当な個所で切断してこの構造物を静定な構造物に変換させる.

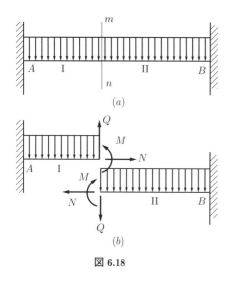

図 6.18

例えば図 6.18 に示すように,両端固定ばりは m-n 断面で切断すれば左の部分と右の部分は静定な片持ばりとなる.このとき切断面に生じる内力である軸方向力 N,せん断力 Q,曲げモーメント M をそれぞれ外力と考えると二つの片持ばりの変形の仕事の和は両端固定ばりの変形の仕事 W となる.すなわち

$$W = W_1 + W_2 \quad \cdots\cdots\cdots (6.24)$$

ここに W_1 を I の部分の変形の仕事,W_2 を II の部分の変形の仕事とする.いま図 (b) に示すように,I の切断面に軸方向力 N が生じれば作用反作用の法則によって II の切断面にはこの N と向きが反対で大きさの等しい軸方向力 N が生じる.いま I の部分に対して

$$\frac{\partial W_1}{\partial N} \quad \cdots\cdots\cdots\cdots\cdots\cdots\cdots\cdots\cdots (6.25)$$

を求めれば,これは I の部分の切断面の軸方向の変位である.一方 II の部分に対して

$$\frac{\partial W_2}{\partial N} \quad \cdots\cdots\cdots\cdots\cdots\cdots\cdots\cdots\cdots (6.26)$$

を求めればこれは II の部分の切断面の軸方向の変位である.ところが切断面 m-n は実際は変位後も結合していて連続しているので (6.25) 式の変位と (6.26) 式の変位は大きさが等しく,符号は反転していなければならない.これは両断面の軸方向力 N の向きが反転しているから I の部分に対して正となる変位は,II の部分に対して負の変位となるからである.よって (6.25) 式と (6.26) 式には次のような関係が成立する.

$$\frac{\partial W_1}{\partial N} = -\frac{\partial W_2}{\partial N} \quad \cdots\cdots\cdots\cdots\cdots\cdots (6.27)$$

いま (6.24) 式を N で微分すれば

$$\frac{\partial W}{\partial N} = \frac{\partial W_1}{\partial N} + \frac{\partial W_2}{\partial N}$$

よって (6.27) 式を考慮すれば

$$\left.\begin{array}{c} \dfrac{\partial W}{\partial N} = 0 \\ \text{同様にして} \\ \dfrac{\partial W}{\partial Q} = 0 \quad \dfrac{\partial W}{\partial M} = 0 \end{array}\right\} \quad \cdots\cdots\cdots\cdots (6.28)$$

が得られる．

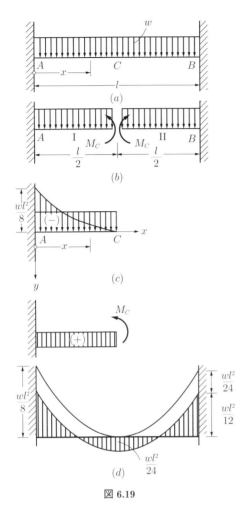

図 6.19

上記の式の数は切断面に生じる内力の数に等しいため，これらの未知の内力は必ず求めることができる．

変形の仕事 W は変数の二次の同次方程式で表されるため，変形の仕事 W の二次の微分商は常に正となることから，(6.28) 式は W が力 N，Q，M に対して最小であるという条件を表している．よって各力 N，Q，M は変形の仕事 W が最小になるように生じるということができる．その事象を最小仕事の定理と名づけている．図 6.19 に示すように両端固定ばりに等分布荷重が作用しているときの曲げモーメントを求めてみよう．

いま AB の中央 C ではりを切断し[1]，その断面に生じる曲げモーメント M_C を図 (b) に示すように考える．いま I の部分について考えてみると，荷重は等分布荷重 w とモーメント M_C とであるため，A 端から距離 x にある断面の曲げモーメント M は (c) 図の二つの場合の曲げモーメントを合成して

$$M = M_C - \frac{1}{2}\left(\frac{l}{2} - x\right)^2 w$$

.... (6.29)

両端固定ばりの変形の仕事 W は I の部分の片持ばりの変形の仕事の 2 倍であるため

$$W = \frac{2}{2EI}\int_0^{\frac{l}{2}} M^2 dx \quad \cdots\cdots\cdots\cdots\cdots\cdots (6.30)$$

いまはり全体の変形の仕事を W とすれば，最小仕事の定理により

---

[1] 両端固定ばり AB は中央の C 点に関して対称であるため，C 点ではりを切断するときこの断面にはせん断力 Q は生じない．なぜならば断面においてはせん断力というものは図 6.20 に示すように必ず作用反作用の法則に従い向きが反対な一対の力として生じるものである．よって C 点に関してはり AB はその形，ならびに荷重が共に対称であるため，C 点に生じる内力はすべて対称に生じなければならない．よって向きが相反するせん断力は生じないことになる．軸方向力 N による影響は無視する．はりを切断するときは以上のように内力が少しでも少なくなるように特別な位置で切断する方が計算が簡単となって都合がよい．

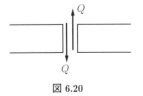

図 6.20

$$\frac{\partial W}{\partial M_C} = 0$$

よって (6.29) 式と (6.30) 式を考慮して上記の式を計算すれば

$$\frac{\partial W}{\partial M_C} = \frac{4}{2EI} \int_0^{\frac{l}{2}} \left(M \frac{\partial M}{\partial M_C} \right) dx = \frac{2}{EI} \int_0^{\frac{l}{2}} \left[Mc - \frac{1}{2} \left(\frac{l}{2} - x \right)^2 w \right] dx = 0$$

$$\therefore \quad M_C = \frac{wl^2}{24}$$

よって A 端の固定モーメント M_A は

$$M_A = -\frac{wl^2}{8} + \frac{wl^2}{24} = -\frac{wl^2}{12}$$

ここに図 (c) の等分布荷重の場合の曲げモーメントと $M_C = \dfrac{wl^2}{24}$ の場合の曲げモーメントとを合成すれば，I の片持ばりの曲げモーメントが得られる．II の部分の片持ばりの曲げモーメントは C 点に関して I の部分の曲げモーメントと対称に生じるため図 (d) のような全体の曲げモーメントが得られる．

第7章 ね じ り

7.1 円形断面の棒

　ねじりの問題を円形断面の棒について厳密に論じたのはクーロン[1]である．彼は円形断面の棒においてその断面はねじった後も平面を保ち，ねじる前の断面の直径はねじった後も直線をなしているという仮定のもとに論じた．この後ナヴィエ[2]が角柱に対してねじりの場合も棒の曲げの場合と同じように，ねじった後にも断面が平面を保つという仮定のもとで論じた．この理論は経験的事実と一致しないにもかかわらず，かなり長い間正しいと信じられていたものである．この理論の矛盾を始めて指摘した人はサンヴナン[3]である．そして彼によって円形以外の断面の棒のねじりの理論が確立したのである．断面が円形以外の場合の解析は本書の程度では厳密には取扱えないので，円形断面以外の場合に対しては単にその結果を記すことに止める．

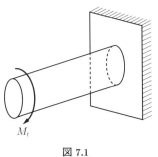

図 7.1

　さて図 7.1 に示すように，一端固定とした丸棒の他端に棒の軸のまわりに回転するモーメント M_t を作用させると，この棒はねじられ変形する．この状態を単純なねじりといい，この場合について考察してみよう．

　いま棒の任意断面について考えてみるとクーロンの仮定により，断面は平面を保ちながら回転するのであるから，断面には垂直応力は生じず，ただ断面にせん断応力度 τ のみが生じるだけである．また断面のすべての直径は直線の形を保ちながら同一角度回転するため，せん断応力度 τ は直径の直角方向に生じ，かつその大きさは中心からの距離に比例することがわかる．いま棒から単位長さの棒を切り取って図 7.2 に示す．aOO_1a_1 が棒の軸を含む同一平面上にあるとき，ねじった後に A 断面の半径 Oa が Oa' に来たとすれば[4]，

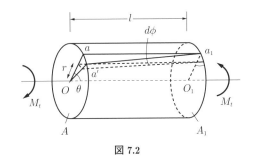

図 7.2

---

[1] Coulomb.
[2] Navier.
[3] St.Venant.
[4] A_1 断面はあたかも固定しているかのように考える．この考え方は 3.1 節の脚注を参照されたい．

角 aOa' を θ で表し，この角をねじれ角という．なおこの角はラジアンである．

いま中心 O から距離 r にある点のせん断応力度を τ とすれば

$$\tau = G d\phi \quad \cdots\cdots\cdots\cdots\cdots\cdots\cdots\cdots\cdots\cdots (7.1)$$

ところで $\quad r\theta = 1 \times d\phi$

よってこの $d\phi$ を (7.1) 式に代入すれば

$$\tau = Gr\theta \quad \cdots\cdots\cdots\cdots\cdots\cdots\cdots\cdots\cdots\cdots (7.2)$$

ここに G はせん断弾性係数である．

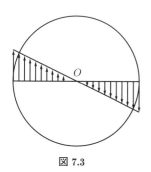

図 7.3

上式によってせん断応力度 τ が中心からの距離に比例して増大することが明瞭にわかったことと思う．このせん断応力度 τ の分布の様子を描けば図 7.3 のようになる．

次にねじりモーメント M_t と，せん断応力度 τ との関係を導いてみよう．いま棒を任意の位置で棒軸に直角に切断して，ねじりモーメント M_t と切断面に生じるせん断応力度 τ によるねじりモーメントとの釣合いを考えてみよう．切断面を図 7.4 に示す．微小面積 dA に生じるせん断応力度を τ とすれば，この微小面積に作用するせん断力は，τdA となる．この力による軸のまわりのモーメントは $(\tau dA)r$ で，これに (7.2) 式の τ を代入すれば $(\tau dA)r = G\theta r^2 dA$ となる．よって軸のまわりの全モーメントは断面積全体について，これらのモーメントを合計したものである．すなわち

$$\iint_{(A)} G\theta r^2 dA = G\theta \iint_{(A)} r^2 dA = G\theta I_p$$

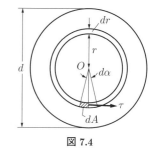

図 7.4

I_p は円形断面の断面極二次モーメントである．切断面に生じたこのねじりモーメント $G\theta I_p$ は与えられたねじりモーメント M_t と釣合わなければならないため

$$M_t = G\theta I_p \quad \cdots\cdots\cdots\cdots\cdots\cdots\cdots\cdots\cdots\cdots (7.3)$$

よって $\quad\quad\quad\quad\quad \theta = \dfrac{M_t}{GI_p} \quad \cdots\cdots\cdots\cdots\cdots\cdots\cdots\cdots\cdots\cdots (7.4)$

ゆえに単位長さについてのねじれ角 θ は与えられたねじりモーメント M_t に比例し，せん断弾性係数 G，ならびに断面極二次モーメント I_p に逆比例することがわかる．棒の長さを l とすれば，棒端のねじれ角は $\theta l = \dfrac{M_t l}{GI_p}$ である．せん断応力度は (7.4) 式を (7.2) 式に代入すれば

$$\tau = \dfrac{M_t r}{I_p} \quad \cdots\cdots\cdots\cdots\cdots\cdots\cdots\cdots\cdots\cdots (7.5)$$

従って最大せん断応力度は $r = \dfrac{d}{2}$ のところに生じ次のようになる．ここに d は棒の直径である．

$$\tau_{\max} = \frac{M_t d}{2I_p} = \frac{16M_t}{\pi d^3}{}^{1)} \quad \cdots\cdots\cdots\cdots\cdots\cdots\cdots\cdots\cdots\cdots (7.6)$$

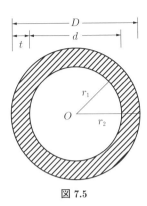

図 7.5

図 7.5 に示すような中空断面においては，断面極二次モーメント I_p は

$$I_p = \frac{\pi}{2}(r_2{}^4 - r_1{}^4)$$

となるため (7.6) 式より最大せん断応力度 $\tau_{\max}$ は

$$\tau_{\max} = \frac{2M_t r_2}{\pi(r_2{}^4 - r_1{}^4)}$$

中空断面の $D - d = 2t$ で内厚が直径に比べて極めて小さいときは

$$D^4 - d^4 = D^4 - (D - 2t)^4 \fallingdotseq 8D^3 t$$

よって

$$\tau_{\max} = \frac{32M_t r_2}{\pi(D^4 - d^4)} = \frac{32M_t r_2}{8\pi D^3 t} = \frac{M_t}{1.57 D^2 t}$$

となる．

以上導いた諸式は始めに断ったように，円形断面の場合のときにのみ適用されるもので，断面が円形でないときには一般にあてはまらない．それではなぜクーロンの仮定が円形断面以外の断面の場合には当てはまらないか，次節において述べてみよう．

7.2 矩形断面にクーロンの仮定が適用できない理由

円形断面の場合は前節で述べたように，クーロンの仮定により正しく問題を取扱うことができるが，円形断面以外の場合には一般にはクーロンの仮定は適用できない．

いま円形断面の棒と，2辺の長さの差の大きな矩形断面の棒とを比較してみよう．この2つの棒は材料が同一でかつ断面積，ならびに長さが等しいとする．このとき同一な状況の下において，同じ大きさのねじりモーメント M_t を加えると丸棒より 2 辺の長さの差の大きな矩形断面の棒の方がはるかに大きなねじれ角が生じるということは既に我々が経験的に認めるところである．ところがいま (7.4) 式の $\theta = \dfrac{M_t}{GI_p}$ をこの二つの棒に対して適用すると，同一面積においては，断面極二次モーメント I_p は円形のとき最小となり，矩形断面において 2 辺の差が大きくなる程断面極二次モーメント I_p も大きくなる．従って丸棒の方が矩形断面の棒よりねじれ角が大きくなる．

---

1) dA は図 7.4 より $dA = rda \cdot dr$ で表すことができる．よって

$$\iint_{(A)} r^2 dA = \int_0^{\frac{d}{2}} \int_0^{2\pi} r^3 da\, dr = \frac{\pi d^4}{32}$$

よって円形断面の断面極二次モーメント I_p は $\dfrac{\pi d^4}{32}$ である．(1.27) 式参照のこと．

このことは上に述べた経験的事実と矛盾する．このようにある理論が経験的事実と矛盾するときは，その場合に対しては，その理論の仮定が，不適当であるということである．従ってクーロンの仮定をそのまま円形以外の断面の場合に適用することはできないということがわかったことと思う．

なおクーロンの仮定を矩形断面の棒にそのまま適用すると，棒の側面にせん断応力が生じる[1]．従って単純なねじりの場合には側面には外力はないため，棒の側面に境界条件を満足するようなせん断応力を与えない限り一般にクーロンの仮定は適用できないことがわかる．

7.3 円形断面の場合の例題

1. 図 7.6 に示すように両端固定の丸棒の中間断面にねじりモーメント M_t が作用するとき，両端に生じるねじりモーメントを求めてみよう．

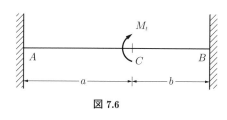

図 7.6

いま A 端，B 端のねじりモーメントを M_A, M_B とし AC 間の単位長さについてのねじれ角を θ_A，CB 間の単位長さについてのねじれ角を θ_B とし，C 点のねじれ角を ψ とする．いま C 点のねじれ角 ψ を AC 部分について考えれば

$$\psi = a\theta_A = \frac{M_A a}{GI_p} \quad \cdots\cdots\cdots\cdots (7.7)$$

よって

$$M_A = \frac{\psi GI_p}{a} \quad \cdots\cdots\cdots\cdots\cdots\cdots\cdots (7.8)$$

同様に CB 部分について考えれば

$$\psi = b\theta_B = \frac{M_B b}{GI_p} \quad \cdots\cdots\cdots\cdots\cdots (7.9)$$

よって

$$M_B = \frac{\psi GI_p}{b} \quad \cdots\cdots\cdots\cdots\cdots\cdots\cdots (7.10)$$

ところで

$$M_t = M_A + M_B$$

であるため (7.8) 式，(7.10) 式を上式に代入すれば

$$M_t = \frac{\psi GI_p}{a} + \frac{\psi GI_p}{b}$$

$$\therefore \quad M_t = \frac{b+a}{ab} \psi GI_p \quad \cdots\cdots\cdots\cdots\cdots (7.11)$$

(7.7) 式より

---

[1] 小野，加藤共著：応用弾性学の基礎，ねじりの章参照．

$$\psi G I_p = M_A \cdot a$$

であり，これを (7.11) 式に代入すれば

$$M_t = \frac{a+b}{ab} M_A \cdot a$$

よって

$$M_A = \frac{b}{a+b} M_t$$

同様にして (7.9) 式と (7.11) 式より

$$M_B = \frac{a}{a+b} M_t$$

なお (7.7) 式と (7.9) 式を等しいとおいて所要のものを求めることもできる．

7.4 矩形断面

矩形断面の場合に対しては既に色々と研究されている．ここではその結果のみを記すことに留めよう．矩形断面において，短辺 b が，長辺 h に比べてはるかに小さい場合は近似的に円形断面の場合と似た次の式が成立する．

$$M_t = G\theta I_d \cdots\cdots\cdots\cdots\cdots\cdots (7.12)$$

なおねじり抵抗 I_d は断面の形状によって定まる係数で，矩形断面の場合は近似的に $\frac{1}{3}hb^3$ である．M_t は与えられたねじりモーメント，G はせん断弾性係数，θ は単位長さについてのねじれ角である．

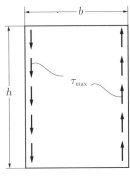

図 7.7

最大せん断応力度は長辺の中央に生じるが，近似的には長辺に沿って一様な大きさにせん断応力度が分布すると考えることができ，次のようになる．

$$\tau_{\max} = G\theta b = \frac{M_t}{I_d} b \cdots (7.13)$$

図 7.8 に示す断面の場合は，これを数個の矩形断面に分けて取扱う．つまり図 (a) の L 形断面の場合は，2 個の矩形断面に分け，L 形断面のねじり抵抗 I_d は，二つの矩形のねじり抵抗の和として求める．つまり

$$I_d = \frac{1}{3}h_1 b_1{}^3 + \frac{1}{3}h_2 b_2{}^3$$

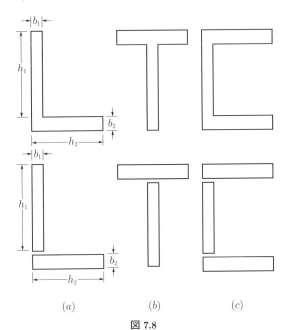

図 7.8

よって一般に次のように書くことができる.

$$I_d = \frac{1}{3}\Sigma h b^3$$

最大せん断応力度 τ_{max} は次式によって求められる.

$$\tau_{max} = \frac{M_t b_{max}}{\dfrac{1}{3}\Sigma h b^3} \quad \cdots\cdots\cdots\cdots\cdots\cdots\cdots\cdots\cdots\cdots\cdots\cdots\cdots (7.14)$$

b_{max} は矩形断面中の最大な幅,またねじれ角 θ は

$$\theta = \frac{M_t}{\dfrac{1}{3}G\Sigma h b^3}$$

実際は結合している矩形断面を分割して,その和より I_d を求めたのでこの I_d は実際の I_d より小さい値となる.従って (7.14) 式の τ_{max} は実際より多少大きな値となる.フェップルは I_d に対して,次のような式を提案し実験により係数 μ をそれぞれの断面に対して求めている.

$$I_d = \mu\frac{1}{3}\Sigma h b^3$$

└ 断面 $\qquad \mu = 1$

┌ 断面 $\qquad \mu = 1.1$

┬ 断面 $\qquad \mu = 1.3$

第8章　座　　　屈

8.1　座屈荷重

　柱はその長さがその横断面の大きさに比べて，非常に短い場合（短柱）は，柱が安全に支持できる荷重は，その材料の圧縮応力度のみに関係するが，柱が横断面に比べて非常に長い場合（長柱）は，その材料の圧縮応力度のみに関係しない．しかし柱が側方へ湾曲しないように適当に支持されているならば長い柱は短い柱と同じように荷重を支持することができる．この側方の支持がないとあるいはあっても充分有効でないならば，柱が非常に長いときは，柱が短いとき支持することができる荷重よりはるかに小さい荷重で破壊する．この破壊は荷重が柱の圧縮強度を越えたために生じたのではなくて，柱の形状，材質の不均等さ，ならびに荷重の作用の仕方等によって柱が側方へ湾曲し，それから変形がさらに進み，ついに曲げによって破壊される．

　いま下端固定で上端自由な細長い柱に，軸方向に荷重 P が作用する場合を考えてみると，荷重 P が座屈荷重より小さいときは，柱は直線状を保ち，軸方向に圧縮力を受けるのみである．このときの柱の釣合いは安定であり，たとえ横荷重によって側方へわずかに湾曲しても，この横荷重を除けば，柱は再び元の直線状に戻る．いま荷重 P を次第に増していくと，この柱は不安定となり，わずかな横荷重を受けても側方へ湾曲し，この横荷重を除いても元に戻らない状態になる．初めてこのような状態になったときの荷重 P を，座屈荷重という．また次のように座屈荷重を定義することもできる．すなわちまっすぐな柱に中心荷重が加わりまっすぐ縮むとき，安定な釣合い状態から不安定な釣合い状態に移る中立の釣合い状態のときの軸方向荷重を座屈荷重[1]という．

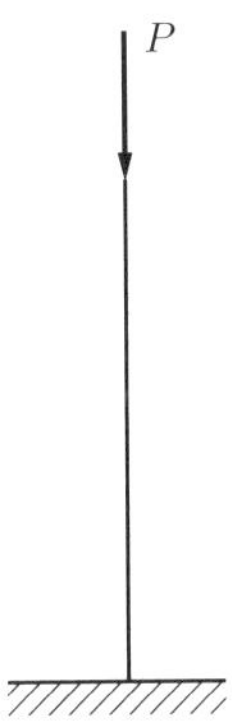

図 8.1

　座屈荷重をその柱の断面積で割ったものを座屈応力度という．また座屈をすると考えられる圧縮材を長柱といい，座屈現象の起きない柱を短柱という．

---

[1]　8.4 節「安定と不安定」を参照．

8.2 オイラー式

オイラーは柱が初めてわずかに湾曲したときの状態に対してたわみ曲線の微分方程式を立て,両端の境界条件を考慮して,この式より座屈荷重を求めた.

1. 一端自由端,他端固定端の場合

いま固定端に図8.2に示すように原点を取り,荷重 P のとき,座屈して δ だけ水平方向に自由端が変位したとする.(4.3a) 式 [1] によって

$$EI\frac{d^2y}{dx^2} = P(\delta - y) \quad \cdots\cdots\cdots\cdots (8.1)$$

EI はこの柱の最小曲げ剛さである.柱は曲げ剛さの最小な面内に座屈する.

いま
$$k^2 = \frac{P}{EI} \quad \cdots\cdots\cdots\cdots (8.2)$$

とおけば (8.1) 式は次のようになる.

$$\frac{d^2y}{dx^2} + k^2 y = k^2 \delta \quad \cdots\cdots\cdots\cdots (8.3)$$

この方程式の一般解は次の通りである.

$$y = C_1 \cos kx + C_2 \sin kx + \delta \quad \cdots\cdots\cdots\cdots (8.4)$$

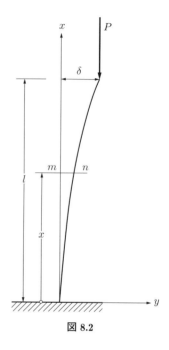

図 8.2

(8.4) 式を (8.3) 式に代入してみれば (8.3) 式を満足することがわかるであろう.積分定数 C_1, C_2 は柱の両端の境界条件より決める.まず固定端はたわみならびにたわみ角が 0 なるため

[I] $x = 0$ で $y = 0$, $\dfrac{dy}{dx} = 0$

よって $x = 0$, $y = 0$ を (8.4) 式に代入すれば

$$0 = C_1 + \delta \qquad C_1 = -\delta$$

(8.4) 式を x について微分すれば

$$\frac{dy}{dx} = -C_1 k \sin kx + C_2 k \cos kx$$

上式に $x = 0$, $\dfrac{dy}{dx} = 0$ の条件を入れると

$$0 = C_2 k$$

$k \neq 0$ であるため

$$C_2 = 0$$

---

[1] たわみ曲線が y 軸の負の向きに凸になるため,$\pm$ の符号のうち正である符号を取る.座屈問題のときは元に戻りたわみ曲線の形状より $\pm$ の符号を決定しなければならない.

第 8 章 座　屈

よって $C_1 = -\delta$, $C_2 = 0$ より (8.4) 式は次のようになる．

$$y = \delta(1 - \cos kx) \cdots\cdots\cdots\cdots\cdots\cdots\cdots\cdots\cdots\cdots (8.5)$$

次に自由端ではたわみが δ であるため

[II]　$x = l$ で $y = \delta$

この条件を (8.5) 式に代入すると

$$\delta = \delta(1 - \cos kl)$$

よって上式は $\delta \cos kl = 0$ のとき満足される．従って自由端の条件は次のとき満足される．

$$\delta = 0 \quad \text{または} \quad \cos kl = 0$$

$\delta = 0$ とは，たわみがないということである．従っていまの場合は問題外であるため $\cos kl = 0$ でなければならない．$\cos kl = 0$ となる場合は次のときである．

$$kl = (2n + 1)\frac{\pi}{2} \cdots\cdots\cdots\cdots\cdots\cdots\cdots\cdots\cdots\cdots (8.6)$$

ここに n は任意の整数である．kl が (8.6) 式の値を取る限り自由端の境界条件は満足されるため，たわみ δ の値は不定となり，ここでは求めることはできない[1]．(8.6) 式を満足する kl の最小値，すなわち P の最小値は $n = 0$ とおいたものである．よって (8.6) 式と (8.2) 式より

$$kl = l\sqrt{\frac{P}{EI}} = \frac{\pi}{2}$$

よって

$$P_k = \frac{\pi^2 EI}{4l^2} \quad \cdots\cdots\cdots\cdots\cdots\cdots (8.7)$$

この P_k が図 8.2 の場合の座屈荷重である．

2.　両端回転端の場合

図 8.3 に示すように両端回転端の場合は，その対称性からわかるように各部分は一端固定端，他端自由端な柱と同じ状態にある．すなわち柱の中央に図 8.3 に示すような座標を取るとき，O 点においては $\dfrac{dy}{dx} = 0$ で固定の条件を満足している．よって (8.7) 式に対して l の代りに $\dfrac{l}{2}$ とおけば

$$P_k = \frac{\pi^2 EI}{l^2} \quad \cdots\cdots\cdots\cdots\cdots\cdots (8.8)$$

これが両端回転端の場合の座屈荷重である．

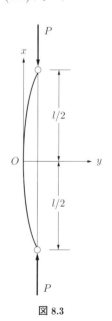

図 8.3

---

[1]　δ が求められないのは，(8.1) 式は $\dfrac{dy}{dx}$ が 1 に比べて微小であるという理由より，曲率に対して近似的に $\dfrac{1}{\rho} = \dfrac{d^2 y}{dx^2}$ とおいて導いたからである．従って変形の大きなたわみを求めるには，曲率の正確な値 $\dfrac{1}{\rho} = \dfrac{\dfrac{d^2 y}{dx^2}}{\left\{1 + \left(\dfrac{dy}{dx}\right)^2\right\}^{\frac{3}{2}}}$

を用いてたわみを求めなければならない．

3. 一端固定端，他端回転端の場合

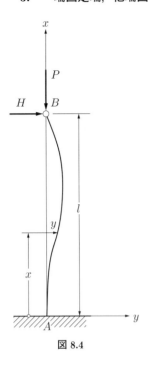

図 8.4

回転端 B に加わる圧縮荷重を P とすれば，B 端には反力 H が生じる．よって (4.3a) 式より

$$EI\frac{d^2y}{dx^2} = -Py + H(l-x) \cdots\cdots (8.9)$$

(8.9) 式の一般解は次の通りである．

$$y = C_1 \cos kx + C_2 \sin kx + \frac{H}{P}(l-x) \cdots\cdots (8.10)$$

ここに $k^2 = \dfrac{P}{EI}$．積分定数 C_1，C_2 は両端の境界条件より決める．すなわち

[I] $x=0$ で $y=0$，$\dfrac{dy}{dx}=0$

よって $x=0$，$y=0$ を (8.10) 式に代入すれば

$$0 = C_1 + \frac{H}{P}l \qquad \therefore \quad C_1 = -\frac{H}{P}l$$

(8.10) 式を x について一回微分し，$x=0$，$\dfrac{dy}{dx}=0$ を代入すれば

$$\frac{dy}{dx} = C_2 k \cos kx - \frac{H}{P}$$

$$\therefore \ 0 = C_2 k - \frac{H}{P} \qquad \therefore \quad C_2 = \frac{H}{Pk}$$

[II] $x=l$ で $y=0$

よって (8.10) 式より上記の境界条件を代入すれば

$$0 = C_1 \cos kl + C_2 \sin kl$$

上式に C_1，C_2 の値を代入すれば

$$0 = -\frac{H}{P}l \cos kl + \frac{H}{Pk} \sin kl$$

$$\therefore \quad \tan kl = kl$$

この式の最小根は $kl = 4.49$ である．よって $k^2 = \dfrac{P}{EI}$ より座屈荷重 P_k は

$$P_k = \frac{(4.49)^2}{l^2}EI = \frac{20.2EI}{l^2} \fallingdotseq \frac{2\pi^2 EI}{l^2} \cdots\cdots (8.11)$$

4. 両端固定端の場合

両端固定の柱は図 8.5 に示すように湾曲する．両端より $\dfrac{l}{4}$ の点で反曲点[1)]

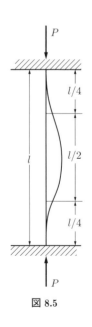

図 8.5

[1)] このたわみ曲線は (4.3a) 式より求める．

が生じ，従ってその点では曲げモーメントは 0 となる．座屈荷重は (8.7) 式の l の代りに $\dfrac{l}{4}$ とおけば得られる．つまり

$$P_k = \frac{4\pi^2 EI}{l^2} \quad\cdots\cdots\cdots\cdots\cdots\cdots\cdots\cdots\cdots\cdots\cdots\cdots\cdots (8.12)$$

以上求めたオイラー式を一括して書くと，次のようになる．

$$P_k = CEI\left(\frac{\pi}{l}\right)^2 \quad\cdots\cdots\cdots\cdots\cdots\cdots\cdots\cdots\cdots\cdots (8.13)$$

ここに C は両端の境界条件によって決まる定数で下記の通りである．

一端自由端，他端固定端のとき　　　　$C = \frac{1}{4}$

　　　　　　両端回転端のとき　　　　$C = 1$

一端回転端，他端固定端のとき　　　　$C = 2$

　　　　　　両端固定端のとき　　　　$C = 4$

柱の断面積を A，最小断面二次モーメントを I，断面二次半径を i とすれば，$i = \sqrt{\dfrac{I}{A}}$ [1] であるため，いま座屈応力度を σ_k として (8.13) 式を A で割れば

$$\sigma_k = \frac{P_k}{A} = C\pi^2 E\left(\frac{i}{l}\right)^2 = CE\left(\frac{\pi}{\lambda}\right)^2 \quad\cdots\cdots\cdots\cdots\cdots\cdots (8.14)$$

$\lambda = \dfrac{l}{i}$ を細長比といい，応力度 σ_k は E と細長比だけに関係することがわかる．なおオイラー式が成立するのは曲げによる応力度が比例限度内にある場合である．

またオイラー式を導くにあたり，材料の弾性係数 E は一定と考えているため曲げによる応力度は比例限度以内にあるという仮定のもとに論じているのである．

8.3　オイラー式を使用し得る範囲

オイラー式は柱の断面に比較してその長さが極めて長い長柱の場合に対してのみ適用することができるのであって，短い柱に対しては適用することはできない．それではどんな長柱に対してオイラー式は適用することができるのか，その限度を調べてみよう．

(8.14) 式により

$$\sigma_k = CE\left(\frac{\pi}{\lambda}\right)^2 \quad\cdots\cdots\cdots\cdots\cdots\cdots\cdots\cdots\cdots\cdots\cdots (8.15)$$

細長比 $\lambda = \dfrac{l}{i}$ が非常に小さいときは，σ_k が大きくなり柱は非弾性変形を起こして曲がるか，あるいは曲がる前に圧縮応力度のため柱は降伏するか，あるいは破壊するかのいずれかであって，

---

[1]　$\sqrt{\dfrac{I}{A}}$ を断面二次半径といい i で表す．

(8.15) 式は明らかにこの場合は適用できない.

細長比 λ がある大きさになって (8.15) 式の σ_k が比例限度の応力度 σ_p に等しくなったとき, この場合の細長比 λ の値が, λ の最小値となる. すなわちこれ以上の大きさの細長比の場合に対してはオイラー式を適用してもよいことになる. 従ってこのときの細長比を λ_p とすれば (8.15) 式より $\sigma_k = \sigma_p$ とおいて

$$\lambda_p = \pi\sqrt{\frac{CE}{\sigma_p}} \quad \cdots\cdots\cdots\cdots\cdots\cdots\cdots\cdots\cdots\cdots\cdots\cdots\cdots\cdots (8.16)$$

従って柱の細長比 λ が (8.16) 式の λ_p より大きくなる場合に対してのみ, その柱にオイラー式を適用することができる. 従って支持状態の異なる各柱は (8.16) 式の C にそれぞれの場合の C の値を代入すれば最小の細長比 λ_p が得られる.

(1) 一端自由端, 他端固定端の場合 $C = \dfrac{1}{4}$ とおけば

$$\lambda_p = \frac{\pi}{2}\sqrt{\frac{E}{\sigma_p}} \quad \cdots\cdots\cdots\cdots\cdots\cdots\cdots\cdots\cdots\cdots\cdots\cdots\cdots (8.17)$$

(2) 両端回転端の場合 $C = 1$ とおけば

$$\lambda_p = \pi\sqrt{\frac{E}{\sigma_p}} \quad \cdots\cdots\cdots\cdots\cdots\cdots\cdots\cdots\cdots\cdots\cdots\cdots\cdots (8.18)$$

いま $E = 205{,}000\,\mathrm{N/mm^2}$, $\sigma_p = 235\,\mathrm{N/mm^2}$ の軟鋼の柱の場合の最小細長比 λ_p を求めてみれば

$$\lambda_p = \pi\sqrt{\frac{205{,}000}{235}} = 92.8$$

従ってこの軟鋼の場合は細長比 92.8 より大きな細長比を持つ長柱に対してはオイラー式を適用することができるが, 細長比 92.8 より小さい細長比の柱にはオイラー式は適用できないということになる.

(3) 一端回転端, 他端固定端の場合 $C = 2$ とおけば

$$\lambda_p = \sqrt{2}\pi\sqrt{\frac{E}{\sigma_p}} \quad \cdots\cdots\cdots\cdots\cdots\cdots\cdots\cdots\cdots\cdots\cdots\cdots (8.19)$$

(4) 両端固定端の場合 $C = 4$ とおけば

$$\lambda_p = 2\pi\sqrt{\frac{E}{\sigma_p}} \quad \cdots\cdots\cdots\cdots\cdots\cdots\cdots\cdots\cdots\cdots\cdots\cdots (8.20)$$

なお比例限度の不明瞭な材料に対しては破壊時のひずみ度 ε_b を求めて近似的に

$$\frac{E}{\sigma_p} = \frac{1}{\varepsilon_b}$$

とおいて (8.16) 式より

$$\lambda_p = \pi\sqrt{\frac{C}{\varepsilon_b}} \quad \cdots\cdots\cdots\cdots\cdots\cdots\cdots\cdots\cdots\cdots\cdots\cdots\cdots (8.21)$$

を求めて最小細長比 λ_p を求めることができる.

8.4 安定と不安定

物体に外力が加わっているとき，この物体が取り得る任意な微小変形をさせると，外力のなす仕事と，内力のなす仕事，つまり変形の仕事と等しい．このように外力のなす仕事と，変形の仕事とが等しいということは，この物体が釣合っているということを表す必要かつ充分な条件なのである．しかしこの条件では未だこの釣合いが安定であるのか不安定であるのかはわからない．

ある物体に外力が作用して釣合い状態にあるとき，さらにこの物体に微小な外力を加えるとこの物体はその形を変形するが，この微小な外力を除去すると自然に最初の釣合い状態のときの形と位置に戻る場合がある．この場合の釣合い状態は安定な釣合い状態であるという．最初の形と位置に戻るには少し抵抗する外力に打ち勝つのに必要な位置のエネルギーよりわずかに大きな位置のエネルギーがこの物体内になければならない．このエネルギーの差 $\delta^2 W$ は物体が戻る慣性に変わる．

従ってこの微小変形の際，内力のなした変形の仕事 δW は微小変形の際，外力のなした仕事よりさらに $\delta^2 W$ だけ大きくなければならない．この $\delta^2 W$ は δW ならびに微小変形したときの外力のなした仕事より高次の微小量である．この節の最初で述べた釣合い条件においてはこの $\delta^2 W$ は考慮していない．さて $\delta^2 W$ が正であるときはこの釣合い状態は安定な釣合い状態である．従って安定な釣合い状態にあるときの変形の仕事は最小であるということができる．$\delta^2 W$ が負のときはこの釣合いは不安定な釣合いであり，安定な釣合いから不安定な釣合いへ移る中立な釣合いのときは $\delta^2 W = 0$ のときである．

このように一般に釣合い状態にあるという物体にもそれが安定な状態で釣合っているときもあれば不安定な状態で釣合っているときもあり，この安定，不安定を論ずるときは変形の仕事 W の $\delta^2 W$ について論じなければならないことがわかったことと思う．

なお安定，不安定に関する概念を得るために図 8.6 に球の場合を図示する[1]．

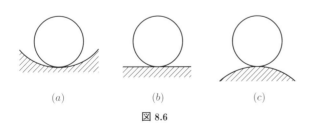

図 8.6

図 8.6 に示した球はすべて釣合い状態にあるが (a) の場合は安定な釣合い状態であり，(b) の場合は中立の釣合い状態であり (c) の場合は不安定な釣合い状態である．

さて長柱に軸方向に圧縮荷重 P を加えるとき，この圧縮荷重が座屈荷重より小さいときは柱はまっすぐに縮み，横力を与えて変形させてもこの横力を除くと，元の形と位置に戻り，この釣合いは安定であるが，圧縮荷重が座屈荷

---

[1] テイモシエンコ：仲威雄他二名訳：挫屈理論 49 頁．

重に達すると釣合い系は二つの場合に別れる．一つはまっすぐに縮む釣合い系でこの釣合い状態は不安定な釣合い状態である[1]．他の一つの釣合い系は側方にたわむ釣合い系でこの場合の釣合いは安定な釣合いなのである．従って柱に軸方向に荷重が加わる場合に荷重が座屈荷重に達すると柱は安定な側方にたわむ形を取り，ここに座屈現象が生じるわけである．荷重が座屈荷重を超すとまっすぐにたわむ釣合いも，側方にたわむ釣合いも不安定な釣合い系となる．

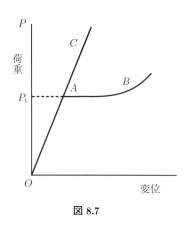

図 8.7

次に中心圧縮荷重が加わる長柱の荷重と変位との関係について述べてみよう．

荷重とその変位との関係は図 8.7 に示すように荷重が座屈荷重以下のときは柱はまっすぐに縮み，荷重とその変位とは直線関係にあり OA のとおりである．しかし，荷重が座屈荷重に達すると変形は二つの場合に別れ，柱が依然としてまっすぐ縮む場合は AC のようになおも荷重とその変位との関係は直線的であるが[2]，側方に湾曲する場合は A 点において枝が出て AB のような曲線的関係となる．従って中心圧縮荷重が加わる長柱においては一般に荷重とその変位との関係は OAB の関係にある．

8.5 エネルギー法による座屈荷重の計算

柱の長さ L_0 である長柱に荷重を加えて行くと荷重に応じてまっすぐ縮んで行き，荷重が座屈荷重 P_k に達したときの柱の長さを L とすれば，このときまっすぐな柱は図 8.8 に示す AC のように突然湾曲する．従ってこのとき座屈荷重 P_k は $P_k \Delta l$ の仕事をするわけである．

一方このとき初めて柱は湾曲するため，柱の内部には曲げによる変形の仕事が蓄えられる．この変形の仕事は

$$\frac{1}{2}\int_0^l \frac{M^2}{EI}dx$$

である．よって AC のように柱が湾曲したときの座屈荷重のなした仕事 $P_k \Delta l$ は上記の曲げによる変形の仕事と等しいわけである[3]．すなわち

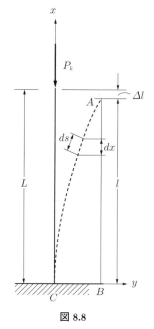

図 8.8

$$P_k \Delta l = \frac{1}{2}\int_0^l \frac{M^2}{EI}dx \quad \cdots\cdots\cdots\cdots\cdots\cdots\cdots\cdots\cdots (8.22)$$

---

[1] 倉西正嗣：挫屈理論の考え方．応用力学（共立出版）第 1 巻 2 号，28 頁．

[2] 応力は比例限度内の場合である．

[3] 湾曲して釣合い状態にあるからである．なお垂直応力による仕事は無視する．

Δl は次のようにして求めることができる．直線 dx に対する曲線の長さ ds は（図 8.8 参照）(4.6) 式より

$$ds = dx\sqrt{1 + \left(\frac{dy}{dx}\right)^2} \fallingdotseq dx\left[1 + \frac{1}{2}\left(\frac{dy}{dx}\right)^2\right]^{1)}$$

よって

$$ds - dx = \frac{1}{2}\left(\frac{dy}{dx}\right)^2 dx$$

そのため直線 AB と曲線 AC との差 $\Delta l'$ は

$$\Delta l' = \int_0^l \frac{1}{2}\left(\frac{dy}{dx}\right)^2 dx$$

ところで曲線 AC の長さは L に等しいため

$$l + \Delta l' = L$$

そのため

$$L - l = \Delta l'$$

よって座屈荷重により変位した距離 Δl は $\Delta l'$ に等しい．

よって

$$\Delta l = \frac{1}{2}\int_0^l \left(\frac{dy}{dx}\right)^2 dx \quad \cdots\cdots\cdots\cdots\cdots\cdots (8.23)$$

(8.22) 式に上式を代入して

$$P_k \times \frac{1}{2}\int_0^l \left(\frac{dy}{dx}\right)^2 dx = \frac{1}{2}\int_0^l \frac{M^2}{EI}dx \quad \cdots\cdots\cdots\cdots (8.24)$$

より座屈荷重 P_k を求めることができる．

(8.24) 式を見ればわかるように，エネルギー法によって座屈荷重を求めるにはまず柱の弾性曲線の形がわからなければならない．いま図 8.9(a) に示す一端固定端，他端自由端な柱に軸方向力が作用するときの座屈荷重を求めてみよう．まず座屈荷重 P_k のときこの柱のたわみ曲線を図 (b) に示す横力 Q が作用するときの弾性曲線と同じであるとしよう．このときの弾性曲線は 4.4 節において既に知っている通り次のようになる．

$$y = \frac{Qx^2}{6EI}(3l - x) \quad \cdots\cdots\cdots (8.25)$$

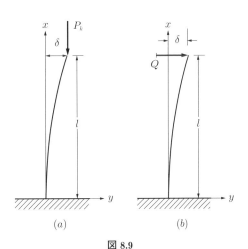

図 8.9

---

1) 次の二項定理により展開した．

$$(1+x)^m = 1 + \frac{m}{1!}x + \frac{m(m-1)}{2!}x^2 + \ldots \quad \text{ただし，} -1 < x < 1$$

$x = l$ で $y = \delta$ となるため上式より

$$Q = \frac{\delta}{l^3} 3EI$$

よって (8.25) 式に上記の Q の値を代入すれば

$$y = \frac{\delta x^2}{2^3}(3l - x) \cdots\cdots\cdots\cdots\cdots\cdots\cdots (8.26)$$

図 (a) に示すように座屈する柱のたわみ曲線は上式とは実際は異なるが, 材端の条件は一致しているため, この式をもって図 (a) の曲線の式であると仮定する. まず変形の仕事 W を求めてみると

$$W = \frac{1}{2}\int_0^l \frac{M^2}{EI}dx = \frac{1}{2}\int_0^l \frac{P_k{}^2(\delta - y)^2}{EI}dx$$

上式に (8.26) 式の y の値を代入して計算すれば

$$W = \frac{P_k{}^2\delta^2}{2EI}\frac{17}{35}l \cdots\cdots\cdots\cdots\cdots\cdots\cdots (8.27)$$

P_k の仕事 W は

$$W = P_k\Delta l$$

Δl は (8.23) 式に (8.26) 式の y を代入すれば

$$\Delta l = \frac{1}{2}\int_0^l \left(\frac{dy}{dx}\right)^2 dx = \frac{3}{5}\frac{\delta^2}{l}$$

よって

$$W = \frac{3P_k\delta^2}{5l} \cdots\cdots\cdots\cdots\cdots\cdots\cdots (8.28)$$

(8.27) 式と (8.28) 式を等しいとおけば

$$\frac{P^2{}_k\delta^2}{2EI}\frac{17}{35}l = \frac{3P_k\delta^2}{5l}$$
$$\therefore \quad P_k = \frac{42EI}{17l^2} = 2.4706\frac{EI}{l^2}$$

この場合の座屈荷重の精算解は (8.7) 式より

$$P_k = \frac{\pi^2 EI}{4l^2} = 2.4674\frac{EI}{l^2}$$

よってたわみ曲線を適当に仮定してエネルギー法により求めた座屈荷重は精算解とわずかに 0.13% 異なるに過ぎない.

このたわみ曲線を表す式を

$$y = \delta\left(1 - \cos\frac{\pi \cdot x}{2l}\right)$$

で表し前と同じ方法によって座屈荷重を求めると

$$P_k = \frac{\pi^2 EI}{4l^2}$$

となり精算解と一致する.

またこのたわみ曲線を次のような放物線

$$y = \frac{\delta x^2}{l^2}$$

と仮定して座屈荷重を求めると

$$P_k = 2.50\frac{EI}{l^2}$$

となる．よってこの近似解の誤差は約 1.33% である．

材端の条件を満足する仮定曲線を使って以上のように座屈荷重を求めると，その座屈荷重は精算解の座屈荷重より常に大きくなる．それは座屈する柱の正確なたわみ曲線は常に材の最小抵抗のたわみ曲線であるからである．

8.6 実 用 式

前に述べたオイラー式は純理論式であり，このほかになおいろいろと理論式や実験式があるが，実際の長柱の状態は理論式や実験式を導くにあたって仮定したような状態にはない．例えば

1. 実際の柱は真にまっすぐではない．

2. 材質が均質ではない．

3. 荷重は柱の断面の図心を正確には通らない．

4. 材端の条件が理論式や実験式を導くときのような理想的な状態にない．

等の理由によって実際の座屈荷重は理論式や実験式による座屈荷重とは一致しない．従ってここに実際に使用するのに便利で簡単な式の必要に迫られ，これまた様々な実用式があるが，次に代表的な実用式を 2・3 示そう．

1. ω （オメガー）法

ω 法はドイツにおいて用いられたものであり現在建築学会において採用されている計算方法である．これは短柱と考えたときの許容圧縮応力度 f_c[1] と長柱と考えたときの許容座屈応力度 f_k との比を求め，これを座屈係数といい ω で表す．すなわち

$$\omega = \frac{f_c}{f_k}$$

従ってあらかじめある細長比に対して ω の値がわかっていれば，長柱を安全に支持できる荷重 P は次式より求められる．

$$P \leqq \frac{f_c A}{\omega} \quad \cdots\cdots\cdots\cdots\cdots\cdots\cdots\cdots\cdots\cdots\cdots\cdots (8.29)$$

ω の値は次式より各細長比に対応する f_k を求め，これより ω の値を求めることができる．

---

[1]　短柱のときは荷重を P，断面積を A とすれば，このときの応力度は $\dfrac{P}{A}$ である．

(1) 木材の場合（単位 N, mm）

$$\lambda \leqq 100 \quad f_k = f_c(1.3 - 0.01\lambda)$$

$$\lambda > 100 \quad f_k = \frac{0.3 f_c}{\left(\dfrac{\lambda}{100}\right)^2} \quad \text{ただし} \lambda < 30 \text{のときは} \omega = 1$$

なお細長比 $\lambda = \dfrac{l_k}{i}$ を定めるのに必要な座屈長さ l_k はその柱の状況によって決めるものである[1]．

(2) 鋼材の場合（単位 N, mm）

σ_p が 235N/mm^2 の鋼材では

$$\lambda \leqq 120 \quad f_k = f_c\left\{1 - 0.4\left(\frac{\lambda}{120}\right)^2\right\}$$

$$\lambda > 120 \quad f_k = \frac{0.6 f_c}{\left(\dfrac{\lambda}{120}\right)^2}$$

なお座屈長さ l_k は材端支持の条件により異なり，両端ピンの場合に相当する柱の長さをもってその柱の座屈長さとする．

(a) のとき　$l_k = 2l$

(b) のとき　$l_k = l$

(c) のとき　$l_k = 0.7l$

(d) のとき　$l_k = 0.5l$

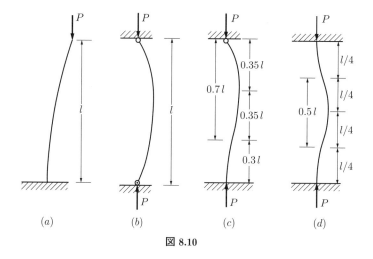

図 8.10

---

[1] 各種構造計算規準 (1)：(日本建築学会) 8 頁を参照．

2. テトマイヤー[1] の式

オイラーの式は細長比がある限度以下[2]のときは適用できない．このためテトマイヤーは実験よりオイラー式の適用できない範囲に対して両端が回転端の柱に次の式を提案している．

$$\sigma_k = a - b\frac{l}{i} + c\left(\frac{l}{i}\right)^2 \quad \cdots\cdots\cdots\cdots\cdots\cdots\cdots (8.30)$$

ここに σ_k は座屈応力度である．a, b, c は定数で例えば軟鋼においては

$$\sigma_k = 304 - 1.12\frac{l}{i} \quad \cdots\cdots\cdots\cdots\cdots\cdots\cdots (8.31)$$

ただし σ_k の単位は $\mathrm{N/mm^2}$ である．この式は細長比 100 付近で図 8.11 に示すオイラー式の曲線に接続する直線式である．c は非常に小さいため (8.30) 式は一般に直線式となる．

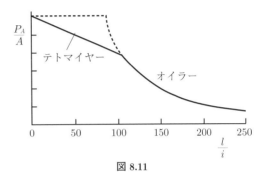

図 8.11

表 8.1 テトマイヤーの定数

材料 \ 定数	a	b	c	$\frac{l}{i}$
木　材	28.7	0.190	—	1.8—100
鋳　鉄	761	11.8	0.0520	5—88
軟　鋼	304	1.12	—	10—105

---

[1] Tetmayer.
[2] 例えば両端回転端の鋼柱は細長比約 120 以下，木材のときは約 100 以下の柱に対してはオイラー式は適用できない．

第9章 平板の曲げ

9.1 平板

　厚さに比べてほかの寸法が十分に大きな平面状の板にその面に対して垂直な荷重が作用するとき，この平面状の板を平板または版という．この平板の厳密な取り扱い方は本書の程度を越えるため本書では簡単な場合についての近似的解法を述べるだけにする．この近似解法は破壊断面に生じる曲げモーメントを求め，はりの曲げの理論より求めた $\sigma = \dfrac{M}{I}y$ の式より曲げ応力を求めるものである．

9.2 円板

1. 等分布荷重の作用するとき

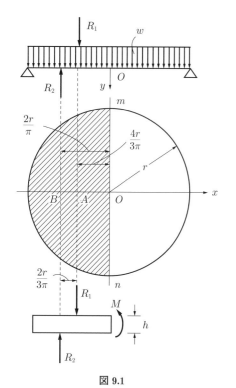

図 9.1

　周辺が単純支持（ピン支持）されている円板に等分布荷重 w が作用するとき，一般に直径に沿う断面で破壊する．いまこの直径の断面に生じる曲げ応力を簡単な仮定のもとに求めてみよう．

　円板の中心 O を通って円板を半分に切断して考えてみるとこの円板はすべてが対称であるため，切断面 m-n にはせん断力は生じない．従って半分の円板（斜線の部分）はその半円の面に作用する荷重 $\dfrac{\pi r^2}{2}w$，半円の周辺の反力と m-n 断面に生じる曲げモーメント M とで釣合っている（図 9.1）．

　さて半円の面上に作用する荷重 $\dfrac{\pi r^2}{2}w$ の合力 $R_1 = \dfrac{\pi r^2}{2}w$ は半円の面の重心 A を通り，半円の周辺の反力の合力 R_2 は半円の弧の重心 B を通りその大きさは等しいので $R_1 = R_2$ である．従って R_1, R_2 は一つの偶力となっている．

いま

$$OA = \frac{4r}{3\pi}, \qquad OB = \frac{2r}{\pi}$$

であるから

$$AB = \frac{2r}{\pi} - \frac{4r}{3\pi} = \frac{2r}{3\pi}$$

よって荷重と反力による偶力のモーメント $\dfrac{\pi r^2}{2} w \times \dfrac{2r}{3\pi} = \dfrac{wr^3}{3}$ は m-n 断面に生じる曲げモーメント M と釣合わなければならないので,

$$M = \frac{wr^3}{3} \cdots\cdots\cdots\cdots\cdots\cdots\cdots\cdots\cdots\cdots\cdots\cdots\cdots (9.1)$$

これは直径で切断した断面 m-n に対する曲げモーメントである. いま円板の厚さを h とすれば, はりの曲げの理論による曲げ応力度は

$$\sigma = \frac{M}{I} y \cdots\cdots\cdots\cdots\cdots\cdots\cdots\cdots\cdots\cdots\cdots\cdots (9.2)$$

この式を使って m-n 断面の縁応力度を求めると, I は幅 $2r$, 高さ h の長方形断面になるので

$$I = \frac{(2r)h^3}{12} = \frac{rh^3}{6}$$

よって $y = \dfrac{h}{2}$ とおけば (9.2) 式に (9.1) 式を代入して

$$\sigma = \frac{wr^3}{3} \times \frac{6}{rh^3} \times \frac{h}{2} = w\frac{r^2}{h^2} \cdots\cdots\cdots\cdots\cdots\cdots\cdots (9.3)$$

これは m-n 断面上のすべての点に対して適用できる縁応力度である. しかし実際は断面にこのような均等な応力度は生じない. この場合は周辺単純支持の円板であるので, 中心 O において最大の応力度が生じるはずである. 従って最大縁応力度を求めるためには (9.3) 式の応力度に適当な補整係数 μ を掛け

$$\sigma_{\max} = \mu w \frac{r^2}{h^2}$$

としなければならない. この μ の値は従って常に 1 より大きくする必要がある. バッハが実験より求めた結果によれば鋳鉄は 1.2 である. また, この μ に対しては普通次の式を使う.

$$\mu = \frac{3}{8}\frac{3m+1}{m}$$

ここに m はポアソン数で構造用軟鋼の場合は $\dfrac{10}{3}$, コンクリートの場合は, 5~6 を取る.

2. 中心に集中荷重の作用するとき

中心に集中荷重 P の作用するときは図 9.2 に示すように, 中心 O を通る直径 m-n で, 円板を半分に切断して左側の半円について考える. この半円に作用する荷重は $\dfrac{P}{2}$ であるので, 反力の合力 R_2 も $\dfrac{P}{2}$ に等しい. 従って荷重と反力の合力は一つの偶力となり, この偶力のなすモーメントは m-n 断面に生じる曲げモーメントと釣合うため,

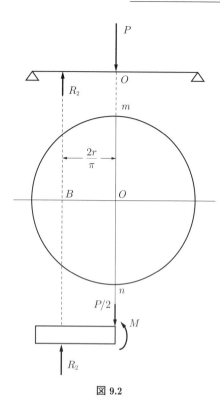

図 9.2

$$M = \frac{P}{2} \cdot \frac{2r}{\pi} = P\frac{r}{\pi}$$

従って m-n 断面に生じる縁応力度 σ は前項と同じようにして求めれば

$$\sigma = \frac{3P}{\pi h^2} \quad \cdots\cdots\cdots (9.4)$$

これは m-n 断面に生じる平均応力度である.

9.3 等分布荷重を受ける楕円板

楕円板に等分布荷重 w が作用するときは，円板のように周辺における反力は均等に生じない．いま図 9.3 に示すように短軸の方向に幅 d であるはり AB を考え，また長軸の方向に CD であるはりを考えると，A, B 端における反力は C, D 端における反力より大きくなる．それははり CD のたわみが，はり AB のたわみより大きくなることから考えられるだろう[1]．従って反力は C, D 端が最小で A, B 端に近づくにつれて反力が増大することがわかる．しかし反力の大きさがどのくらいであるかということは簡単には求めることはできない．

いま長軸 a が，短軸 b に比べて非常に大きいと仮定しよう．このときははり CD ははり AB に比べて非常にたわみやすく，長軸方向 CD の板の剛さは，短軸方向 AB の板の剛さに比べて省略することができる．従って楕円板を短軸の方向に平行に切断した多数のはりの集合と考える．実際は切断した一本一本のはりは互いに連続していて互いに変形することに対して抵抗し合うため，切断した各はりについて考察することはそこに誤差が生じるわけであるが，いまは近似的にこの誤差を無視して考えてみよう．

さてはり AB の幅を d とすればこのはり上の単位長さについての等分布荷重の大きさは wd となるので両端支持のはり AB の中央の曲げモーメント M は

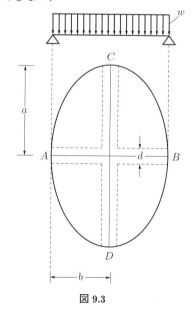

図 9.3

---

[1] はり AB とはり CD は一体であるため，中央のたわみを共有する．従ってたわみの大きいはり CD をはり AB で支える形になるため，A, B 端における反力が大きくなる．

$$M = \frac{wd(2b)^2}{8} = \frac{wd \cdot b^2}{2}$$

よってはりの曲げの理論より縁応力度 σ は

$$\sigma = \frac{M}{I}y = \frac{wd \cdot b^2}{2} \times \frac{12}{dh^3} \times \frac{h}{2} = \frac{3w \cdot b^2}{h^2} \quad \cdots\cdots\cdots\cdots\cdots\cdots (9.5)$$

いま円板と楕円板の場合の (9.3) 式と (9.5) 式を一括して書けば次のようになる.

$$\sigma = \eta \cdot w \frac{b^2}{h^2} \quad \cdots\cdots\cdots\cdots\cdots\cdots\cdots\cdots\cdots\cdots (9.6)$$

ここに η は $\frac{b}{a} = 1$ のときは 1 となり $\frac{b}{a} \to 0$ のときは 3 となる係数である. いま円板の場合と $\frac{b}{a} \to 0$ となる楕円板の場合を共に満足する η の一次関数を考えると

$$\eta = 3 - 2\frac{b}{a}$$

となる. 従って $\frac{b}{a}$ が 1 より 0 となる中間の楕円板に対しては η の値が近似的に上式で表される直線的関係にあると仮定すれば (9.6) 式は次のような一般式で表すことができる.

$$\sigma = \frac{3a - 2b}{a} \cdot w \frac{b^2}{h^2} \quad \cdots\cdots\cdots\cdots\cdots\cdots\cdots (9.7)$$

円板の場合の式 (9.3) と, 長軸が短軸に比較して非常に大きい場合の式 (9.5) は信頼するに足りる近似式であるが, (9.7) 式はかなり大雑把な近似式であり大体の見当をつけるに使う以外には使用することはできない.

9.4 正方形板

1. 等分布荷重が作用するとき

周辺支持の一辺が $2a$ である正方形板に等分布荷重 w が作用するとき最大曲げ応力は板の中央に生じると考えることができる. いま対角線断面に生じる曲げ応力を求めてみよう. この場合は円板の場合と同様にして求めることができる. $\triangle ABD$ に作用する荷重は全板の半分 $2a^2w$ であり, この合力は $\triangle ABD$ の重心 F を通る. 周辺に生じる反力は周辺に均等に生じる[1]と仮定すれば, 各周辺反力は a^2w である. 周辺 AB の反力の合力は AB の中央 L 点を通り, 周辺 AD の反力の合力

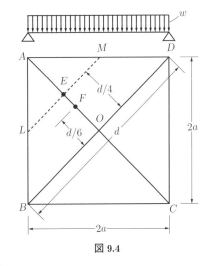

図 9.4

---

[1] 実際は板の四隅が持ち上げられ, 反力の分布状態は均等ではない.

は M 点を通る．よって L 点，M 点に作用する反力の合力 $2a^2w$ は，E 点を通る．従って荷重の合力 $2a^2w$ と反力の合力 $2a^2w$ は一つの偶力をなし，この偶力のなすモーメント $2a^2wEF$ が BD 軸に作用する曲げモーメント M と釣合わなければならない．

いま
$$OE = \frac{d}{4}, \quad OF = \frac{d}{6}$$
$$\therefore EF = OE - OF = \frac{d}{4} - \frac{d}{6} = \frac{d}{12}$$

よって
$$M = 2a^2w \times \frac{d}{12} = \frac{a^2dw}{6}$$

ここに d は対角線の長さとする．よって対角線上に生じる縁応力度は
$$\sigma = \frac{a^2dw}{6} \times \frac{12}{dh^3} \times \frac{h}{2} = w\frac{a^2}{h^2} \quad \cdots\cdots\cdots\cdots\cdots\cdots\cdots (9.8)$$

この応力度は対角線断面上に均等に分布する平均応力度と考えることができる．従って板の中央においてはこれより大きな応力度が生じるわけである．

2. 集中荷重が作用するとき

板の中心に集中荷重 P が作用するときは各辺の反力は $\frac{1}{4}P$ である．従って周辺 AB，AD の反力の合力 $\frac{1}{2}P$ は E 点を通り，荷重 $\frac{P}{2}$ となす偶力のモーメント $\frac{P}{2} \times \frac{d}{4}$ は対角線 BD に生じる曲げモーメント M と釣合わなければならないので
$$M = \frac{P}{2} \times \frac{d}{4} = \frac{Pd}{8}$$

従って縁応力度を求めると
$$\sigma = \frac{Pd}{8} \times \frac{12}{dh^3} \times \frac{h}{2} = \frac{3P}{4h^2}$$
$$\cdots\cdots\cdots\cdots (9.9)$$

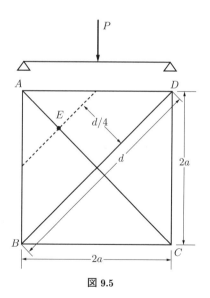

図 9.5

9.5 長方形板 (矩形板)

周辺支持の長方形板に等分布荷重 w が作用するとき，対角線断面に生じる曲げ応力を求めてみよう．長方形の二辺を $2a$，$2b$，対角線の長さを d，A 点から BD までの距離を c とすれば $\triangle ABD$ 上に分布する荷重 $2abw$ の合力は $\triangle ABD$ の重心 F を通る．反力は周辺に均等に生じると仮定すれば周辺 AB，AD に生じる反力の合力は $2abw$ で二辺の中央を通る LM 線上に必ずある．とこ

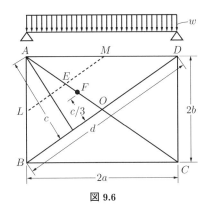

図 9.6

ろで LM 線ならびに F 点から BD までの距離はそれぞれ $\dfrac{c}{2}$ ならびに $\dfrac{c}{3}$ となるので，反力ならびに荷重の対角線 BD に作用する曲げモーメントは
$2abw \times \dfrac{c}{2} - 2abw \times \dfrac{c}{3} = \dfrac{abcw}{3}$. よって対角線 BD 上に生じる曲げモーメント M は

$$M = \dfrac{abcw}{3}$$

よって縁応力度 σ は

$$\sigma = \dfrac{abcw}{3} \times \dfrac{12}{dh^3} \times \dfrac{h}{2} = \dfrac{2wabc}{dh^2} \quad \cdots\cdots (9.10)$$

これが対角線断面に生じる平均の曲げ応力度である．なお上式は $cd = 4ab$, $d^2 = 4a^2 + 4b^2$ という関係を使って変形すれば

$$\sigma = \dfrac{wc^2}{2h^2} \quad \cdots\cdots\cdots\cdots\cdots\cdots\cdots\cdots\cdots\cdots\cdots\cdots (9.11)$$

となる．

第10章　一般的，応力ならびに変形の仕事について

10.1　任意方向の応力

物体内のある断面上の一点に作用するいかなる方向の応力も，それはその断面に垂直な垂直応力と，断面に平行なせん断応力とに分解することができる．

いま O 点を通る任意方向の断面を A-B とし，O 点において任意方向に作用する応力度を s とすれば，応力度 s は A-B 面に垂直な応力度 σ' とせん断応力度 τ' とに分解することができる．従って断面 A-B の方向 ϕ （図 10.1 参照）とその断面における垂直応力度 σ' とせん断応力度 τ' とが確定すれば応力度 s の向きならびに大きさは必然的に確定する．

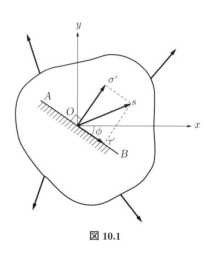

図 10.1

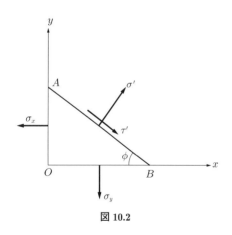

図 10.2

いま図 10.2 に示すように O 点を通って x 軸，y 軸を引き x 軸と角 ϕ をつくる直線 AB を引く．このとき三角形 OAB が微小なときは σ', τ' は O 点の σ', τ' で表す．それは ΔOAB が無限に微小な三角形と考えれば σ', τ' は無限に O 点に近づくからである．いま O-A 面，O-B 面において x 軸，y 軸方向に垂直応力度 σ_x, σ_y のみが作用しているとする．このときこの微小三角形の釣合い条件より σ', τ' を σ_x, σ_y [1] ならびに ϕ で表すことができる．よっていま ΔOAB の釣合いを考えてみよう．

まず x 軸方向のすべての応力を考えてみると斜面 AB の面積を dA とすれば σ' の x 軸方向の成分の総和は

---

[1] OA, OB を微小な長さと考えれば，σ_x, σ_y はそれぞれ O 点に作用する応力度と考えることができる．すなわち OA, OB には均等に O 点の応力度が分布していると考える．従って微小三角形 OAB の各辺上に作用しているように書いてある各応力度は実はすべて O 点に作用している応力度である．

$$\sigma' \sin \phi \cdot dA \quad \cdots\cdots\cdots\cdots\cdots\cdots\cdots\cdots\cdots\cdots\cdots\cdots (10.1)$$

τ' の x 軸方向の成分の総和は

$$\tau' \cos \phi \cdot dA \quad \cdots\cdots\cdots\cdots\cdots\cdots\cdots\cdots\cdots\cdots\cdots\cdots (10.2)$$

σ_x の x 軸方向の応力の総和は OA の面積が $dA \cdot \sin \phi$ となるので

$$\sigma_x \sin \phi \cdot dA \quad \cdots\cdots\cdots\cdots\cdots\cdots\cdots\cdots\cdots\cdots\cdots (10.3)$$

よって (10.1) 式〜(10.3) 式までの応力を足し合わせて 0 とおけば[1]

$$\sigma' \sin \phi \cdot dA + \tau' \cos \phi \cdot dA - \sigma_x \sin \phi \cdot dA = 0$$

dA で割れば

$$\sigma' \sin \phi + \tau' \cos \phi - \sigma_x \sin \phi = 0 \quad \cdots\cdots\cdots\cdots\cdots\cdots\cdots (10.4)$$

同様にして y 軸方向の釣合いを考えると次のようになる.

$$\sigma' \cos \phi - \tau' \sin \phi - \sigma_y \cos \phi = 0 \quad \cdots\cdots\cdots\cdots\cdots\cdots (10.5)$$

よって (10.4) 式と (10.5) 式より σ', τ' を求めることができる. まず τ' を消去して σ' を求めてみると

$$\sigma' = \sigma_x \sin^2 \phi + \sigma_y \cos^2 \phi \quad \cdots\cdots\cdots\cdots\cdots\cdots\cdots\cdots (10.6)$$

ところで三角関数の公式によれば

$$\sin^2 \phi = \frac{1 - \cos 2\phi}{2}, \qquad \cos^2 \phi = \frac{1 + \cos 2\phi}{2}$$

よって，これらの関係式を使って上の σ' の式を変形すれば

$$\sigma' = \frac{\sigma_x + \sigma_y}{2} + \frac{\sigma_y - \sigma_x}{2} \cos 2\phi \quad \cdots\cdots\cdots\cdots\cdots\cdots (10.7)$$

同じようにして (10.4) 式と (10.5) 式より σ' を消去して τ' を求めると

$$\tau' = \frac{\sigma_x - \sigma_y}{2} \sin 2\phi \quad \cdots\cdots\cdots\cdots\cdots\cdots\cdots\cdots (10.8)$$

よって σ_x, σ_y ならびに ϕ がわかれば A-B 断面上の応力度 s は求められる. つまり O 点に作用する任意方向の応力度が得られる.

---

[1] x 軸の正の方向へ向いている応力は正，x 軸の負の方向へ向いている応力は負とする約束に従って正，負の符号がついている.

10.2 モール[1]の応力円

モールは (10.7) 式, (10.8) 式の表す σ', τ' を一つの円によって表した. 図 10.3 に示すように σ', τ' を座標軸に取り, σ_x, σ_y をいま共に引張応力度としかつ $\sigma_x > \sigma_y$ とすれば σ_x に等しく ON を取り, σ_y に等しく OM を取り, MN を直径として円 B を描けば, この円周上のすべての点は任意の角 ϕ を有する断面上の応力度を表す. この円をモールの応力円という. いまこのことを証明すると, 横軸 σ' と角 2ϕ をなす半径 AB を中心 B から引き, A 点より横軸に下した垂線の足を C とすれば

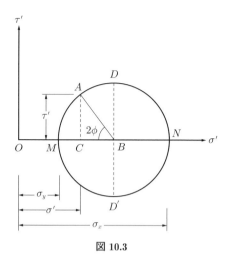

図 10.3

$$OB = \frac{\sigma_x + \sigma_y}{2}, \qquad AB = MB = \frac{\sigma_x - \sigma_y}{2}$$

よって

$$OC = OB - CB = \frac{\sigma_x + \sigma_y}{2} - AB\cos 2\phi = \frac{\sigma_x + \sigma_y}{2} - \frac{\sigma_x - \sigma_y}{2}\cos 2\phi$$
$$= \frac{\sigma_x + \sigma_y}{2} + \frac{\sigma_y - \sigma_x}{2}\cos 2\phi$$

$$AC = AB\sin 2\phi = \frac{\sigma_x - \sigma_y}{2}\sin 2\phi$$

よって A 点の座標は (10.7) 式, (10.8) 式を表していることがわかる.

このモールの応力円と図 10.2 とをあわせ考えてみると任意方向の応力状態の諸性質が色々とわかる.

まず $2\phi = 0$ つまり A 点が M 点と一致するとき σ' は σ_y となり, σ' は最小となりかつ $\tau' = 0$ となる. また $2\phi = 180°$ すなわち $\phi = 90°$ のとき A 点は N 点と一致し $\sigma' = \sigma_x$, つまり σ' は最大値 σ_x となりかつ $\tau' = 0$ となる. よって垂直応力度が最大または最小となる断面にはせん断応力度が生じないことがわかり, なお最大または最小の垂直応力度の作用する断面は直交することがわかる.

一方せん断応力度の最大の点は D 点 (図 10.3 参照) で $2\phi = 90°$ すなわち $\phi = 45°$ のときである. このときのせん断応力度 τ' の大きさは $BD = \dfrac{\sigma_x - \sigma_y}{2}$, せん断応力度の最小の点は D' で, このときのせん断応力度は $BD' = -\dfrac{\sigma_x - \sigma_y}{2}$ である. D' はモールの応力円において D より $180°$ 回転した位置にあるので, 最小せん断応力度の生じる断面は最大せん断応力度の生じる断

---

[1] Mohr.

第 10 章 一般的，応力ならびに変形の仕事について

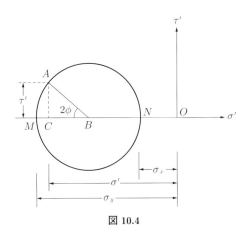

図 10.4

面と 90° の角をなす断面に生じることがわかる．なお最大，または最小のせん断応力度の生じる断面においてはモールの応力円からわかるように垂直応力度は 0 ではないことに注意しなければならない．なお上半円 MAN は ϕ が 0 から 90° まで変化する断面上の応力度を表している．なお下半円では負のせん断応力度を表すが，このせん断応力度の正負はあまり重要でなく適当に約束すればよい．ここでは図 10.2 に示すように，O 点に対して時計回りに回転するようなせん断応力度を正とする．これに反して反時計回りに回転するようなせん断応力度を負とする．

図 10.3 においては σ_x，σ_y が共に正つまり引張応力度の場合のモールの応力円を描いたのであるが，σ_x，σ_y が共に圧縮応力度の場合は図 10.4 のようになる．x 軸方向の単純引張の場合は $\sigma_y = 0$ であるから図 10.5 に示すようになる．x 軸方向の単純圧縮の場合は図 10.6 に示すようになる．その他の場合も同じようにしてモールの応力円を描くことができる．

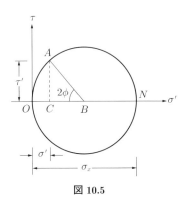

図 10.5

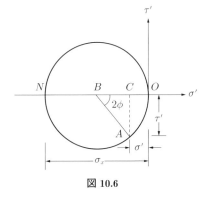

図 10.6

以上は物体の応力状態を平面的に考え二方向の応力度のみについて考えたが，いま三軸方向に応力度を考えてモールの応力円を描けば図 10.7 のようになる．物体中の任意の面に働く垂直応力度とせん断応力度は図 10.7 の縦線部分にある点の座標で表すことができる．一番外側にある円をとくに主円という．

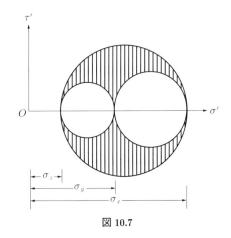

図 10.7

10.3 三垂直方向に作用する引張り（または圧縮）

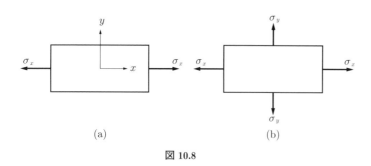

図 10.8

図 10.8(a) に示すように一方向に引張るときはすでに述べたように比例限度内では応力度とひずみ度との関係はフックの法則に従い

$$\sigma_x = E\varepsilon_x$$

である．このとき y 軸方向は $\nu\varepsilon_x$ 縮む．ここに，ν はポアソン比である．いま (b) 図のように y 軸方向に引張応力度 σ_y が作用していれば y 軸方向のひずみ度は σ_y による伸びと，σ_x による縮み $\nu\varepsilon_x$ との和である．すなわち

$$\varepsilon_y = \frac{\sigma_y}{E} - \nu\varepsilon_x = \frac{\sigma_y}{E} - \nu\frac{\sigma_x}{E} = \frac{1}{E}\left(\sigma_y - \nu\sigma_x\right) \cdots\cdots\cdots\cdots\cdots (10.9)$$

同様に x 軸方向のひずみ度は

$$\varepsilon_x = \frac{1}{E}\left(\sigma_x - \nu\sigma_y\right) \cdots\cdots\cdots\cdots\cdots\cdots\cdots\cdots (10.10)$$

全く同様な考え方により図 10.9 に示すように σ_x, σ_y, σ_z と三軸方向に垂直応力度が作用する場合は各軸方向のひずみ度は次式で表せる．

$$\left.\begin{array}{l}\varepsilon_x = \dfrac{1}{E}\{\sigma_x - \nu(\sigma_y + \sigma_z)\} \\ \varepsilon_y = \dfrac{1}{E}\{\sigma_y - \nu(\sigma_z + \sigma_x)\} \\ \varepsilon_z = \dfrac{1}{E}\{\sigma_z - \nu(\sigma_x + \sigma_y)\}\end{array}\right\}$$

$$\cdots\cdots\cdots\cdots (10.11)$$

圧縮応力度が作用する場合は符号をすべて逆にすればよい．

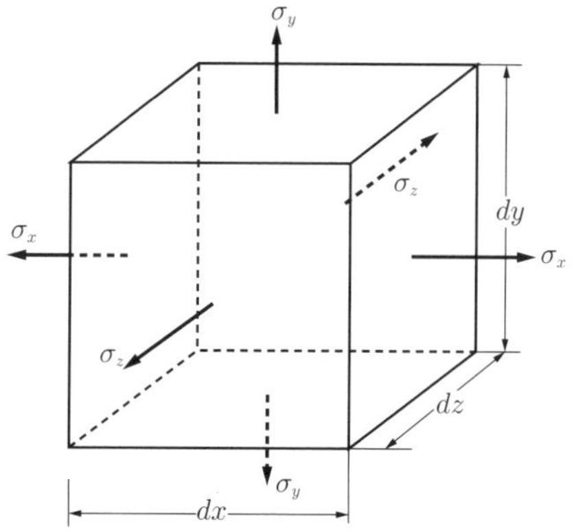

図 10.9

図 10.10 に示す面 $dxdydz$ である微小立方体に引張応力度 σ_x, σ_y, σ_z が作用すると，σ_x 方向の伸びは $dx \cdot \varepsilon_x$，σ_y 方向の伸びは $dy \cdot \varepsilon_y$，σ_z 方向の伸びは $dz \cdot \varepsilon_z$ となる．よってこのときの体積は

$$dx(1+\varepsilon_x)dy(1+\varepsilon_y)dz(1+\varepsilon_z)$$

となる．この式をさらに展開すると

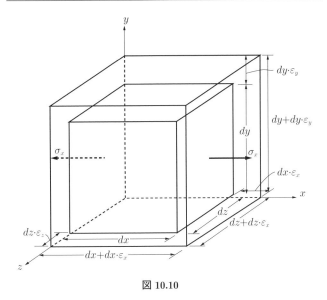

図 10.10

$$dx(1+\varepsilon_x)dy(1+\varepsilon_y)dz(1+\varepsilon_z) = dxdydz + dxdydz(\varepsilon_x+\varepsilon_y+\varepsilon_z)$$
$$+dxdydz(\varepsilon_x\varepsilon_y+\varepsilon_y\varepsilon_z+\varepsilon_z\varepsilon_x) + dxdydz\cdot\varepsilon_x\varepsilon_y\varepsilon_z$$

上式の第三項,第四項は微小量 ε の二次または三次の微小量であるため,第二項に比べて無視しても差支えない.従ってこの体積の増分は

$$dx(1+\varepsilon_x)dy(1+\varepsilon_y)dz(1+\varepsilon_z) - dxdydz = dxdydz(\varepsilon_x+\varepsilon_y+\varepsilon_z)$$

よって単位体積についての増分は

$$\frac{dxdydz(\varepsilon_x+\varepsilon_y+\varepsilon_z)}{dxdydz} = \varepsilon_x+\varepsilon_y+\varepsilon_z$$

である.この単位体積についての増分を体積ひずみ度といい e で表す.すなわち

$$e = \varepsilon_x + \varepsilon_y + \varepsilon_z \cdots\cdots\cdots\cdots\cdots\cdots\cdots\cdots\cdots\cdots\cdots\cdots (10.12)$$

10.4 変形の仕事の一般式

1.12 節ですでに述べたように図 10.11(a) のように一方向に引張応力度 σ_x が作用して ε_x 伸びるとき σ_x のなす仕事は単位体積については次式で表せる.

$$W = \frac{1}{2}\sigma_x\varepsilon_x$$

いま図 10.11(b) に示すように物体中から切り取った $dxdydz$ である微小立方体に垂直応力度 σ_x, σ_y, σ_z が作用するときの仕事を求めてみよう.まず σ_x が作用してひずみ度 ε_x が生じたとすれば,σ_x のなす仕事は

$$W_x = \frac{1}{2}\sigma_x dydz \cdot \varepsilon_x dx$$

上式の ε_x に (10.10) 式を代入すれば

$$W_x = \frac{1}{2}\sigma_x dydz \cdot \frac{1}{E}(\sigma_x - \nu\sigma_y)dx$$
$$= \frac{1}{2E}(\sigma_x^2 - \nu\sigma_x\sigma_y)dxdydz$$

同様にして σ_y のなす仕事は

$$W_y = \frac{1}{2E}(\sigma_y^2 - \nu\sigma_x\sigma_y)dxdydz$$

よって $W_x + W_y$ を $dxdydz$ で割れば単位体積についての σ_x, σ_y のなす仕事 W が得られる．すなわち

$$W = \frac{1}{E}\left(\frac{\sigma_x^2 + \sigma_y^2}{2} - \nu\sigma_x\sigma_y\right) \cdots (10.13)$$

さらに z 軸方向の垂直応力度 σ_z を考慮すれば，全く同様にして

$$W = \frac{1}{E}\left\{\frac{\sigma_x^2 + \sigma_y^2 + \sigma_z^2}{2} - \nu(\sigma_x\sigma_y + \sigma_y\sigma_z + \sigma_z\sigma_x)\right\}$$
$$\cdots\cdots (10.14)$$

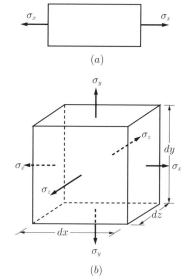

図 10.11

が得られる．

以上は垂直応力度のみが作用している場合であるが，次にせん断応力度のみが作用する場合の仕事を求めてみよう．図 10.12 に示すような場合はすでに 1.12 節で求めたように単位体積ついての仕事が

$$W = \frac{1}{2}\tau_{xy}{}^{1)}\gamma_{xy}$$

である．また $\tau = G\gamma$ の関係があるので上式はさらに次のように変形できる．

$$W = \frac{\tau_{xy}^2}{2G}$$

同様に他の側面に作用するせん断応力度の単位体積に対してなす仕事も $\dfrac{\tau_{yz}^2}{2G}$, $\dfrac{\tau_{zx}^2}{2G}$ である．よってすべてのせん断応力度の単位体積に対してなす仕事の和は

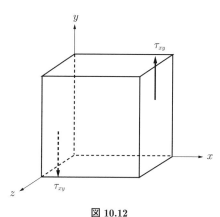

図 10.12

$$W = \frac{1}{2G}(\tau_{xy}^2 + \tau_{yz}^2 + \tau_{zx}^2) \cdots\cdots\cdots (10.15)$$

従って微小六面体のすべての側面に垂直応力度とせん断応力度とが作用している場合の単位体積についての仕事は (10.14) 式と (10.15) 式を足し合わせたものである．よって

---

1) τ_{xy} の添字の意味はこのせん断応力度が x 軸に垂直な面に作用し，かつせん断応力度の作用方向が y 軸の方向であるということを示す．τ_{yz}, τ_{zx} についても同様である．γ_{xy} は xy 面内のせん断ひずみ度を表す．

$$W = \frac{1}{E} \left\{ \frac{\sigma_x{}^2 + \sigma_y{}^2 + \sigma_z{}^2}{2} - \nu(\sigma_x\sigma_y + \sigma_y\sigma_z + \sigma_z\sigma_x) \right\} + \frac{1}{2G}(\tau_{xy}^2 + \tau_{yz}^2 + \tau_{zx}^2)$$

$$\cdots\cdots\cdots\cdots\cdots\cdots\cdots\cdots\cdots\cdots\cdots\cdots (10.16)$$

第11章　材料の力学的性質

11.1　変　　形

　材料に荷重を加え変形を起こさせ，そのあと徐々に荷重を除けば，その荷重が弾性限度以内の応力を生じさせる大きさの荷重であったならば，復路は往路の応力ひずみ度曲線と同じ道をたどり，応力0となったときには変形も0となり，その材料は最初の形に戻る．このような変形を弾性変形という．荷重が弾性限度を超える応力を生じさせる大きさの荷重であると，荷重を除いても変形は0にならず，変形の一部は残る．

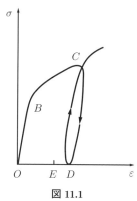

図 11.1

　例えば図 11.1 に示すように降伏点 B を越して C 点まで荷重を加え，C 点で荷重を徐々に除けば曲線 OB に平行に近い曲線 CD を描いて応力は0となり，OD 分のひずみが残る．ところが材料の種類や加えた荷重の大きさにより，荷重を除いた時に残ったひずみ OD が時間と共に減少して行き，最後に E 点まで戻ってひずみ OE が残ることになる．この現象は特に組織の不均等な材料ほど著しい．このようにある荷重を除去した後にひずみが消失する現象を**弾性余効**といい，最後に残ったひずみ OE を残留ひずみまたは永久ひずみという．

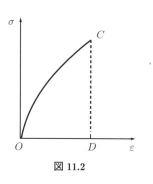

図 11.2

　材料に一定の荷重を加えておくと，変形が時間と共に増大し，ついに破壊する．この変形を**流性変形**という．

　荷重を加えた後，荷重を除いても変形は消滅せず図 11.2 に示すような OD 分の残留ひずみを残すものがある．このように永久ひずみを残す性質を塑性といい，この変形を**塑性変形**という．土などにはこの塑性的性質がある．

　一定の荷重のもとにおいて時間とともに変形が増大する現象を**クリープ**[1]という．このように定義するとき，流性変形はクリープ変形の一種であるということができる．

---

[1] 変形が増大して，材料が破壊する場合でも，破壊しない場合でもよい．ただ一定荷重のもとに変形が増大する現象をクリープという．

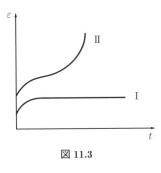

図 11.3

クリープ現象は温度，荷重ならびに時間に関係するものである．いま温度ならびに荷重が一定のときのある材料のクリープ現象を図 11.3 に示す．I の曲線は時間とともにひずみが増大し，ある時間経過後にひずみが一定値になった場合を示す．また II の曲線は時間とともにひずみが増大し，ついに破壊にいたる場合である．これらの曲線をクリープ曲線といい，クリープして材料が初めて破壊する場合と，まだ破壊しない場合との境目の応力をクリープ限度という．クリープ曲線 I，II において荷重が一定であれば温度の高さは II の方が高く，温度が一定であれば II の方が荷重の大きい場合のクリープ曲線である．

11.2 弾性履歴，バウシンガー効果[1]

図 11.1 に示すように弾性限度を超えた C 点で荷重を除くと CD 曲線を描いて応力は 0 となるが，再び荷重を加えると往路と別な経路 DC を描き往路の曲線とは一致しない．この復路の曲線はこの材料が前に受けた力学的な履歴によって異なる．なおこの履歴曲線は弾性限度以内においても描くものである．

このように材料のいままでにたどって来た履歴に応じて復路が往路と異なる曲線を描くことを**弾性履歴**という．この二つの曲線内の面積に相当するエネルギーの一部は材料内部の摩擦のために熱と変わり，一部は組織の変化のために費やされるものである．

ある方向に比例限度を超える荷重を加え，次に荷重を除いて最初とは逆方向に荷重を加えると，初めから一方向に荷重を加えたときより比例限度，または降伏点は低下する．最初加えた荷重が大きい程，この低下も大きくなる．この現象を**バウシンガー効果**という．

11.3 ひずみ硬化

図 11.4 は軟鋼を引張ったときの応力ひずみ曲線である．いま軟鋼の棒を降伏点 B を越えて C 点まで引張り，そこで荷重を除くとほとんど直線に近い CD のような線を描いて応力は 0 となる．次に再び荷重を加えるとおおよそフックの法則に従って DF のような線を描き F 点に来ると BC 曲線の延長と考えられる FG のような曲線となる．従って二度目に荷重を加えたときの降伏点は F と

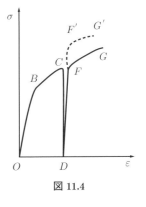

図 11.4

---

[1] Baushiger's effect.

なり最初の降伏点 B より上昇する．二度目に荷重を加えるとき，すぐに荷重を加えずに数日経てから二度目の荷重を加えると降伏点はさらに上昇し $DF'G'$ の曲線を描く．このように延性材料は塑性変形のために硬くなる[1]．また一定荷重のもとで材料がクリープするとき，時間と共にクリープする速度が遅くなり，変形が減少していくことがある．これらの現象は**ひずみ硬化**のために起こるものである．

11.4　疲　　　れ

　材料が繰返し荷重を受けると，材料に生じる応力が静荷重による応力より小さい応力であっても破壊する．このように繰返し応力を受けて材料の抵抗力が下がる現象を**疲れ**という．

　繰返し荷重を加えるとき，この荷重によって生じる応力がある限界値以上の応力であれば有限回の繰返しで材料は破壊するが，ある限界値以下の応力であれば無限に繰返しても破壊しない．この限界の応力を**疲労限度**という．

---

[1]　ひずみ硬化のため材料の降伏点は上昇するが最大の強さは同じ割合では上らずに破断面における実際の応力はほとんど変わらない．

第12章　破　　　損

12.1　破損について

　ある材料を例えば引張ると比例限度以内においては材料は荷重に比例して変形するが，応力度が比例限度を超えてさらに荷重を加えると，延性材料においては降伏点に達した後，流れを生じさらに荷重を加えて行くと，最高の荷重に達した後，大きな伸びを生じて破壊する．一方で，コンクリートのような脆性材料においては延性材料のような流れを生じないで破壊することは既に前に述べた．このように材料は大きく延性材料と脆性材料との二種類に大別される．

　材料を上に述べたように二種類に大別するとき，延性材料においては降伏点を，脆性材料においては破壊点をその材料の破損の標準に取る．以下に述べる破損に関する諸学説の目的とするところは，材料の単純引張または圧縮試験に対する性状から，任意の組合わせ応力のもとにおいてその材料の破損がどのようなときに起こるかを予め知ることができる法則を立てることにある．

12.2　破損の学説

　破損に関する学説は古くから色々あるが，いま代表的な学説をあげれば下記のとおりである．

(1)　最大主応力説

(2)　最大主ひずみ説

(3)　最大せん断応力説

(4)　モールの説

(5)　せん断ひずみエネルギー説

順を追ってそれぞれの説について簡単に説明してみよう．

1.　最大主応力説

　いま三つの主応力を σ_x, σ_y, σ_z としてその大きさは $\sigma_x > \sigma_y > \sigma_z$ とする．このとき最大主応力説によれば材料の強さを決定するのは最大主応力であって，延性材料においては一番大きな主応力が材料の単純引張に対する降伏点に等しくなったとき，あるいは一番小さな主応力が単純圧縮に対する降伏点に等しくなったときに，降伏が始まるというものである．よって降伏が起こる条件は

$$\sigma_x = \sigma_{t,Y}$$
$$\sigma_z = \sigma_{c,Y}$$

であるというのである．ここで $\sigma_{t,Y}$ は引張りに対する降伏点，$\sigma_{c,Y}$ は圧縮に対する降伏点である．しかしこの学説に対しては色々と矛盾するような実験的事実がある．例えば単純引張の場合，軸に約 45° の面にすべりが起こり，引張応力の最大でない面に破損が生じたり，単純圧縮に弱い材料でも水圧には非常に大きな圧力に抵抗するような例である．最大主応力説には色々と欠点もあるが簡単なため，この説が採用される場合がある．

2. 最大主ひずみ説

この学説によれば延性材料の降伏は一番大きなひずみ度が単純引張の場合に降伏するとき生じるひずみ度に等しくなる場合，または一番小さなひずみ度が単純圧縮の場合に降伏するとき生じるひずみ度に等しくなった場合に起こるというものである．つまり

$$\frac{1}{E}\left\{\sigma_x - \frac{1}{m}(\sigma_y + \sigma_x)\right\} = \frac{\sigma_{t,Y}}{E}$$

または

$$\frac{1}{E}\left\{\sigma_z - \frac{1}{m}(\sigma_x + \sigma_y)\right\} = \frac{\sigma_{c,Y}}{E}$$

この学説に対しても矛盾する事実がある．例えば材料を直角な二方向から引張るとそれぞれの方向への引張りのため一方向の伸びはそれと直角な方向への伸びのため縮まるから降伏点は単純引張（または単純圧縮）の場合より大きくなる．

3. 最大せん断応力説

最大せん断応力が単純引張における降伏点に相当する最大せん断応力に等しくなったときに降伏が生じるというのがこの最大せん断応力説である．最大せん断応力は最大，最小の主応力の差の半分に等しいため [1]，降伏の条件は次のとおりである．

$$\frac{1}{2}(\sigma_x - \sigma_z) = \frac{\sigma_{t,Y}}{2}$$

この最大せん断応力説は $\sigma_{t,Y} = \sigma_{c,Y}$ の延性材料に対しては比較的良く実験に合う．

4. モールの説

10.2 節で既に述べたとおり，ある面に作用する応力の成分，つまり垂直応力は図 12.1 に示すとおり縦線部分のある点の座標で表すことができる．例えば AB 線上のすべての点において垂直応力度は σ' で，せん断応力度は AB 線上の点の位置によって異なる．よって垂直応力度は等しくせん断応力度は異なる種々の面があるわけで，これらの面のうちせん断応力度の最大な面がこれらの面

---

[1] (10.8) 式または図 10.3 のモールの円を参照．

のうち，最も弱い面であると考えることができる．その応力状態は外円つまり主円上の点 A で表すことができる．他の任意な鉛直線上の点についても同様なことがいえるため，最も弱い面の応力状態は主円上の点で表されるような面の中の一つであるということができる．従って降伏の始まる応力状態を考えるにはこの主円のみを考えればよいということになる．

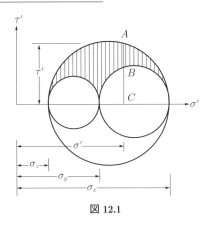

図 12.1

いま図 12.2 に示すように OM を単純引張における垂直応力度の降伏点の大きさに取り，これを直径として円を描けば，この円は単純引張の場合の降伏の応力状態を表している．同様にして ON を直径とする円を単純圧縮の場合，LL' を直径とする円は単純せん断の場合の降伏の応力状態を表している．このようにある材料に対して実験より降伏の応力状態を表すいくつかの円を求め，これらの円に対して包絡線を作ることができる．この包絡線を限界曲線という．

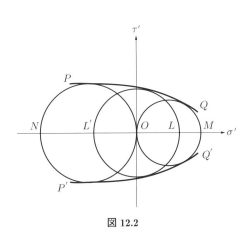

図 12.2

モールは降伏の始まるときの応力状態はすべてこの包絡線に接する円で表すことができると仮定した．図 12.2 の $PQ, P'Q'$ は単純引張，単純せん断，単純圧縮の場合の降伏の応力状態を表す円に引いた包絡線である．従ってある材料の応力状態を示す主円がそれらの包絡線の圏内にあれば，この物体は破損を起こす心配がないということになる．

さて以上述べた事柄を総括すれば，延性材料において流れが生じるのはすべりのためであるので延性材料に対しては大体において最大せん断応力説が正しい．脆性材料の破損現象は二つの場合に分けることができる．一つの場合は例えば鋳鉄を引張るとき起きる現象で，鋳鉄を引張ると破壊する面を境として両部分が二つに分離する破壊（分離破壊）である．他の一つの場合は鋳鉄を圧縮するとき起きる現象で，鋳鉄を圧縮するとすべりを生じすべりのため破壊する現象である．引張るときすべりが起こらないのはすべりに対する抵抗が引張りに対する抵抗より大きいからである．材料が破壊するとき，分離するならば最大主応力説が正しく，すべりのため破壊するならば最大せん断応力説が大体正しいといえるわけであるが，以上のように材料の破壊は必ずしもこの二つの説によって完全に表されないため，この二つの場合を含むモールの説の方が一般性があるということは言える．組合せ応力の実験によれば，中間の主応力が破損に影響をし，次に述べるせん断ひずみエネルギー説がモールの説より実験によく

合うようである．しかしこのせん断ひずみエネルギー説も決して完全なものではない．

5. せん断ひずみエネルギー説

図 10.9 の場合のひずみエネルギーが単純引張の場合の降伏点におけるひずみエネルギーに等しくなったときに降伏が生じるというのがこの説であって，この降伏の条件は次のとおりである．

$$\frac{1}{E}\left\{\frac{\sigma^2{}_x+\sigma^2{}_y+\sigma^2{}_z}{2}-\frac{1}{m}(\sigma_x\sigma_y+\sigma_y\sigma_z+\sigma_z\sigma_x)\right\}=\frac{\sigma^2{}_{t,Y}}{2E}$$

第13章 土の物理的性質

13.1 土粒子の性質

1. 土粒子の分類

　土は大小様々な粒子が集まったものであり，その形状も色々である．ある土の塊一つを取り上げてその性質を調べた場合，多くの要素によって性状が左右されるが，他の性質がほとんど同じであったとしても土粒子の大きさが異なればその性状は非常に違ったものとなる．そこで土を扱う各方面において粒子の大きさによって土を分類し名称を付けることが行われている．

　土の粒子の大きさを求めるための最も簡単な方法は網目が異なるふるいにかけることであるが，この方法は比較的粗い粒子のみにしか用いることができない．一般に細かい粒子を分類するには水中における土粒子の沈降速度の違いを利用した沈降分析が用いられる．これはストークス[1]の法則に基づいたもので，厳密には粒子がすべて球形をなしている場合にのみ当てはまるものであり，土粒子のように角ばったもの，扁平なもの，針状のもの等，その形が種々あるものについてはその沈降速度と等しい沈降速度を有する球体の径が求まるに過ぎないのでふるい分析の結果と厳密に比較することはできない．上記の試験によって得られた結果は一般に図 13.1 のような粒径加積曲線で表す．また粒子の大きさの属する範囲によって分類しているが，これは各国各学会によって異なり一定ではない．表 13.1 にその一例を示す．

　なお自然土は各種の粒子が集まっているので混合の割合によって名称を付けておくと分類上都

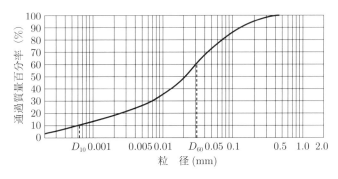

図 13.1

---

[1] Stokes.

表 13.1

粒　径（mm）	10^{-4}	10^{-3}	10^{-2}	10^{-1}	1	10
		0.002		0.06		2.0
M. I. T.	粘　土		シルト		砂	礫
		0.001	0.005	0.05　　0.25		2.0
A. S. T. M	コロイド		粘土	シルト　細砂	粗　砂	礫
		0.001	0.005	0.075		2.0
日本地盤工学会	コロイド		粘土	シルト	砂	礫

合がよい．一般には三角座標を用いて分類する．図 13.2 に示すのはアメリカ道路管理局 (a) ならびにミシシッピー河管理委員会 (b) の分類方法である．すなわち砂・シルト・粘土を三軸にとり，例えばそれぞれ 30%・45%・25% の割合に混合していたとすれば図中 A 点によって表され粘土質ロームおよび粘土質シルトということになる．

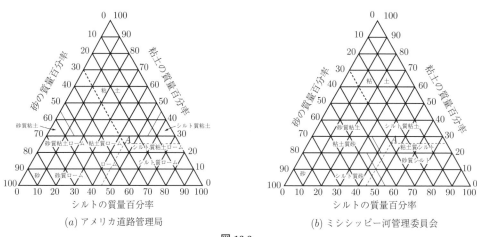

(a) アメリカ道路管理局　　　　　(b) ミシシッピー河管理委員会

図 13.2

2. 粒径分布の略式表示

粒度試験の結果を簡単にいい表すことができれば非常に便利である．この目的のために一般にアルレンハーゼン[1] の唱えた方法を用いている．ハーゼンは有効径と均等係数を用いて粒径分布状態を表した．有効径とは例えば図 13.1 の D_{10}（通過率 10% に対応する粒径）である．均等係数は次式で与えられる．

$$U = \frac{D_{60}}{D_{10}} \quad \cdots\cdots\cdots\cdots\cdots\cdots\cdots\cdots\cdots\cdots\cdots\cdots\cdots (13.1)$$

---

[1] Allen Hazen.

D_{60} は通過率 60% に対応する粒径である．図 13.1 の場合でみれば

$$D_{10} = 0.00063$$
$$D_{60} = 0.031$$
$$U = 49.2$$

となる．

3. 粒子の性状

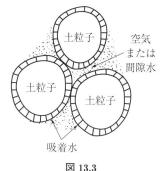

図 13.3

一般に土粒子の周囲には水が存在する．土粒子の表面は負の電荷を帯びているので水分子の正側を引き付け，その表面に図 13.3 に示すように極めて薄い水膜を形成する．この水膜は粒子の表面付近では固体の性状を有し，離れるにつれて電荷の影響が少なくなり，遂には自由水とも呼ばれる間隙にある普通の水の性状になっていく．自由水との境界は明確ではないが，その性質が普通の水とは非常に異なっており，また土の性質に及ぼす影響が大きいので特に吸着水とよばれている．この部分の水分は常温では完全に取り除くことはできない．

土粒子が堆積する場合，微細粒子は吸着水が引き合って綿毛状の沈殿物となり図 13.4(a) に示すような綿毛構造を形成する．しかし沈殿物が重なると吸着力と重量との釣合いが破れ図 13.4(b) のような蜂巣構造となり，さらに大きな圧力が加わった場合には (c) のような単粒構造となる．しかし砂の

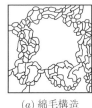

(a) 綿毛構造　　(b) 蜂巣構造　　(c) 単粒構造

図 13.4

ように粗い粒子の場合は堆積したときから単粒構造であり，極めて細かい粒子のみからなるときは自然状態においては蜂巣構造のままである．これらの構造は土塊を練り返し乱してしてしまうと再び元の状態にもどすことは不可能であり，特に細粒土の力学的性質を知りたいときにはこの影響が大きいので自然の状態での試験を行わねばならず試料採取に際しては注意する必要がある．

13.2　土塊の性質

土の性質が多くの要素によって左右されることは前にも述べた．前記の土粒子の性質もその一部であるが，これらが集まってできた土塊にもこのことはいえる．次にこれらの要素について述べる．

1. 間　隙　比

土粒子の結合している状態は先に述べた通りであるが，これらの土粒子の間には間隙部分が存在している．この間隙部分の容積と土粒子の実質部分の容積との比を間隙比という．

$$間隙比　　e = \frac{V_v}{V_s} \quad\cdots\cdots\cdots\cdots\cdots\cdots\cdots\cdots\cdots\cdots\cdots\cdots (13.2)$$

ここに V_v：間隙の容積

V_s：土粒子の容積

また間隙容積と土塊の全容積との比を間隙率という．

$$間隙率　　\frac{V_v}{V} \quad\cdots\cdots\cdots\cdots\cdots\cdots\cdots\cdots\cdots\cdots\cdots\cdots (13.3)$$

V：全容積

従ってこれらの間には

$$n = \frac{e}{1+e} \quad\cdots\cdots\cdots\cdots\cdots\cdots\cdots\cdots\cdots\cdots\cdots\cdots (13.4)$$

$$e = \frac{n}{1-n} \quad\cdots\cdots\cdots\cdots\cdots\cdots\cdots\cdots\cdots\cdots\cdots\cdots (13.5)$$

なる関係がある．

2. 比重・密度・相対密度

ある温度において土粒子の実質部分の重量とこれに等しい容積の水の重量との比を土粒子の比重という．

$$土粒子の比重　　G_s = \frac{W_s}{W_w} \quad\cdots\cdots\cdots\cdots\cdots\cdots\cdots\cdots\cdots\cdots\cdots (13.6)$$

ここに W_s：土の実質部分の重量

W_w：土粒子と同容積の水の重量

また土塊の全重量と全容積との比を土の単位体積重量という．

$$土の単位体積重量　　\gamma = \frac{W}{V} \quad\cdots\cdots\cdots\cdots\cdots\cdots\cdots\cdots\cdots\cdots (13.7)$$

W：土塊の全重量

湿潤密度では間隙中の水の重量も含まれており，その水の多少によっても異なってくる．今土塊中の土粒子実質部分の重量のみをとってその土塊の容積との比を考えるときこれを土の乾燥密度と呼ぶ．

$$乾燥密度　　\gamma_d = \frac{W_s}{V} \quad\cdots\cdots\cdots\cdots\cdots\cdots\cdots\cdots\cdots\cdots\cdots\cdots (13.8)$$

一般に土の粗密を論ずるときには土粒子の形や様々な大きさの粒子の混合の状態に影響されるので間隙比のみによって示されるものではない．また乾燥密度のみによれば比重によって左右される．従ってある土塊の粗密は土塊の間隙比をその土の最も密実になった場合および最も緩い状態のときの間隙比と比較してどのような関係にあるかということを調べる必要がある．砂質土の粗密は次の相対密度によって表す．

$$\text{相対密度} \quad D_r = \frac{e_{\max} - e}{e_{\max} - e_{\min}} \quad \cdots\cdots\cdots\cdots\cdots\cdots\cdots (13.9)$$

ここに　　e：対象とする土の間隙比

　　　　$e_{\max}$：その土の最も緩い状態の間隙比

　　　　$e_{\min}$：その土の最も密な状態の間隙比

$e_{\max}$ および $e_{\min}$ は実験室で求める．

3.　含水量・飽和度

土塊の間隙中の水の量の多少は土の性質に最も大きな影響を及ぼす．土中の水の重量と土の実質部分の重量との比を百分率で表し含水比という．

$$\text{含水比} \quad w = \frac{W_w}{W_s} \times 100 \quad \cdots\cdots\cdots\cdots\cdots\cdots\cdots (13.10)$$

また全重量との比を百分率で表し含水率という．

$$\text{含水率} \quad w' = \frac{W_w}{W} \times 100 \quad \cdots\cdots\cdots\cdots\cdots\cdots\cdots (13.11)$$

ここに W_w：土に含まれている水の重量

含水比と含水率との間には次の関係がある．

$$w = \frac{100w'}{100 - w'} \quad \cdots\cdots\cdots\cdots\cdots\cdots\cdots (13.12)$$

$$w' = \frac{100w}{100 + w} \quad \cdots\cdots\cdots\cdots\cdots\cdots\cdots (13.13)$$

常水面より上にある土の間隙部分は一般に水と空気で占められている．間隙全体の容積に対する水の占める容積の割合を飽和度といい百分率で表す．

$$S_r = \frac{V_w}{V_v} \times 100 \quad \cdots\cdots\cdots\cdots\cdots\cdots\cdots (13.14)$$

　　　　V_w：含水の容積

4.　各性状の関係

一般に実験によって求められるのは次の各値である．

土塊の重量 W

土塊の容積 V

土粒子の比重 G_s

土塊の乾燥重量（土粒子の重量）W_s

含　水　比 w

従って間隙比・密度・飽和度の値はそれぞれの関係を用いて計算によって求める．この関係式を以下に示す．

$$\gamma = \frac{W}{V} \quad\cdots\cdots\cdots\cdots\cdots\cdots\cdots\cdots\cdots\cdots (13.15)$$

$$\gamma_d = \frac{W_s}{V} \quad\cdots\cdots\cdots\cdots\cdots\cdots\cdots\cdots\cdots (13.16)$$

または

$$\gamma_d = \frac{100\gamma}{100 + w} \quad\cdots\cdots\cdots\cdots\cdots\cdots\cdots\cdots (13.17)$$

$$e = \frac{G_s \cdot \gamma_w}{\gamma_d} - 1 \quad\cdots\cdots\cdots\cdots\cdots\cdots\cdots\cdots (13.18)$$

　　γ_w：水の単位体積重量

$$S_\gamma = \frac{G_s}{e} \cdot w \quad\cdots\cdots\cdots\cdots\cdots\cdots\cdots\cdots (13.19)$$

5. コンシステンシーおよびコンシステンシー指数

　コンシステンシーとは土粒子間の付着力度と土塊の変形あるいは破壊の難易の程度を示す言葉で，固結した，硬い，粉末になりやすい，塑性である，軟らかい等と表す．

　土はその含水量の多少によって非常に状態が異なる．すなわち含水量の多いときには液体の性状を示し，含水量が減少するに従って塑性状態；固体状態と変化する．この液状態と塑性状態の境目の含水比を液性限界，塑性状態と固体状態の境目の含水比を塑性限界という．またこの両者を総称してアッターベルグ[1]限界ともいい，練り返した粘性土のコンシステンシーを表すのに用いる．液性限界と塑性限界の含水比の差を塑性指数といい，この値の大きい程安定した土であるということができる．また粘性土の含水量が塑性限界に近づく程土の安定度は増す．自然土の含水比が各状態の間のどのような位置に存在するかを次式で表し，コンシステンシー指数という．

$$I_c = \frac{w_L - w_n}{w_L - w_P} = \frac{w_L - w_n}{I_P} \quad\cdots\cdots\cdots\cdots\cdots\cdots (13.20)$$

---

[1]　Atterberg.

ここに w_L：液性限界含水比

w_P：塑性限界含水比

I_P：塑性指数

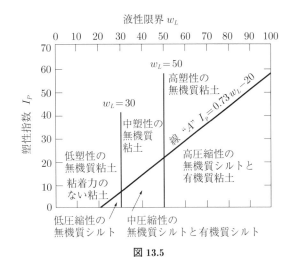

図 13.5

先に土を分類するのに粒径の分布状態による方法を述べたが上記の性質を用いて粘性土を分類する方法がある．すなわち図 13.5 の塑性図により大きく 9 つに分けることができる．この方法によれば土の大まかな性状をつかんだ分類が可能となる．乱されない土のコンシステンシーに関しては 14.1 で述べる．

6. 土の透水性

土の透水性は土粒子の粗細，間隙の大小，土中の空気の排出の良否等によって著しく異なるが，一般に砂質の土ほど水を通しやすい．

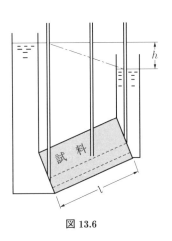

図 13.6

図 13.6 において

$$i = \frac{h}{l} \quad \cdots\cdots\cdots\cdots\cdots\cdots (13.21)$$

を動水勾配といい，流出速度は

$$v = k \cdot i \quad \cdots\cdots\cdots\cdots\cdots\cdots (13.22)$$

で与えられる．

この k は透水係数といわれ土によって定まる定数である．

また試料の断面積を A とすれば時間 t に試料を通って流れる流水量は次式で与えられる．

$$Q = k \cdot i \cdot t \cdot A \quad \cdots\cdots\cdots\cdots\cdots\cdots (13.23)$$

透水係数 k は大体次のような値をとる．

粘土 $10^{-6} \sim 10^{-2}$ cm/sec

砂 10^{-2} cm/sec

第14章 土の力学的性質

14.1 一軸圧縮強さと鋭敏比

土の側面を全く拘束せず一方向のみに圧縮したときの最大強度を一軸圧縮強さといい，乱さない粘性土のコンシステンシーを最も定量的に表すものである．様々なコンシステンシーに対応する値は表14.1に示してある．またその原因がどのようなものであろうとも土が練り返されるとその強さは低下する．この影響を受ける度合を鋭敏比といい，乱さない土の一軸圧縮強さと同含水量で練り返したその土の一軸圧縮強さの比で表される（表14.2）．

$$S_t = \frac{乱さない試料の一軸圧縮強さ}{練り返した試料の一軸圧縮強さ} \quad \cdots\cdots\cdots\cdots\cdots\cdots (14.1)$$

表 14.1

コンシステンシー	一軸圧縮強さ（N/mm²）
非常に軟らかい	0.025 以下
軟らかい	0.025〜0.05
中位の	0.05〜0.1
硬い	0.1〜0.2
非常に硬い	0.2〜0.4
特別に硬い	0.4 以上

表 14.2

大抵の粘土	2.0〜4.0
鋭敏な粘土	4.0〜8.0
極端に鋭敏な粘土	8.0 以上

14.2 土のせん断抵抗

1. 内部摩擦角（せん断抵抗角）

図14.1のような箱に土を入れ上下圧 P を加えておいて水平力を加え，箱が移動したときの最大水平力を Q とする．中に入れた土が乾燥した砂のように全く粘性がなければ

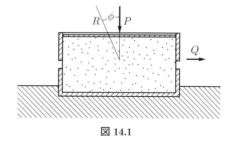

図 14.1

$$Q/P = 一定$$

このとき Q と P との合力 R と P とのなす角を ϕ とすれば

$$Q/P = \tan\phi = 一定 \cdots\cdots\cdots\cdots\cdots\cdots (14.2)$$

この ϕ を内部摩擦角といい，その土によって定まる定数である．

2. せん断抵抗

上記の P と Q とによる垂直応力 σ とせん断抵抗 s との関係は一般の土では

$$s = c + \sigma\tan\phi \cdots\cdots\cdots\cdots\cdots\cdots (14.3)$$

ここに $\sigma = P/A \quad s = Q/A$
 A：供試体断面積
 ϕ：内部摩擦角
 $\tan\phi$：摩擦係数
 c：粘着力

で与えられ，クーロン[1]の式といわれる．この c と ϕ は土の性質によって異なり土圧・支持力等に関する問題を扱うときに欠くことのできないものである．図14.2は色々な土の σ と s との関係を示す図である．

図14.1のような装置で行う試験を直接せん断試験といい，古くから土のせん断抵抗を求めるのに用いられているが，せん断面積がせん断の進行と共に変わること，箱の側面との間に摩擦力が生じること，せん断破壊が端部より次第

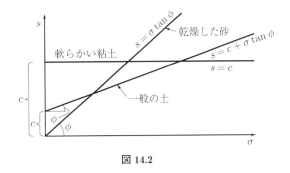

図 14.2

に進行すること，せん断が面でなくある領域をもって行われること等の欠点があるため図14.3のような装置を用い，モールの破壊円より s と σ との関係を求める三軸圧縮試験が行われている．これによれば軟弱粘土の場合は $\phi = 0$ となり側圧の有無にかかわらずせん断抵抗は変わらないので前記の一軸圧縮強さのみ求めればよいことになる．この場合

$$s = c = \frac{q_u}{2} \cdots\cdots\cdots\cdots\cdots\cdots (14.4)$$

 q_u：一軸圧縮強さ

---

[1] Coulomb.

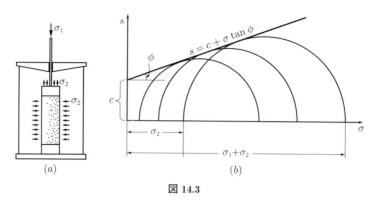

図 14.3

14.3 土の圧密

1. 中立応力と有効応力

図14.4のような容器に土を入れ，その上に鉄球等のような固体をばらまいて荷重を加えると間隙は減少する．また固体のかわりに水その他の液体を入れると間隙は変わらない．前者の場合荷重が土粒子を伝わって底面に達し間隙比が変化し，せん断抵抗その他の力学的性質を変える．このような応力を有効応力といい，後者の場合には圧力が間隙水を通じて容器の底面に達するのでその性状をほとんど変えない．このような応力を中立応力という．飽和した土の任意水平面に加わる全垂直応力 σ は有効応力 σ' と中立応力 u_w にわけられる．

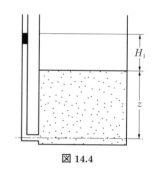

図 14.4

$$\sigma = \sigma' + u_w \cdots\cdots\cdots\cdots\cdots\cdots (14.5)$$

図14.4についてみれば

$$u_w = (H_1 + z)\gamma_w \cdots\cdots\cdots\cdots\cdots\cdots (14.6)$$

$$\sigma = H_1\gamma_w + z\gamma \cdots\cdots\cdots\cdots\cdots\cdots (14.7)$$

有効応力は

$$\sigma' = \sigma - u_w = H_1\gamma_w + z\gamma - (H_1 + z)\gamma_w = z(\gamma - \gamma_w) = z\gamma' \cdots\cdots\cdots (14.8)$$

ここに　　γ_w：水の単位体積重量

γ：飽和土の単位体積重量

$\gamma' = \gamma - \gamma_w$：土の水中単位体積重量

2. 圧　　密

図14.5のような装置に飽和した土を入れて圧力を加えると，その瞬間には圧力が水にのみ伝達され1.で述べた中立応力のみが生じる．しかし時間が経過するにつれこの間隙水の圧力により

上下の透水板（ポーラスストーン）から水が排出され，徐々に有効応力が増大し間隙は減少する．このように一定荷重の下で含水量が徐々に減少し，それにともなって圧縮が進行することを圧密といい粘土質土程この傾向が強く，粘土層の沈下問題を扱うのに必要である．

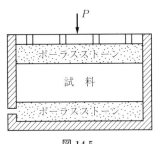

図 14.5

粘土層に初め加わっていた圧力 p を $p + \Delta p$ まで増加させ間隙比が e から $e - \Delta e$ に減少したとすれば次のような m_v を体積圧縮係数といい，単位圧力増加によるもとの単位厚さ当りの粘土の圧縮を表す．

$$m_v = \frac{\Delta e}{1+e} \cdot \frac{1}{\Delta p} \quad \cdots\cdots\cdots\cdots\cdots\cdots\cdots\cdots\cdots\cdots (14.9)$$

いま圧力 p が加えられている厚さ H の粘土層にさらに Δp だけ増加すると層の厚さの減少は次式で与えられる．

$$S = H \cdot \Delta p \cdot m_v \quad \cdots\cdots\cdots\cdots\cdots\cdots\cdots\cdots\cdots\cdots (14.10)$$

圧力が Δp だけ増加した後，ある時間を経過したときの圧縮量 S と最終沈下量 S_∞ との比を圧密度という．

$$U(\%) = \frac{S}{S_\infty} \times 100 \quad \cdots\cdots\cdots\cdots\cdots\cdots\cdots\cdots\cdots\cdots (14.11)$$

同一性質の粘土層がある圧密度に達するに要する時間は，層の厚さの平方に比例して増大し，層厚が等しく，性質の異なる粘土層で m_v/k に比例して増す．k は透水係数である．次式で表される C_v を圧密係数という．

$$C_v = \frac{k}{m_v} \cdot \frac{1}{\gamma_w} \quad \cdots\cdots\cdots\cdots\cdots\cdots\cdots\cdots\cdots\cdots (14.12)$$

第15章 土　　　　圧

15.1 静止土圧，主働土圧，受働土圧

　土はその重量あるいはその上にある載荷重によって鉛直方向に圧力を伝えると同時に，これらによって土粒子間および擁壁・地下壁あるいは山留め壁に横方向の圧力を伝える．

　堆積したままで，土が横方向に全く移動せずに作用しあう土圧を静止土圧という．これに対して擁壁等が土によって押され水平に移動し，あるいは倒れようとし，土がまさに破壊するときに壁に加える圧力を主働土圧，また壁が土の方へ移動して土がまさに破壊するときに壁に加える土の圧力を受働土圧という．

15.2 クーロンの土圧論

　クーロンは土が破壊するときの土圧を次のような仮定にもとづいて計算することを提案した．

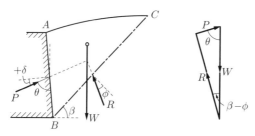

図 15.1

a. 土は粘着力のない粒状である．
b. 擁壁が移動しようとするときは擁壁背後の土が図 15.1 ΔABC のような楔形となって破壊する（実際には，AB は曲線となる）．
c. 土楔が正にすべり落ちようとするときは土楔 ABC の重量と，すべり面 AB の垂線に内部摩擦角 ϕ をなして反力 R が土楔 ABC に作用し，擁壁と土との間には

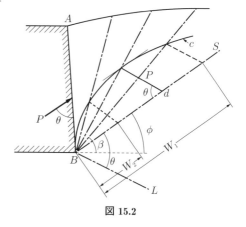

図 15.2

土と擁壁との摩擦角 δ をなして力 P が土楔に作用して釣合っていると考える.

上記の P の最大値が主働土圧となると考え試行によって求めるが，図 15.2 に示すようなクルマンの図解法でも求められる.

15.3 ランキンの土圧論

ランキン[1] は

a. 土を粘着力のない粒状と考える．
b. 土は土粒子間の摩擦力によって釣合っている．
c. 土は地表面を境として半無限に拡がり，擁壁に加わる土圧は地表面に平行に作用する（図 15.3）.

と仮定し土を弾性体と考えて主働，受働土圧を求めた．

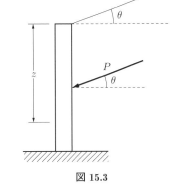

図 15.3

$$\text{主働土圧} \quad p_a = K \cdot \gamma \cdot z \cdot \cos\theta \cdots\cdots(15.1)$$

$$\text{受働土圧} \quad p_p = \frac{1}{K} \cdot \gamma \cdot z \cdot \cos\theta \cdots\cdots(15.2)$$

ここに K は土圧係数といい次式で表される.

$$K = \frac{\cos\theta - \sqrt{\cos^2\theta - \cos^2\phi}}{\cos\theta + \sqrt{\cos^2\theta - \cos^2\phi}} \cdots\cdots(15.3)$$

 γ：土の単位体積重量
 ϕ：内部摩擦角
 z：地表面からの深さ

このときの擁壁に加わる土圧合力は

$$P_a = \int_0^H p_a \cdot dz = K \cdot \frac{\gamma H^2}{2} \cdot \cos\theta \cdots\cdots(15.4)$$

$$P_p = \int_0^H p_p \cdot dz = \frac{1}{K} \frac{\gamma H^2}{2} \cdot \cos\theta \cdots\cdots(15.5)$$

地表面が水平（$\theta=0$）の場合は

$$K = \frac{1-\sin\phi}{1+\sin\phi} = \tan^2\left(\frac{\pi}{4} - \frac{\phi}{2}\right) \cdots\cdots(15.6)$$

$$\text{主働土圧} \quad p_a = K \cdot \gamma \cdot z \qquad P_a = K\frac{\gamma H^2}{2} \cdots\cdots(15.7)$$

$$\text{受働土圧} \quad p_p = \frac{1}{K} \cdot \gamma \cdot z \qquad P_p = \frac{1}{K}\frac{\gamma H^2}{2} \cdots\cdots(15.8)$$

---

[1] Rankine.

以上二つの代表的な土圧論があるが，理論的にはランキンの方がすぐれており，クーロンの土圧論は三力が一点に会しない等の欠点がある．しかし一般に実際の値にはクーロンの方がよく一致するといわれており，このほかこれらにおける仮定も実際とは異なり，現在まで様々な研究が行われてきたが今後に残された問題は大きい．

クーロンおよびランキンの土圧論ではすべり面を直線と仮定しているが，実際の擁壁裏込めの破壊形状は壁面の粗滑や壁および土の移動の状況あるいは土の性質によって異なる．図15.4は砂の場合の次の各条件におけるすべり面の形状を示している．

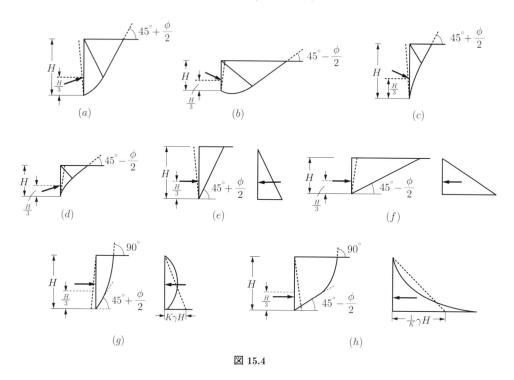

図 15.4

(a)(b)　壁面が粗で壁が下端を中心に回転し，かつ壁に対して土が下がる場合

(c)(d)　壁面が粗で壁が下端を中心に回転し，かつ壁の方が下がる場合

(e)(f)　壁面が滑らかで壁が下端を中心に回転した場合

(g)(h)　壁面が滑らかで壁が上端を中心に回転した場合

また土圧は必ずしも三角形分布とはならず，壁の移動の状況によって$(e)(f)(g)(h)$の右側に並記したように下端を中心として回転した場合には三角形，上端を中心として回転した場合にはパラボラ状に分布し，平行に移動した場合にはこの中間的な分布となる．

15.4 等分布載荷重を支持する一部水中にある砂の主働土圧

地表面水平で等分布載荷重が加わる一部水中にある砂の主働土圧はランキンの理論を用いると次のようになる.

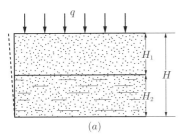

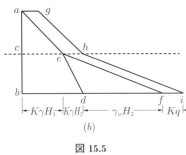

図 15.5

深さ H_1 までの任意点では

$$p_a = K \cdot \gamma \cdot z \cdots \text{(図 15.5}(b)\Delta ace) \quad (15.9)$$

$$K = \tan^2\left(\frac{\pi}{4} - \frac{\phi}{2}\right)$$

水面下 z' の深さにおける水平断面に作用する有効圧は

$$p_v = \gamma H_1 + \gamma' z' \cdots\cdots\cdots\cdots (15.10)$$

γ：水面より上の土の単位体積重量

γ'：水面下の土の単位体積重量

これによる土圧は

$$p_a = K p_v = K(\gamma H_1 + \gamma' z') \dots (cbde) \cdots (15.11)$$

水圧によるもの

$$p_w = \gamma_w z' \dots (\Delta edf) \cdots\cdots (15.12)$$

γ_w：水の単位体積重量

地表面上の載荷重による土圧は深さに関係なく

$$p_q = Kq \dots (aefihg) \cdots\cdots\cdots\cdots\cdots\cdots (15.13)$$

従って水面より上の土圧は

$$\Sigma p_a = K(\gamma z + q) \dots (achg) \cdots\cdots\cdots\cdots\cdots (15.14)$$

水面より下では土圧と水圧を加算して

$$\Sigma p_a + p_w = K(\gamma H_1 + \gamma' z' + q) + \gamma_w z' \dots (cbih) \cdots\cdots\cdots (15.15)$$

15.5 切梁によって支持された山留め壁に加わる土圧

これまでに述べた土圧論はいずれも土が破壊するときの土圧に関するものであった. 切梁によって側面を支持された壁に対する土圧は計算によるよりも主として実験の結果によって得た分布状態を多く採用している. テルツァーギ[1]は実験の結果より砂地盤における土圧を近似的に図 15.6(a) のような台形の分布を採ることを提唱した. この図において台形 $odbc$ は密な砂, $oefc$ は緩い砂

---

[1] Terzaghi.

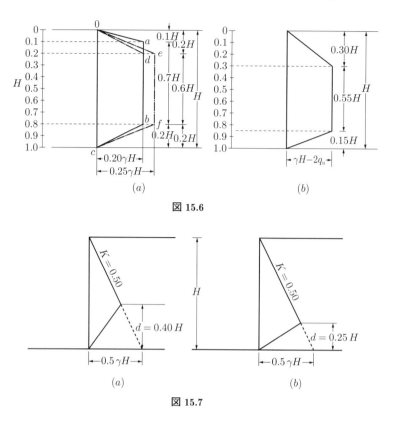

図 15.6

図 15.7

に対するものであり，$oabc$ は上部の砂が密な場合である．また理論および実験の結果から粘土に対しては図 15.6(b) に示すような分布をとるべきであるとしている．しかしチェボタリオフ[1]はこれを不合理であるとして実験の結果から図 15.7 に示す三角形土圧分布とすることを推奨している．図 15.7 において (a) は硬い粘土に対する一時的な山留め工，(b) は中位の硬さの粘土に対する永久的な山留め工の場合を示している．

---

[1] Tschebotarioff.

第16章 フーチング

　構造物の荷重を伝える基礎は一般に土によって支持されているが，比較的浅い所に直接フーチングを置く場合もあり，あるいは杭・ピア等によって深い部分にほとんど直接に荷重が伝えられることもある．また力学的にみれば大きく土の支持力と沈下の問題にわけられる．これらは基礎の種類によって未だ理論的に明らかにされていない部分もあるが以下フーチングに関する様々な問題について述べる．

16.1 接　地　圧

　現在一般に基礎の設計を行う場合上部からの荷重に対し，地盤から均等な反力（地盤反力）を受けるものとして計算している．しかし実際には基礎底面が土から受ける応力すなわち接地圧は均等ではなく，土の性質および基礎の剛性・大きさ・根入れ深さ等によって異なることが明らかにされている．ケグラー[1]とシャイディッヒ[2]の行った実験によれば剛な載荷板を砂の表面に置いた場合の接地圧の分布状態は図 16.1 に示すように分布し，載荷板が大きい程均等分布に近づく．また根入れが深い場合には図 16.2(a) のようになり，基礎の側面と土との間に摩擦力が働く場合には (b) のように底面の左右にも分布する．これに反して粘土の場合には図 16.3 に示すように端部で極めて大きく中央部で小さい．また載荷板に加わる荷重の大きさによっても図 16.4 I，II，III のように分布の状態が異なり，粘土・砂・両者の中間と土質によってそれぞれ図 16.4(a)，(b)，(c) のようになる．

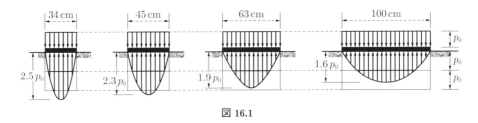

図 16.1

---

[1] Koegler.
[2] Scheidig.

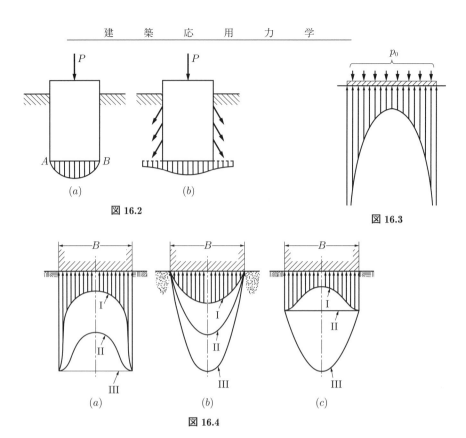

図 16.2

図 16.3

図 16.4

16.2 地中への伝達応力

地表面に置かれた基礎に荷重を加えたとき基礎直下のみでなくかなり深くまでこの応力は伝わる．この地中の応力の分布状態はこれまで一般に次のように簡単に仮定されることが多かった．

すなわち地表面上の圧力は図 16.5 に示すように鉛直面と θ なる角度をなして拡がり，各深さの水平面に対しては均等な分布をなすとするものである．この θ は土質によって異なった値をとるが，きまった値はなく，一般に $30°\sim 60°$ 程度を用いているようである．

いま幅 b，長さ l の基礎に荷重 P が加えられたとすれば深さ z の位置での圧力は

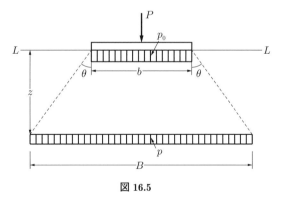

図 16.5

$$p = \frac{P}{B \cdot L} = \frac{b \cdot l \cdot p_0}{(b+2z\tan\theta)(l+2z\tan\theta)} \quad\cdots\cdots\cdots\cdots\cdots\cdots(16.1)$$

ここに $p_0 = P/bl$

B：深さ z における応力伝達幅

L：深さ z における応力伝達長さ

となる．

　しかし実際には伝達応力は決して等分布とはならない．ケグラー等は前記の接地圧と同時にこの分布も求めた．その結果によれば砂地盤では図 16.6(b) のようになる．また載荷板中央に集中する割合は (b) に示すように深さとともに減少する．

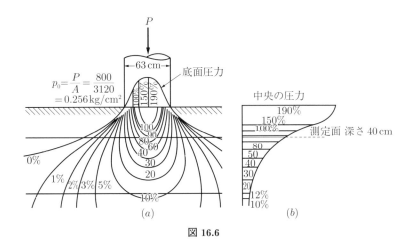

図 16.6

　ブーシネスク[1] は土を弾性体と仮定して地表面上の一点に作用する集中荷重による地中の任意の点に対する鉛直方向の伝達応力を次式で表した（図 16.7 参照）．

$$p_v = \frac{3P}{2\pi z^2}\left[\frac{1}{1+(r/z)^2}\right]^{5/2} \cdots\cdots\cdots\cdots (16.2)$$

　ある面積にわたって総荷重 P が載荷されたとすれば微小面積当りの荷重による伝達応力を求め，これを積分することにより全鉛直伝達応力は求まる．この場合図 16.8 を用いると便利である．この図は円弧と半径で囲まれた部分がそれぞれ単位面積当りの載荷重の 0.005 倍にしたものが伝達応力になるようにしてある．例えば図中 A 点下のある深さにおける伝達応力を求めようとするときは深さがちょうど AB と等しくなるような縮尺をもってその平面を書き，A 点を円の中心に合わせこの平面の中に入る区画の数と単位面積当りの荷重を 0.005 倍したものの積を求めればよい．

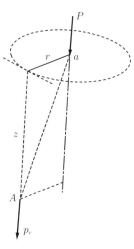

図 16.7

---

[1]　Boussinesq.

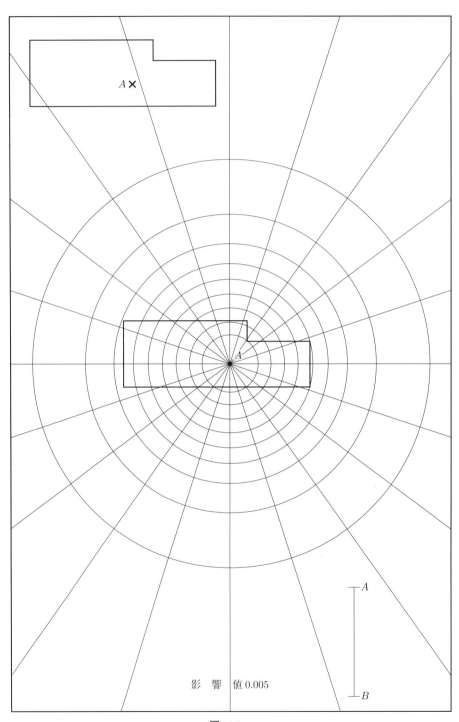

影響値 0.005

図 16.8

16.3　浅いフーチングの支持力

一般に根入れ深さより幅の大きいフーチングを浅いフーチングという．

プラントル[1)]は図 16.9 に示す塑性平衡状態を考えて粘土地盤における連続フーチングの極限支持力を考え，その結果次式を導いた．

$$q_{\max} = 2.57 q_u = 5.14c$$

現在多く用いられているフーチングに対する土の極限支持力の問題についてはこの考え方が基本となっている．

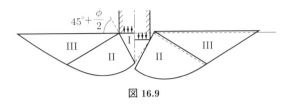

図 16.9

テルツァーギは上の考え方を修正して基礎底面が粗であるときは

$$q_{\max} = 2.85 q_u = 5.70c \quad \cdots\cdots\cdots\cdots (16.3)$$

で与えられるとした．また一般の土に対する連続基礎の近似的な極限支持力式として次式を導いている．

$$q = cN_c + \gamma D_f N_q + 0.5\gamma B N_r \quad \cdots\cdots\cdots\cdots (16.4)$$

ここに　　c：粘着力

　　　　　γ：土の単位体積重量

　　　D_f：根入れ深さ

　　　B：基礎幅

N_c, N_q, N_r は支持力係数といい内部摩擦角のみに関係する値で図 16.10 に示してある．

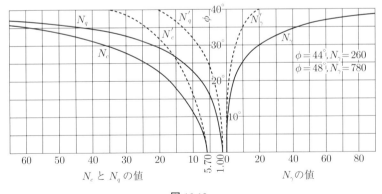

図 16.10

上式は土がかなり密か硬くて，載荷板に荷重を加えたときの荷重と沈下の関係が図 16.11 の曲線 A のような場合にのみ適用される．図の曲線 B のような関係を示す緩いあるいは軟らかい土に対しては

[1)]　Prandtl.

$$c' = \frac{2}{3}c$$
$$\tan\phi' = \frac{2}{3}\tan\phi$$

として次式を用いる．

$$q' = \frac{2}{3}cN_c' + \gamma D_f N_q' + \frac{1}{2}\gamma B N_r' \quad\cdots\cdots\cdots\cdots\cdots\cdots\cdots \quad (16.5)$$

この場合の支持力係数は図 16.10 の破線で示してある．

また円形および正方形のフーチングに対しては半経験的な式として次式を提唱している．

$$q = 1.3cN_c + \gamma D_f N_q + 0.6\gamma r N_r \cdots （円形） \quad (16.6)$$

r：半径

$$q = 1.3cN_c + \gamma D_f N_q + 0.4\gamma B N_r \cdots （正方形） \quad (16.7)$$

土がかなり緩い場合あるいは軟らかい場合には粘着力を $\frac{2}{3}$ にとり，支持力係数を破線の値に置きかえなければならないことは前と同様である．

乾燥した粘着力のない砂の場合には $c = 0$ であるから

$$q = \gamma(D_f N_q + 0.5 B N_r) \cdots\cdots （連続フーチング） \quad\cdots\cdots\cdots\cdots (16.8)$$

$$q = \gamma(D_f N_q + 0.6\gamma N_r) \cdots\cdots （円形フーチング） \quad\cdots\cdots\cdots\cdots (16.9)$$

$$q = \gamma(D_f N_q + 0.4 B N_r) \cdots\cdots （正方形フーチング） \quad\cdots\cdots\cdots\cdots (16.10)$$

となる．

地下水がフーチングの底面より大体その幅 B に等しい深さより上にあるときは土の有効単位体積重量が水中単位体積重量 γ' に減少するので γ を γ' に置きかえなければならない．

16.4 沈　　下

地盤上にある載荷板に荷重を加えて行くと荷重の増加にともなって載荷板は沈下して行く．この関係を示したものが図 16.11 で荷重–沈下曲線という．沈下の原因として次の二つが考えられる．すなわち

A.　間隙比の減少

　　荷重がある限界に達すると沈下が止まり，それ以上荷重を増加しても沈下しない．

B.　土の側方変位（土のせん断破壊）

　　荷重の増加と共に沈下量も増大し，ある荷重に達すると土が破壊し急激な沈下を示す．

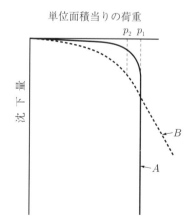

図 16.11

しかし，現在沈下量を求める理論的な方法は A の中の圧密沈下によるもののみである．

1. 圧密沈下

14.3 節で圧密に関して述べておいたが図 14.5 に示した装置で行った圧密試験の結果を図に表すと図 16.12 のようになる．これを e–$\log p$ 曲線という．このような試験結果を用いて沈下量は次式によって得られる．

$$S = \frac{e_1 - e_2}{1 + e_1} \cdot H \cdots\cdots (16.11)$$

e_1：自然状態にあるときと等しい荷重のときの間隙比

e_2：上記の荷重に載荷重が加わり沈下が止まったときの間隙比

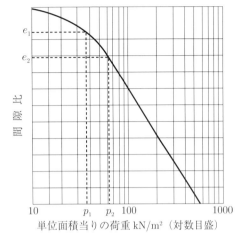

図 16.12

またある与えられた圧密度に達するに要する時間 t は

$$t = T_v \frac{H^2}{C_v} \cdots\cdots (16.12)$$

で与えられる．この T_v を時間係数といい圧密される地層上下の条件によって異なる．図 16.13 は圧密度と時間係数の関係を示す一例で，t を求めるには上下が透水層の場合には H を層厚の 1/2 に，一方が不透水層の場合は H を層厚に等しくとる．

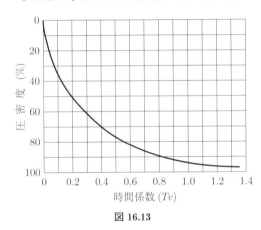

図 16.13

2. 載荷板の大きさと沈下

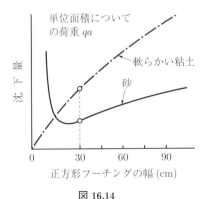

図 16.14

一般に単位面積当りの荷重が等しくても載荷板の大きさが異なれば沈下量も変ってくる．実験の結果によれば正方形フーチングの幅と沈下量とは図 16.14 の関係にあり，単位面積当りの荷重が等しい場合一般に載荷板の面積が大きい程沈下量も大きい．載荷板の幅と沈下量との近似的関係を示すものとして次式が提案されている．

砂層に対して

$$S = S_{30} \cdot \left(\frac{2B}{30 + B}\right)^2 \cdots\cdots (16.13)$$

ここに S_{30}：単位面積当りにある荷重をうけた 30 cm 角の載荷板の沈下量（cm）

S：載荷板と同一単位面積当りの荷重が加わったときの幅 B のフーチングの推定沈下量（cm）

B：実際のフーチングの幅（cm）

粘土層の場合

$$S = S_n \cdot \frac{B}{B_n} \quad \cdots\cdots\cdots\cdots\cdots\cdots\cdots\cdots\cdots\cdots\cdots (16.14)$$

S_n：ある単位面積当りの荷重における載荷板の沈下量

S：載荷板と同一単位面積当りの荷重によるフーチングの沈下量

B_n：載荷板の幅

B：実際のフーチングの幅

16.5 許容地耐力

これまでにフーチングに対する土の極限支持力および沈下に関して述べてきた．実際の構造物の基礎を設計するにはこれらの問題が非常に大きな要素であることはいうまでもないが，一般には許容地耐力を求めるために小載荷板による載荷試験が行われる．この結果によって許容地耐力を決定するには図 16.11 に示すような荷重–沈下曲線によって p_1, p_2 のような降伏の性状を示す単位面積当りの荷重を求め，長期荷重に対する安全率を 3，短期荷重に対して 1.5 以上にとることが土のような塑性体に対しては合理的であろう．またこれと同時に (16.13) 式，(16.14) 式により実際のフーチングの沈下量を推定し，あるいは軟弱粘土に対する圧密沈下量を算定して上部構造に支障を生じないように設計する必要がある．さらに地盤は均質なものではなく各種の土が層をなしている．一般に主なる荷重は基礎の幅の 2 倍程度まで伝わる．従って図 16.15 のような載荷板の試験では上部の層にのみ圧力が伝達されるが実際のフーチングは幅が大きいのでかなり深い層にまで荷重が伝達される．そのため表層の支持力を決定する載荷試験と同時に下部層について

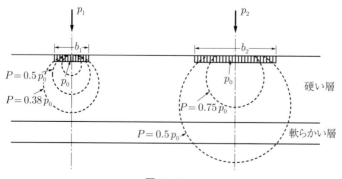

図 16.15

第 16 章 フ ー チ ン グ

も調査し下部の軟弱な層に伝達される応力に対する支持力・沈下量等を検討しなければならない.
現在最も多く用いられている調査方法はボーリングと並行して任意の深さにおいて外径約 5.1 cm,
内径約 3.5 cm のサンプラーを重量約 63.5 kg の錘を用い落差約 76 cm で打込み, 30 cm 打込むの
に要する打撃回数により相対密度またはコンシステンシーを求める方法で, これを標準貫入試験
という. 表 16.1 はこれらの関係を示す.

表 16.1

打撃回数	相 対 密 度	打撃回数	コンシステンシー
0～ 4	非 常 に 緩 い	0～ 2	非常に軟らかい
4～10	緩　　　　い	2～ 4	軟 ら か い
10～30	中　　　　位	4～ 8	中　　　　位
30～50	密	8～15	硬　　　　い
50 以上	非 常 に 密	15～30	非 常 に 硬 い
		30 以上	特 別 に 硬 い （固結している）

第17章　杭

　杭は一般にその先端の抵抗と周面の摩擦力とによって支持力を得るものであるが，支持力のほとんどが先端の抵抗によって生じるものを支持杭，摩擦力によるものを摩擦杭という．これらはいずれも単独（単杭）で用いられることは稀で一般には数本以上の群杭として用いられることが多い．

　現在のところこれらはいずれも複雑な要素を多く含み理論的な解析は極めて困難であるが関連する諸問題についてふれてみよう．

17.1　単杭の支持力

　現在単杭の支持力を求めるには静力学的な方法と動力学的な方法とがある．動力学的な方法はいわゆる杭打ち試験による結果を用いて計算するものであるが，静力学的な方法には載荷試験による方法と理論的な計算による方法とがある．

1.　静力学的計算法

　現在ある静力学的計算法の大部分は支持力が先端抵抗と周面摩擦力の和であると仮定している．すなわち

$$Q = \alpha A + \beta u l \quad \cdots\cdots\cdots\cdots\cdots\cdots\cdots\cdots\cdots\cdots\cdots (17.1)$$

ここに　　α：杭先端支持力

　　　　　A：杭断面積

　　　　　β：杭周面摩擦力

　　　　　u：周　長

　　　　　l：杭　長

　一例としてデール[1]は杭周面に作用する土圧は主働土圧と受働土圧の中間の値であると考えてαおよびβを次のように求めた．

$$\alpha = \tan^2\left(\frac{\pi}{4} + \frac{\phi}{2}\right) \quad \cdots\cdots\cdots\cdots\cdots\cdots\cdots\cdots\cdots\cdots (17.2)$$

---

[1]　Dörr.

$$\beta = \mu \cdot (1 + \tan^2 \phi) \frac{\gamma l}{2} \quad \cdots\cdots\cdots\cdots\cdots\cdots\cdots\cdots (17.3)$$

γ：土の単位体積重量

μ：土と杭との摩擦係数

ただし地盤が緩い場合は

$$\beta = \mu \cdot \tan^2 \left(\frac{\pi}{4} - \frac{\phi}{2} \right) \frac{\gamma l}{2} \quad \cdots\cdots\cdots\cdots\cdots\cdots\cdots\cdots (17.4)$$

または

$$\beta = \mu \cdot \cos^2 \phi \frac{\gamma l}{2} \quad \cdots\cdots\cdots\cdots\cdots\cdots\cdots\cdots (17.5)$$

とする．表 17.1 はコンクリート杭の場合の μ の値である．

表 17.1

土 の 種 類	μ
泥　土・沼　沢　地	0.1
湿　っ　た　ロ　ー　ム	0.2
湿　っ　た　　　砂	0.3
乾いたローム・湿った砂利	0.4
乾　い　た　砂・砂　利	0.5〜0.7

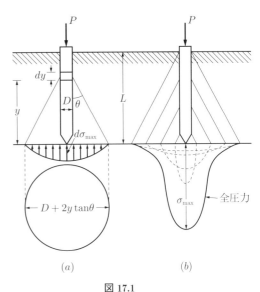

図 17.1

これに対してビールバウマー[1] は図 17.1 に示すように

I. 杭に作用する荷重 P は杭全長にわたって均等に分布する摩擦力によって支持される．

II. この摩擦力は杭とある角 θ をなして四方の地中に伝わり，杭先端を通る水平面に放物線分布をなす圧縮力となると仮定した．

図 17.1(a) の微小要素 dy は $\frac{P}{L}dy$ の大きさの荷重を支持し，これによる圧力が杭先端の水平面で $D + 2y\tan\theta$ となる円形面に拡がる．分布が放物線であるとの仮定により中央の最大圧縮応力 $d\sigma_{\max}$ は平均圧力の 2 倍に等しく

$$d\sigma_{\max} = 2 \frac{\frac{P}{L}dy}{\pi \left(\frac{D}{2} + y\tan\theta \right)^2} \quad \cdots\cdots\cdots\cdots\cdots\cdots\cdots\cdots (17.6)$$

全伝達力によって生じる中央の最大圧縮応力は，D は L に比べて小さく D^2 を無視すると

---

[1] Bierbaumer.

$$\sigma_{\max} = \int_0^L d\sigma_{\max}$$
$$= \frac{4P}{\pi DL \tan\theta} \quad\cdots\cdots\cdots\cdots\cdots\cdots\cdots\cdots\cdots\cdots\cdots (17.7)$$

従って杭先端の地盤がこの圧縮力に耐えうるだけの支持力があればよいことになり，杭の許容支持力は

$$Q_a = \frac{1}{4}\pi DL q_d \tan\theta \quad\cdots\cdots\cdots\cdots\cdots\cdots\cdots\cdots\cdots\cdots (17.8)$$

$\qquad q_d$＝杭先端の許容支持力

$$\theta = 30° - \frac{\phi}{3}$$

となる．θ は上式で求められるが一般に 30° 程度としているようである．

2. 動力学的計算法

杭打ち試験の結果を用いて杭の支持力を計算することはこれまで多くの人々によって試みられた．これらはすべて落錘のなす仕事と杭の貫入に要するエネルギーおよびその際に生じる損失エネルギーとの関係より求めたもので，非常に多くの計算式がある．しかしいずれもバラツキがかなり大きく，単なる目安となるにすぎない．次にその一例を示す．

重さ W の錘を高さ H から落下させて杭を打ったとき抵抗 Q をうけながら S だけ沈下したとする．このとき錘のなした仕事は $W \cdot H$ で，これが音・熱等のためエネルギーを損失しながら杭を貫入させ仕事 $Q \cdot S$ をする．この損失エネルギーを $Q \cdot C$ とすれば

$$W \cdot H = Q \cdot S + Q \cdot C$$
$$Q = \frac{W \cdot H}{S + C} \quad\cdots\cdots\cdots\cdots\cdots\cdots\cdots\cdots\cdots\cdots (17.9)$$

この係数 C は実験によって求めるものであり，ウェリントン[1] はこれを沈下量に換算して 1 インチとし，かつ 18 本の杭の載荷試験の結果と比較して安全率を 6 にとって許容支持式を表した．SI 単位に換算すると次式となる．

$$Q_a = \frac{W \cdot H}{6(S + 0.0254)} \quad\cdots\cdots\cdots\cdots\cdots\cdots\cdots\cdots\cdots (17.10)$$

$\qquad Q_a$：kN

$\qquad W$：kN

$\qquad H$：m

$\qquad S$：m

これをエンジニアリングニューズ公式といい，蒸気錘に対しては C を 0.00254 としている．

---

[1] Wellington.

第 17 章 杭

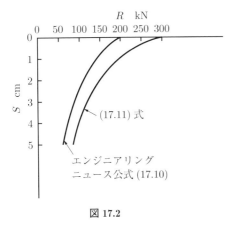

図 17.2

わが国では次式が用いられている.

$$Q_a = \frac{W \cdot H}{5S + 0.1} \quad \cdots\cdots\cdots\cdots (17.11)$$

Q_a および W：kN

H：m

S：m

この両者を比較すると一般に前者の方が後者よりも小さな値となる. 図 17.2 は

$$W = 20\,\text{kN}$$

$$H = 15\,\text{kN}$$

として各沈下量に対する支持力を比較したものである.

17.2 群杭の支持力

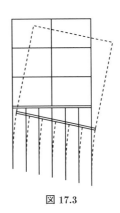

図 17.3

先に述べたような杭は単独で存在することがほとんどなく, 実際には大部分群杭として使用される. この場合杭間隔が狭いと支持杭の場合には杭先端より伝わる圧力が, 摩擦杭の場合には杭周辺より伝達される応力が互いに重なり合い, 単杭の支持力をそのまま用いることは群杭全体が破壊的沈下をすることがあり非常に危険である. このため日本建築学会では杭の間隔を最低で直径の 2.5 倍としている.

これに対してスウェーデン国有鉄道土質委員会では次のような群杭の試験を行った. すなわち軟弱粘土層中に長さ 15 m の杭を 7 本ずつ打ち載荷試験を行った結果

間隔 0.7 m のときの 1 本当りの支持力　120 kN

間隔 1.25 m のときの 1 本当りの支持力　185 kN

同時に行った単杭の支持力　192 kN

となった. これによると間隔が小となる程 1 本当りの支持力は低下し, 杭長の 1/10 程度になればほとんど単杭の支持力と差がなくなる.

またテルツァーギによれば摩擦杭基礎では基礎の幅 B が杭長 L より大きいと図 17.4(b) に示すように基礎による圧力分布が杭の有無にほとんど影響されないので, 摩擦杭を有効に使うためには $L > B$ であるような杭を使用する必要があるとしている. 図 17.4 はそれぞれの左側が基礎による圧力分布図, 右側が摩擦杭による分布である. なおビールバウマーの計算法によれば杭の安全間隔は

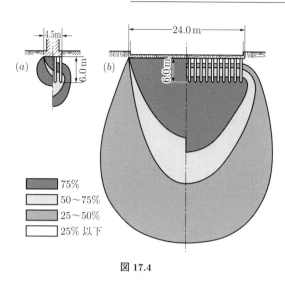

$$S = 2\sqrt{rL\tan\theta} \cdots\cdots (17.12)$$

r：杭半径

で与えている．

　また一本当りの支持力は間隔だけではなく各方向の杭の本数にも左右されるとして，単杭の支持力を次式のように低減すべきであるとの提案もある．

低減率　$E = 1 - \alpha\left[\dfrac{(n-1)m + (m-1)n}{90mn}\right]$

$$\cdots\cdots (17\cdot 13)$$

図 17.4

　　　n：杭の列数
　　　m：一列中の杭本数
　　　　$\alpha = \tan^{-1}\dfrac{D}{S}$：（角度，単位：度）
　　　S：杭中心間隔
　　　D：杭直径

　群杭を使用するということは基礎底面を下げたことと同様であると考えられ，摩擦杭の場合一般に杭長の 2/3 の深さに基礎底面があると近似的に考えている．なお群杭を取扱うときは全体を1本のピアと考えて極限支持力を求めると同時に圧密沈下も検討する必要がある．

付　　録

A......断面積,　　I......断面二次モーメント,　　Z......断面係数,　　i......断面二次半径

表 1

断　面　形	A	I	Z	i^2
	bh	$\dfrac{1}{12}bh^3$	$\dfrac{1}{6}bh^2$	$\dfrac{1}{12}h^2$ $(i = 0.289\,h)$
	$b(h_2 - h_1)$	$\dfrac{1}{12}b(h_2{}^3 - h_1{}^3)$	$\dfrac{1}{6}\dfrac{b(h_2{}^3 - h_1{}^3)}{h_2}$	$\dfrac{1}{12}\dfrac{h_2{}^3 - h_1{}^3}{h_2 - h_1}$
	h^2	$\dfrac{1}{12}h^4$	$\dfrac{1}{6}h^3$	$\dfrac{1}{12}h^2$
	$h_2{}^2 - h_1{}^2$	$\dfrac{1}{12}(h_2{}^4 - h_1{}^4)$	$\dfrac{1}{6}\dfrac{h_2{}^4 - h_1{}^4}{h_2}$	$\dfrac{1}{12}(h_2{}^2 + h_1{}^2)$
	h^2	$\dfrac{1}{12}h^4$	$\dfrac{\sqrt{2}}{12}h^3$	$\dfrac{1}{12}h^2$
	$h_2{}^2 - h_1{}^2$	$\dfrac{1}{12}(h_2{}^4 - h_1{}^4)$	$\dfrac{\sqrt{2}}{12}\dfrac{h_2{}^4 - h_1{}^4}{h_2}$	$\dfrac{1}{12}(h_2{}^2 + h_1{}^2)$
	$\dfrac{1}{2}bh$	$\dfrac{1}{36}bh^3$	$l_1 = \dfrac{2}{3}h \ \ l_2 = \dfrac{1}{3}h$ $Z_1 = \dfrac{1}{24}bh^2$ $Z_2 = \dfrac{1}{12}bh^2$	$\dfrac{1}{18}h^2$ $(i = 0.236\,h)$

表 2

断　面　形	A	I	Z	i^2
	$\dfrac{3\sqrt{3}}{2}b^2 = 2.60b^2$	$\dfrac{5\sqrt{3}}{16}b^4$ $= 0.5413b^4$	$e = \dfrac{\sqrt{3}}{2}b = 0.866b$ $Z = \dfrac{5}{8}b^3 = 0.625b^3$	$\dfrac{5}{24}b^2$ $(i = 0.456b)$
	$\dfrac{3\sqrt{3}}{2}b^2 = 2.60b^2$	$\dfrac{5\sqrt{3}}{16}b^4$ $= 0.5413b^4$	$e = b$ $\left(\dfrac{5\sqrt{3}}{16}b^3 = 0.5413b^3\right)$	$0.2256r^2$ $(i = 0.475r)$
	$h\left(b + \dfrac{1}{2}b_1\right)$	$\dfrac{6b^2 + 6bb_1 + b_1{}^2}{36(2b + b_1)}h^3$	$l_1 = \dfrac{1}{3}\dfrac{3b + 2b_1}{2b + b_1}h$ $Z_1 = \dfrac{6b^2 + 6bb_1 + b_1{}^2}{12(3b + 2b_1)}h^3$	$\dfrac{6b^2 + 6bb_1 + b_1{}^2}{18(2b + b_1)^2}h^2$

表 3

断　面　形	A	I	Z	i^2
	$\dfrac{\pi}{4}d^2$	$\dfrac{\pi}{64}d^4$	$\dfrac{\pi}{32}d^3$	$\dfrac{1}{16}d^2$
	$\dfrac{\pi}{4}(d_2{}^2 - d_1{}^2)$	$\dfrac{\pi}{64}(d_2{}^4 - d_1{}^4)$	$\dfrac{\pi}{32}\dfrac{d_2{}^4 - d_1{}^4}{d_2}$ $\fallingdotseq 0.8d_m^2 t$ $(t/d_m\ が小さ$ $いとき)$	$\dfrac{1}{16}(d_2{}^2 + d_1{}^2)$
	$\dfrac{\pi}{2}r^2$	$\left(\dfrac{\pi}{8} - \dfrac{8}{9\pi}\right)r^4$ $= 0.1098r^4$	$l_1 = 0.5756r$ $l_2 = 0.4244r$ $Z_1 = 0.1908r^3$ $Z_2 = 0.2587r^3$	$\dfrac{9\pi^2 - 64}{36\pi^2}r^2$ $= 0.0697r^2$ $(i = 0.264r)$
	πab	$\dfrac{\pi}{4}a^3 b$	$\dfrac{\pi}{4}a^2 b$	$\dfrac{1}{4}a^2$

表4

断　面　形	A	I	Z	i^2
	$b_2h_2 - b_1h_1$	$\dfrac{1}{12}\left(b_2h_2^3 - b_1h_1^3\right)$	$\dfrac{1}{6}\dfrac{b_2h_2^3 - b_1h_1^3}{h_2}$	$\dfrac{1}{12}\dfrac{b_2h_2^3 - b_1h_1^3}{b_2h_2 - b_1h_1}$
	$b_1h_1 + b_2h_2$	$\dfrac{1}{12}\left(b_1h_1^3 + b_2h_2^3\right)$	$\dfrac{1}{6}\dfrac{b_1h_1^3 + b_2h_2^3}{h_2}$	$\dfrac{1}{12}\dfrac{b_1h_1^3 + b_2h_2^3}{b_1h_1 + b_2h_2}$
	$b_1h_1 + b_2h_2$	$\dfrac{1}{3}\left(b_3l_2^3 - b_1h_3^3 + b_2l_1^3\right)$	$l_2 = \dfrac{b_1h_1^2 + b_2h_2^2}{2(b_1h_1 + b_2h_2)}$ $l_1 = h_2 - l_2$	$\dfrac{1}{3}\dfrac{b_3l_2^3 - b_1h_3^3 + b_2l_1^3}{b_1h_1 + b_2h_2}$
	$b_1h_1 + b_2h_2 + b_3h_3$	$\dfrac{1}{3}\left(b_4l_1^3 - b_1h_5^3 + b_5l_2^3 - b_3h_4^3\right)$	$l_2 = \dfrac{b_2h_2^2 + b_3h_3^2 + b_1h_1(2h_2 - h_1)}{2(b_1h_1 + b_2h_2 + b_3h_3)}$	

表 5

荷重，曲げモーメント図 せん断力図	反力 R，せん断力 Q	曲げモーメント M	たわみ y	たわみ角 θ
1	$R_2 = P$ $Q = -P$ $Q_{max} = -P$	$M = -P \cdot x$ $x = l:-$ $M_{max} = -Pl$	$y = \dfrac{Pl^3}{3EI}\left(1 - \dfrac{3x}{2l} + \dfrac{x^3}{2l^3}\right)$ $x = 0:-$ $y_{max} = \dfrac{Pl^3}{3EI}$	$\theta = \dfrac{Pl^2}{2EI}\left(\dfrac{x^2}{l^2} - 1\right)$ $x = 0:-$ $\theta_{max} = \dfrac{Pl^2}{2EI}$
2	$R_2 = P$ $0 \leqq x < a:-$ $Q = 0$ $a < x < l:-$ $Q = -P$ $Q_{max} = -P$	$0 \leqq x \leqq a:-$ $M = 0$ $a \leqq x \leqq l:-$ $M = P(a - x)$ $x = l:-$ $M_{max} = -Pb$	$a \leqq x \leqq l:-$ $y = \dfrac{Pb^3}{3EI}\left\{1 - \dfrac{3(x-a)}{2b} + \dfrac{(x-a)^3}{2b^3}\right\}$ $x = 0:-$ $y_{max} = \dfrac{Pb^3}{3EI}\left(1 + \dfrac{3a}{2b}\right)$ $y_{x=a} = \dfrac{Pb^3}{3EI}$	$a \leqq x \leqq l:-$ $\theta = \dfrac{Pb^2}{2EI}\left\{\dfrac{(x-a)^2}{b^2} - 1\right\}$ $0 \leqq x \leqq a:-$ $\theta_{max} = -\dfrac{Pb^2}{2EI}$

荷重，曲げモーメント図 せん断力図	反力 R, せん断力 Q	曲げモーメント M	たわみ y	たわみ角 θ
3	$R_2 = wl$ $Q = -wx$ $x = l:-$ $Q_{max} = -wl$	$M = -\dfrac{wx^2}{2}$ $x = l:-$ $M_{max} = -\dfrac{wl^2}{2}$	$y = \dfrac{wl^4}{8EI}\left(1 - \dfrac{4x}{3l} + \dfrac{x^4}{3l^4}\right)$ $x = 0:-$ $y_{max} = \dfrac{wl^4}{8EI}$	$\theta = \dfrac{wl^3}{6EI}\left(\dfrac{x^3}{l^3} - 1\right)$ $x = 0:-$ $\theta_{max} = -\dfrac{wl^3}{6EI}$
4	$R_2 = \dfrac{1}{2}ql$ $Q = -\dfrac{qx^2}{2l}$ $x = l:-$ $Q_{max} = -\dfrac{1}{2}ql$	$M = -\dfrac{qx^3}{6l}$ $x = l:-$ $M_{max} = -\dfrac{ql^2}{6}$	$y = \dfrac{ql^4}{30EI}\left(1 - \dfrac{5x}{4l} + \dfrac{x^5}{4l^5}\right)$ $x = 0:-$ $y_{max} = \dfrac{ql^4}{30EI}$	$\theta = \dfrac{ql^3}{24EI}\left(\dfrac{x^4}{l^4} - 1\right)$ $x = 0:-$ $\theta_{max} = \dfrac{-ql^3}{24EI}$

荷重、曲げモーメント図 せん断力図	反力 R、せん断力 Q	曲げモーメント M	たわみ y	たわみ角 θ
5	$R_1 = R_2 = \dfrac{P}{2}$ $0 < x < \dfrac{l}{2}:$ $Q = \dfrac{P}{2}$ $\dfrac{l}{2} < x < l:$ $Q = -\dfrac{P}{2}$	$0 \leqq x \leqq \dfrac{l}{2}:$ $M = \dfrac{Px}{2}$ $\dfrac{l}{2} \leqq x \leqq l:$ $M = \dfrac{P(l-x)}{2}$ $x = \dfrac{l}{2}:$ $M_{\max} = \dfrac{Pl}{4}$	$0 \leqq x \leqq \dfrac{l}{2}:$ $y = \dfrac{Pl^3}{48EI}\left(\dfrac{3x}{l} - \dfrac{4x^3}{l^3}\right)$ $x = \dfrac{l}{2}:$ $y_{\max} = \dfrac{Pl^3}{48EI}$	$0 \leqq x \leqq \dfrac{l}{2}:$ $\theta = \dfrac{Pl^2}{16EI}\left(1 - \dfrac{4x^2}{l^2}\right)$ $\left.\begin{array}{l} x=0 \\ x=l \end{array}\right\}:$ $\theta_{\max} = \pm\dfrac{Pl^2}{16EI}$
6	$R_1 = \dfrac{Pb}{l}$ $R_2 = \dfrac{Pa}{l}$ $0 < x < a:$ $Q = \dfrac{Pb}{l}$ $a < x < l:$ $Q = -\dfrac{Pa}{l}$	$0 \leqq x \leqq a:$ $M = \dfrac{Pbx}{l}$ $a \leqq x \leqq l:$ $M = \dfrac{Pa(l-x)}{l}$ $x = a:$ $M_{\max} = \dfrac{Pab}{l}$	$0 \leqq x \leqq a:$ $y = \dfrac{Pa^2b^2}{6EIl}\left(\dfrac{2x}{a} + \dfrac{x}{b} - \dfrac{x^3}{a^2b}\right)$ $a > b$ の時 $x = \left(\dfrac{l^2-b^2}{3}\right)^{\frac{1}{2}}:$ $= 0.5773(l^2-b^2)^{\frac{1}{2}}$ $y_{\max} = \dfrac{Pb(l^2-b^2)^{\frac{3}{2}}}{9\sqrt{3}EIl}$ $y_{x=\frac{l}{2}} = \dfrac{Pb(3l^2-4b^2)}{48EI}$	$0 \leqq x \leqq a:$ $\theta = \dfrac{Pa^2b^2}{6EIl}\left(\dfrac{2}{a} + \dfrac{1}{b} - \dfrac{3x^2}{a^2b}\right)$ $\theta_{x=0} = \dfrac{Pb(l^2-b^2)}{6EIl}$ $\theta_{x=l} = \dfrac{-Pa(l^2-a^2)}{6EIl}$

荷重，曲げモーメント図 せん断力図	反力 R, せん断力 Q	曲げモーメント M	たわみ y	たわみ角 θ
7	$R_1 = R_2 = \dfrac{wl}{2}$ $Q = \dfrac{wl}{2} - wx$ $Q_{max} = \pm\dfrac{wl}{2}$	$M = \dfrac{wx}{2}(l-x)$ $x = \dfrac{l}{2}$: $M_{max} = \dfrac{wl^2}{8}$	$y = \dfrac{wl^4}{24EI}\left(\dfrac{x}{l} - \dfrac{2x^3}{l^3} + \dfrac{x^4}{l^4}\right)$ $x = \dfrac{l}{2}$: $y_{max} = \dfrac{5wl^4}{384EI}$	$\theta = \dfrac{wl^3}{24EI}\left(1 - \dfrac{6x^2}{l^2} + \dfrac{4x^3}{l^3}\right)$ $\left.\begin{array}{l}x=0\\x=l\end{array}\right\}$: $\theta_{max} = \pm\dfrac{wl^3}{24EI}$
8	$R_1 = \dfrac{wl}{6}$ $R_2 = \dfrac{wl}{3}$ $Q = \dfrac{wl}{2}\left(\dfrac{1}{3} - \dfrac{x^2}{l^2}\right)$ $x = l$: $Q_{max} = \dfrac{-1}{3}wl$	$M = \dfrac{wlx}{6}\left(1 - \dfrac{x^2}{l^2}\right)$ $x = \dfrac{l}{\sqrt{3}} = 0.5773l$: $M_{max} = \dfrac{wl^2}{9\sqrt{3}} =$ $0.0642wl^2$	$y = \dfrac{wl^4}{360EI}\left(\dfrac{7x}{l} - \dfrac{10x^3}{l^3} + \dfrac{3x^5}{l^5}\right)$ $x = l\sqrt{1 - \sqrt{\dfrac{8}{15}}} = 0.5193l$ $y_{max} = 0.00652\dfrac{wl^4}{EI}$	$\theta = \dfrac{wl^3}{360EI}\left(7 - \dfrac{30x^2}{l^2} + \dfrac{15x^4}{l^4}\right)$ $\theta_{x=0} = \dfrac{7wl^3}{360EI}$ $x = l$: $\theta_{max} = -\dfrac{wl^3}{45EI}$

荷重，曲げモーメント図，せん断力図	反力 R，せん断力 Q	曲げモーメント M	たわみ y	たわみ角 θ
9	$-R_1 = R_2 = \dfrac{m}{l}$ $Q = \dfrac{-m}{l}$ $Q_{\max} = \dfrac{-m}{l}$	$0 < x < a :$ $M = \dfrac{-m}{l}x$ $x = a :$ $M = \dfrac{-m_a}{l}$ $a < x < l :$ $M = \dfrac{m(l-x)}{l}$ $x = a :$ $M = \dfrac{mb}{l}$	$0 > x < a :$ $y = \dfrac{-ml^2}{6EI}\left(\dfrac{x}{l} - \dfrac{3b^2x}{l^3} - \dfrac{x^3}{l^3}\right)$ $0 < x' < b :$ $y = \dfrac{ml^2}{6EI}\left(\dfrac{x'}{l} - \dfrac{3a^2x'}{l^3} - \dfrac{x'^3}{l^3}\right)$ $\left.\begin{array}{l}x = a \\ x' = b\end{array}\right\} :$ $y_{\max} = -\dfrac{mab(a-b)}{3EI}$	$0 < x < a :$ $\theta = \dfrac{-ml}{6EI}\left(1 - \dfrac{3b^2}{l^2} - \dfrac{3x^2}{l^2}\right)$ $0 < x' < b :$ $\theta = \dfrac{ml}{6EI}\left(1 - \dfrac{3a^2}{l^2} - \dfrac{3x'^2}{l^2}\right)$ $\theta_{x=0} = \dfrac{-ml}{6EI}\left(1 - \dfrac{3b^2}{l^2}\right)$ $\theta_{x'=0} = \dfrac{ml}{6EI}\left(1 - \dfrac{3a^2}{l^2}\right)$
10	$R_1 = R_2 = \dfrac{P}{2}$ $0 < x < \dfrac{l}{2} :$ $Q = \dfrac{P}{2}$ $\dfrac{l}{2} < x < l :$ $Q = -\dfrac{P}{2}$	$0 \leqq x \leqq \dfrac{l}{2} :$ $M = \dfrac{Pl}{2}\left(\dfrac{x}{l} - \dfrac{1}{4}\right)$ $\dfrac{1}{2} \leqq x \leqq l :$ $M = \dfrac{Pl}{2}\left(\dfrac{3}{4} - \dfrac{x}{l}\right)$ $\left.\begin{array}{l}x = 0 \\ x = \dfrac{l}{2}\end{array}\right\} :$ $M_{\max} = \pm\dfrac{Pl}{8}$	$0 \leqq x \leqq \dfrac{l}{2} :$ $y = \dfrac{Pl^3}{16EI}\left(\dfrac{x^2}{l^2} - \dfrac{4x^3}{3l^3}\right)$ $x = \dfrac{l}{2} :$ $y_{\max} = \dfrac{Pl^3}{192EI}$	$0 \leqq x \leqq \dfrac{l}{2} :$ $\theta = \dfrac{Pl}{8EI}\left(\dfrac{x}{l} - \dfrac{2x^2}{l^2}\right)$ $x = \dfrac{l}{4} :$ $\theta_{\max} = \dfrac{Pl^2}{64EI}$

荷重，曲げモーメント図 せん断力図	反力 R，せん断力 Q	曲げモーメント M	たわみ y	たわみ角 θ
11	$R_1 = \dfrac{Pb^2(3a+b)}{l^3}$ $R_2 = \dfrac{Pa^2(a+3b)}{l^3}$ $0 < x < a: -$ $Q = \dfrac{Pb^2(3a+b)}{l^3}$ $a < x < l: -$ $Q = -\dfrac{Pa^2(a+3b)}{l^3}$	$0 \leqq x \leqq a: -$ $M = \dfrac{Pb^2}{l^2}\left\{\dfrac{x(3a+b)}{l} - a\right\}$ $a \leqq x \leqq l: -$ $M = \dfrac{Pa^2}{l^2}\left\{a+2b-\dfrac{x}{l}(a+3b)\right\}$ $M_{x=0} = -\dfrac{Pab^2}{l^2}$ $M_{x=1} = -\dfrac{Pa^2b}{l^2}$ $M_{x=a} = \dfrac{2Pa^2b^2}{l^3}$	$0 \leqq x \leqq a: -$ $y = \dfrac{Pb^2x^2}{6EIl}\left\{\dfrac{3a}{l} - \dfrac{(3a+b)x}{l^2}\right\}$ $a \leqq x \leqq l: -$ $y = \dfrac{Pb^2x^2}{6EIl}\left\{\dfrac{3a}{l} - \dfrac{(3a+b)x}{l^2}\right\} + \dfrac{P(x-a)^3}{6EI}$ $a > b$ の時 $x = \dfrac{2al}{3a+b}$ $y_{max} = \dfrac{2Pa^3b^2}{3EI(3a+b)^2}$	$0 \leqq x \leqq a: -$ $\theta = \dfrac{3Pb^2x}{6EIl}\left\{\dfrac{2a}{l} - \dfrac{3a+b}{l^2}x\right\}$ $a \leqq x \leqq l: -$ $\theta = \dfrac{3Pb^2}{6EIl}x\left\{\dfrac{2a}{l} - \dfrac{(3a+b)}{l^2}x\right\} + \dfrac{P(x-a)^2}{2EI}$
12	$R_1 = R_2 = \dfrac{wl}{2}$ $Q = \dfrac{wl}{2} - wx$ $\left.\begin{array}{l}x=0 \\ x=l\end{array}\right\}: -$ $Q_{max} = \pm\dfrac{wl}{2}$	$M = \dfrac{-wl^2}{2}\left(\dfrac{1}{6} - \dfrac{x}{l} + \dfrac{x^2}{l^2}\right)$ $\left.\begin{array}{l}x=0 \\ x=l\end{array}\right\}: -$ $M_{max} = -\dfrac{wl^2}{12}$ $M\ \underset{x=\frac{l}{2}}{\dfrac{l}{\ }} = \dfrac{wl^2}{24}$	$y = \dfrac{wl^4}{24EI}\left(\dfrac{x^2}{l^2} - \dfrac{2x^3}{l^3} + \dfrac{x^4}{l^4}\right)$ $x = \dfrac{l}{2}: -$ $y_{max} = \dfrac{wl^4}{384EI}$	$\theta = \dfrac{wl^3}{12EI}\left(\dfrac{x}{l} - \dfrac{3x^2}{l^2} + \dfrac{2x^3}{l^3}\right)$

表6 木材のヤング係数

材料	ヤング係数 (N/mm²)
スギ	7×10^3
ヒノキ	9×10^3
アカマツ	8×10^3

表7 木材の繊維方向の許容応力度 (日本農林規格・甲種構造材・1級, N/mm².)

材料	基準強度				長期荷重[1]に対する値				短期荷重[1]に対する値			
	圧縮 F_c	引張り F_t	曲げ F_b	せん断 F_s	圧縮	引張り	曲げ	せん断	圧縮	引張り	曲げ	せん断
スギ	21.6	16.2	27.0	1.8	$\dfrac{1.1}{3}F_c$	$\dfrac{1.1}{3}F_t$	$\dfrac{1.1}{3}F_b$	$\dfrac{1.1}{3}F_s$	$\dfrac{2}{3}F_c$	$\dfrac{2}{3}F_t$	$\dfrac{2}{3}F_b$	$\dfrac{2}{3}F_s$
ヒノキ	30.6	22.8	38.4	2.1								
アカマツ	27.0	20.4	34.2	2.4								

1) 建築物を設計する場合は，荷重の加わっている時間的差異によって荷重を長期荷重と短期荷重の二種類に分け
短期荷重に対する材料の許容応力度は材料の降伏点または最低終局強度をとる．そして長期荷重に対する材料
の許容応力度はその材料の力学的性質によりその材料の短期許容応力度を或程度低減したものを採用する．
長期荷重とは建物の自重と常時加は積載荷重で，短期荷重とは雪，風圧，地震力等の一時的に加わる荷重であ
る．ただし雪国では雪を長期荷重と考える．

表8 鋼材の定数

材　　料	ヤング係数 (N/mm²)	せん断弾性係数 (N/mm²)	ポアソン比	線膨張係数 (1/°C)
鋼，鋳鋼，鍛鋼	205,000	79,000	0.3	0.000012

表9 鋼材の許容応力度 (N/mm²)

長期荷重に対する値				短期荷重に対する値			
引張り	圧縮	曲げ	せん断	引張り	圧縮	曲げ	せん断
156.9	156.9	156.9	90.6	長期荷重に対する値の 1.5 倍			

表10 鉄筋とコンクリートの定数

材料	ヤング係数 (N/mm²)	ポアソン比	線膨張係数 (1/°C)
鉄筋	2.05×10^5	—	1×10^{-5}
コンクリート	$3.35 \times 10^4 \times \left(\dfrac{\gamma}{24}\right)^2 \times \left(\dfrac{F_c}{60}\right)^{\frac{1}{3}}$	0.2	1×10^{-5}

［注］γ：コンクリートの気乾単位体積重量 (kN/m³) で，特に調査しない場合は下記の数値
を用いることができる．
普通コンクリート　　　　　$F_c \leqq 36$　　　　　　　 $23\,\mathrm{kN/m^3}$
　　　　　　　　　　　　　$36 < F_c \leqq 48$　　　　 $23.5\,\mathrm{kN/m^3}$
　　　　　　　　　　　　　$48 < F_c \leqq 60$　　　　 $24\,\mathrm{kN/m^3}$
F_c：コンクリートの設計基準強度 (N/mm²)

付　　　　　録　　　　173

表 11　鉄筋とコンクリートの許容応力度 (N/mm²)

材　料	長期			短期		
	圧縮	引張り	せん断	圧縮	引張り	せん断
普通コンクリート	$\dfrac{1}{3}F_c$	—	$\dfrac{1}{30}F_c$ かつ $\left(0.49+\dfrac{1}{100}F_c\right)$ 以下	長期に対する値の 2 倍	—	長期に対する値の 1.5 倍
軽量コンクリート 1 種および 2 種			普通コンクリートに対する値 0.9 倍			
SR 235	155		155	235		235
SR 295	155		195	295		295
SD 295A および B	195		195	295		295
SD 345	215(*195)		195	345		345
SD 390	215(*195)		195	390		390
SD 490	215(*195)		195	490		490
溶接金網	195		195	**295		295

[注] F_c は，コンクリートの設計基準強度（N/mm²）を表す.
　　* D 29 以上の太さの鉄筋に対しては（　）内の数値とする.
　　** スラブ筋として引張鉄筋に用いる場合に限る.

表 12　鉄筋のコンクリートに対する許容付着応力度 (N/mm²)

	長　期		短　期
	上　端　筋	その他の鉄筋	
異形鉄筋	$\dfrac{1}{15}F_c$ かつ $\left(0.9+\dfrac{2}{75}F_c\right)$ 以下	$\dfrac{1}{10}F_c$ かつ $\left(1.35+\dfrac{1}{25}F_c\right)$ 以下	長期に対する値の 1.5 倍
丸　鋼	$\dfrac{4}{100}F_c$ かつ 0.9 以下	$\dfrac{6}{100}F_c$ かつ 1.35 以下	

[注] 1）上端筋とは曲げ材にあってその鉄筋の下に 300 mm 以上のコンクリートが打ち込まれる
　　　　場合の水平鉄筋をいう.
　　　2）F_c は，コンクリートの設計基準強度（N/mm²）を表す.
　　　3）異形鉄筋で，鉄筋までのコンクリートかぶりの厚さが鉄筋の径の 1.5 倍未満の場合には，
　　　　許容付着応力度は，この表の値に「かぶり厚さ／（鉄筋径の 1.5 倍）」を乗じた値とする.

表 13　石材の定数ならびに強さ (N/mm²)

材　料	ヤング係数	ポアソン比	引張強さ	圧縮強さ
大　理　石	7.7×10^4	0.273	5.5	150
花　崗　岩	5.2×10^4	0.202	5.5	120

索　引（Index）

ア

圧　　　　　縮 Compression 1

圧　縮　応　力 Compressive stress 3

アッターベルグ限界 Atterberg limit.. 138

圧　密　係　数 Coefficient of consolidation 143

圧　　密　　度 Degree of consolidation....................................... 143

アルレンハーゼン Allen Hazen.. 134

安　　全　　率 Factor of safety, Safety Factor 7

安　　　　　定 Stability 105

イ

一軸圧縮強さ Unconfined compressive strength............................ 140

移　　動　　端 Roller end 21

ウ

ウェリントン Wellington 160

エ

永久ひずみ Permanent strain.. 6, 126

影　　響　　線 Influence line... 70

鋭　　敏　　比 Sensitivity ratio 140

液　性　限　界 Liquid limit 138

エンジニアリングニューズ公式 Engineering News formula 160

延　性　材　料 Ductile material... 7, 129

オ

オ　イ　ラ　ー　式 Euler's formula... 100

応　　　　　力 stress 1

応　　力　　度 Intensity of stress, Unit stress................................ 3

応力ひずみ曲線 Stress-strain curve.. 6

オ　メ　ガ　ー　法 ω method.. 109

カ

回　　転　　端 Hinged end 21

外　　　　　力 External force... 1

　　　核　　　　Core 44

荷　　　　　重 Load.. 1, 21

カスチリアノの定理 Castigliano's theorem.................................... 86

片　持　ば　り Cantilever...23, 28, 80

間　　　隙　　　比 Void ratio..136
間　　　隙　　　率 Porosity...136
含　　水　　比 Moisture ratio...137
含　　水　　率 Moisture content 137
完　全　弾　性　体 Perfect elasticity 5
乾　燥　密　度 Dry density 136

キ

吸　　着　　水 Udsorbed water 135
境　界　条　件 Boundary condition 51
極　限　支　持　力 Ultimate bearing capacity 153
局　部　収　縮 Local contraction..7
曲　　　　率 Curvature...49
曲　率　半　径 Radius curvature...49
許　容　応　力　度 Allowable stress intensity 7
許　容　支　持　力（杭の）Allowable bearing value 160
許　容　地　耐　力 Permissible soil pressure 156
均　等　係　数 Uniformity coefficient..134

ク

杭　の　支　持　力 Bearing value of a pile..158
偶　　　　力 Couple...11
ク　リ　ー　プ Creep...126
ク　リ　ー　プ　曲　線 Creep curve...127
ク　リ　ー　プ　限　度 Creep limit...127
ク　リ　ー　プ　変　形 Creep deformation 126
ク　ル　マ　ン Culmann...145
ク　ー　ロ　ン Coulomb..93, 141, 144
群　　　　杭 Group of piles..158

ケ

ケ　グ　ラ　ー Kögler 149
建　　　　築 Architecture 1

コ

工　　　　学 Engineering 1
構　　造　　物 Structure 1
構　造　力　学 Structure mechanics..1
降　　伏　　点 Yield point...6
合　　　　力 Resultant force..11
固　　定　　端 Fixed end..22
固　定　ば　り Fixed beam, Built in beam 23

コンシステンシー Consistency 138
コンシステンシー指数 Relatire consistency (Consistency index) 138

サ

載　荷　　重 Surcharge 147
最 小 仕 事 の 定 理 Theorem of least work 90
最 大 主 応 力 説 Maximum principal stress theory 129
最 大 主 ひ ず み 説 Maximum principal strain theory 129
最 大 せ ん 断 応 力 説 Maximum shear stress theory 129
材　料　力　　学 Strength of materials 1
座　　　　　　屈 Buckling 99
座　屈　荷　　重 Buckling load 99
サ　ン　ヴ　ナ　ン St. Venant 93
三 軸 圧 縮 試 験 Triaxial compression test 141
残　留　ひ　ず　み Residual strain 6, 126

シ

時　間　係　　数 Time factor 155
　　　軸　　　　　Axis 2
次　　　　　　元 Dimension 5
仕　　　　　　事 Work, Arbeit（独語） 13, 78
支　　持　　　杭 Bearing pile 158
支　　持　　　点 Supporting point 21
自　　　　　　重 Dead lood 21
支　　持　　　力 Supporting power（はり関係のもの） 21
支　持　力　係　数 Bearing capacity factor 153
シ ャ イ デ ィ ッ ヒ Scheidig 149
集　中　荷　　重 Concentrated load 21
周　面　摩　　擦 Skin friction 158
主　　　　　　円 Principal circle 121
主　応　力　　度 Principal stress intensity 12
主　応　力　　面 Principal plane 12
主　　　　　　軸 Principal axis 18
主断面二次モーメント Principal moment of inertia 18
主　働　土　　圧 Active earth pressure 144
受　働　土　　圧 Passive earth pressure 144
上　降　伏　　点 Upper yield point 7

ス

垂　直　応　　力 Normal stress 3
図　　　　　　心 Center of figure, centroid 16

ス ト ー ク ス	Stokes	133
す べ り	Slip, Slide	9

セ

静 止 土 圧	Earth pressure at rest	144
脆 性 材 料	Brittle material	7, 129
静 定	Statically determinate	23
静 定 ば り	Statically determinate beam	25
接 地 圧	Contact pressure	149
せ ん 断 応 力	Shearing stress	3
せ ん 断 弾 性 係 数	Modulus of rigidity, Shear modulus	10
先 端 抵 抗	Point resistance	158
せ ん 断 ひ ず み	Shearing strein	14
せん断ひずみエネルギー説	Shearing strain energy criterion	129
せ ん 断 力	Shearing force	25

ソ

相 対 密 度	Relative density	136
塑 性	Plasticity	126
塑 性 限 界	Plastic limit	138
塑 性 指 数	Plasticity index	138
塑 性 図	Plasticity chart	139
塑 性 変 形	Plastic deformation	126

タ

体 積 圧 縮 係 数	Coefficient of volume compressibility	143
体 積 ひ ず み 度	Unit volume expansion	123
縦 ひ ず み（度）	Longitudinal (unit) strain	4
た わ み	Deflection	47
た わ み 角	Slope, Angle of deflection	47
単 位 面 積	Unit area	3
単 杭	Single pile	158
単 純 な ね じ り	Pure torsion	93
単 純 な 曲 げ	Pure bending	34
単 純 ば り	Simple beam	23, 31, 55, 80
弾 性	Elasticity	5
弾 性 曲 線	Elastic curve	47
弾 性 係 数	Elastic modulus, Modulus of elasticity	6
弾 性 限 度	Elastic limit	6
弾 性 変 形	Elastic deformation	126
弾 性 余 効	Elastic after effecd	126

弾 性 履 歴	Elastic hysteresis	127
短 柱	Short column	99
断面一次モーメント	Geometrical moment of area	15
断面極二次モーメント	Polarmoment of inertia of cross section	20
断 面 係 数	Section modulus, Modulus of section	36
（横） 断 面 積	Area of cross section	3
断面相乗モーメント	Produet of inertia of area	20
断 面 二 次 半 径	Radius of gyration of area	45
断面二次モーメント	Geometrical moment of inertia	17
断 面 の 核	Core of cross section	44
断 面 の 核 の 面 積	Area of core of cross section	46

チ

チ ェ ボ タ リ オ フ	Tschebotarioff	148
縮 み	Contraction	5
中 心 線	Center line	72
中 立 応 力	Neutral stress	142
中 立 軸	Neutral axis	34
中 立 面	Neutral plane, Neutral surface	34
長 柱	Long column	99
直 接 せ ん 断 試 験	Direct shear test	141
沈 降 分 析	Sedimentation analysis	133

ツ

疲 れ	Fatigue	128
釣 合 い 条 件	Condition of equibrium	8
釣 合 い 状 態	State of equilibrium	2

テ

適 合 条 件	Condition of compatibility	52
テトマイヤーの式	Tetmayer formula	111
テ ル ツ ァ ー ギ	Terzaghi	147
デ ー ル	Dörr	158

ト

土 圧	Earth pressure	144
土 圧 係 数	Coefficient of earth pressure	145
透 水 係 数	Coefficient of permeability	139
動 水 勾 配	Hydraulic gradient	139
等 方 体	Homogeneous body	10
突 出 ば り	Beam with overhanging ends	23, 60

ナ

内 部 摩 擦 角	Angle of internal friction	140
内 力	Internal force	1
ナ ヴ ィ エ	Navier	93

ネ

ね じ り	Torsion	93
ねじりモーメント	Torque moment	94
ね じ れ 角	Angle of twist	94
粘 着 力	Cohesion	141

ノ

伸 び	Elongation	5

ハ

バウシンガー効果	Bauschinger's effect	127
破 壊 強 さ	Breaking strength	7
破 損	Failure	129
蜂 巣 構 造	Honeycomb structure	135
バ ッ ハ	Bach	113
板	Plate	4, 112
反 曲 点	Inflection point, Point of inflection	65
反 力	Reaction	21

ヒ

比 重	Specific gravity	136
ひ ず み 硬 化	Strain hardening	127
ひ ず み 度	Unit strain	4
引 張 り	Tension	1
引 張 応 力	Tensile stress	2, 3
標 準 貫 入 試 験	Standard penetration test	157
ビールバウマー	Bierbaumer	159
比 例 限 度	Proportional limit, Limit of proportionality	6
疲 労 限 度	Fatigue limit	128

フ

不 安 定	Unstable	105
フ ェ ッ プ ル	Föppl (独語)	98
不 完 全 弾 性 体	Inperfectly elastic body	5
ブ ー シ ネ ス ク	Boussinesq	151
不 静 定	Statically indeterminate	23
不 静 定 ば り	Statically indeterminate beam	25
フ ー チ ン グ	Footing	149

フ ッ ク の 法 則	Hook's law	5, 13
物 体	Body	1
フ ラ ン ジ	Flange	19
プ ラ ン ト ル	Plandtl	153
分 子	Molecule	1
分 布 荷 重	Distributed load	21
分 布 状 態	State of distribution	1

ヘ

変 形	Defomation	1, 126
変 形 の 仕 事	Formänderungsarbeit（独語）　Potential energy of deformation	14

ホ

ポ ア ソ ン 比	Poisson's ratio	5
棒	Bar	2
飽 和 度	Degree of saturation	137
細 長 比	Slanderness ratio	103

マ

曲 り ば り	Curved beam	72
曲 げ	Bending	1
曲 げ 応 力	Bending stress	36
曲 げ モ ー メ ン ト	Bending moment	25
摩 擦 杭	Friction pile	158
摩 擦 係 数	Coefficient of friction	141
マックスウェルの定理	Maxwell theory	85

ミ

未 知 数	Undetermined constant	52
密 度	Density	136

メ

綿 毛 構 造	Flocculent structure	135

モ

モ ー メ ン ト	Moment	8
モ ー ル の 応 力 円	Mohr's stress circle	120
モ ー ル の 説	Mohr's theory	129

ヤ

ヤ ン グ 係 数	Young's modulus	6

リ

流 性 変 形	Fluid deformation	126
リ ュ ー ダ ー の 線	Lüder's line	12

レ

連　続　条　件　Condition of continuity... 51
連　続　ば　り　Continuous beam.. 23

Memorandum

Memorandum

Memorandum

Memorandum

新版監修者紹介

福島　曉男（ふくしま　あきお）
　日本大学理工学部卒業
　専門：鋼構造

新版編者紹介：建築応用力学研究会（五十音順）

浅里　和茂（あさり　かずしげ）
　日本大学大学院工学研究科修了
　専　門：鋼構造

小松　博（こまつ　ひろし）
　日本大学生産工学部卒業
　専　門：鋼構造

下村　修一（しもむら　しゅういち）
　日本大学大学院理工学研究科修了
　専　門：地盤工学

野内　英治（のうち　えいじ）
　日本大学大学院工学研究科修了
　専　門：構造解析

藤本　利昭（ふじもと　としあき）
　日本大学大学院生産工学研究科修了
　専　門：耐震構造・合成構造

新版 建築応用力学
Applied Mechanics
new edition

1949 年 10 月 30 日	初版 1 刷発行
1952 年 4 月 25 日	初版 4 刷発行
1953 年 4 月 10 日	増補 1 刷発行
1958 年 3 月 10 日	増補 7 刷発行
1960 年 7 月 10 日	改訂 1 刷発行
2014 年 10 月 15 日	改訂66刷発行
2018 年 3 月 10 日	新版 1 刷発行
2024 年 2 月 25 日	新版 3 刷発行

著　者　小野　薫・加藤　渉
監　修　福島曉男
編　者　建築応用力学研究会
　　　　（代表：小松　博）ⓒ 2018
発行者　南條光章
発行所　**共立出版株式会社**
　　　　〒112-0006
　　　　東京都文京区小日向 4 丁目 6 番地 19 号
　　　　電話　（03）3947-2511（代表）
　　　　振替口座　00110-2-57035
　　　　URL www.kyoritsu-pub.co.jp

印　刷
製　本　藤原印刷

一般社団法人
自然科学書協会
会員

検印廃止
NDC 501.34, 524.1
ISBN 978-4-320-07719-5

Printed in Japan

JCOPY　〈出版者著作権管理機構委託出版物〉
本書の無断複製は著作権法上での例外を除き禁じられています．複製される場合は，そのつど事前に，出版者著作権管理機構（ＴＥＬ：03-5244-5088，ＦＡＸ：03-5244-5089，e-mail：info@jcopy.or.jp）の許諾を得てください．

■建築学関連書

www.kyoritsu-pub.co.jp **共立出版**

現場必携 建築構造ポケットブック 第6版
建築構造ポケットブック編集委員会編　ポケット判・926頁

机上版 建築構造ポケットブック 第6版
建築構造ポケットブック編集委員会編・・・・・四六判・926頁

建築構造ポケットブック 計算例編
建築構造ポケットブック編集委員会編・・・・四六判・408頁

15分スケッチのすすめ 日本的な建築と町並みを描く
山田雅夫著・・・・・・・・・・・・・・・・・・A5判・112頁

建築法規 第2版増補（建築学の基礎 4）
矢吹茂郎・加藤健三著・・・・・・・・・・・・A5判・336頁

西洋建築史（建築学の基礎 3）
桐敷真次郎著・・・・・・・・・・・・・・・・A5判・200頁

近代建築史（建築学の基礎 5）
桐敷真次郎著・・・・・・・・・・・・・・・・A5判・326頁

日本建築史（建築学の基礎 6）
後藤　治著・・・・・・・・・・・・・・・・・A5判・304頁

建築材料学
三橋博三・大濱嘉彦・小野英哲編集・・・・・・・A5判・310頁

新版 建築応用力学
小野　薫・加藤　渉共著・・・・・・・・・・・B5判・196頁

SI対応 建築構造力学
林　貞夫著・・・・・・・・・・・・・・・・・A5判・288頁

建築構造計画概論（建築学の基礎 9）
神田　順著・・・・・・・・・・・・・・・・・A5判・180頁

鋼構造の性能と設計
桑村　仁著・・・・・・・・・・・・・・・・・A5判・470頁

建築基礎構造
林　貞夫著・・・・・・・・・・・・・・・・・A5判・192頁

鉄筋コンクリート構造 第2版（建築学の基礎 2）
市之瀬敏勝著・・・・・・・・・・・・・・・・A5判・240頁

木質構造 第4版（建築学の基礎 1）
杉山英男編著・・・・・・・・・・・・・・・・A5判・344頁

実用図学
阿部・榊・鈴木・橋寺・安福著・・・・・・・・B5判・138頁

住宅デザインの実際 進化する間取り/外断熱住宅
黒澤和隆編著・・・・・・・・・・・・・・・・A5判・172頁

設計力を育てる建築計画100選
今井正次・櫻井康宏編著・・・・・・・・・・・B5判・372頁

建築施工法 最新改訂4版
大島久次原著／池永・大島・長内共著・・・・・A5判・364頁

既存杭等再使用の設計マニュアル（案）
構造法令研究会編・・・・・・・・・・・・・・A4判・168頁

建築・環境音響学 第3版
前川純一・森本政之・阪上公博著・・・・・・・・A5判・282頁

都市の計画と設計 第3版
小嶋勝衛・横内憲久監修・・・・・・・・・・・B5判・260頁

都市計画 第3版増補
日笠　端・日端康雄著・・・・・・・・・・・・A5判・376頁

都市と地域の数理モデル 都市解析における数学的方法
栗田　治著・・・・・・・・・・・・・・・・・B5判・288頁

風景のとらえ方・つくり方 九州実践編
小林一郎監修／風景デザイン研究会著・・・・・B5判・252頁

景観のグランドデザイン
中越信和編著・・・・・・・・・・・・・・・・A5判・192頁

東京ベイサイドアーキテクチュアガイドブック
畔柳昭雄＋親水まちづくり研究会編・・・・・・B6判・198頁

火災便覧 第4版
日本火災学会編・・・・・・・・・・・・・・・A5判・1580頁

基礎 火災現象原論
J.G.Quintiere著／大宮喜文・若月　薫訳・・・・B5判・216頁

はじめて学ぶ建物と火災
日本火災学会編・・・・・・・・・・・・・・・B5判・194頁

建築防災（建築学の基礎 7）
大宮・奥田・喜々津・古賀・勅使川原・福山・遊佐著 A5判・266頁

都市の大火と防火計画 その歴史と対策の歩み
菅原進一著・・・・・・・・・・・・・・・・・A5判・244頁

火災と建築
日本火災学会編・・・・・・・・・・・・・・・B5判・352頁

造形数理（造形ライブラリー 01）
古山正雄著・・・・・・・・・・・・・・・・・B5変型判・220頁

素材の美学 表面が動き始めるとき…（造形ライブラリー 02）
エルウィン・ビライ著・・・・・・・・・・・・B5変型判・200頁

建築システム論（造形ライブラリー 03）
加藤直樹・大崎　純・谷　明勲著・・・・・・・B5変型判・224頁

建築を旅する（造形ライブラリー 04）
岸　和郎著・・・・・・・・・・・・・・・・・B5変型判・256頁

都市モデル読本（造形ライブラリー 05）
栗田　治著・・・・・・・・・・・・・・・・・B5変型判・200頁

風景学 風景と景観をめぐる歴史と現在（造形ライブラリー 06）
中川　理著・・・・・・・・・・・・・・・・・B5変型判・216頁

造形力学（造形ライブラリー 07）
森迫清貴著・・・・・・・・・・・・・・・・・B5変型判・248頁

論より実践 建築修復学（造形ライブラリー 08）
後藤　治著・・・・・・・・・・・・・・・・・B5変型判・198頁